Joachim Schaffer-Suchomel, Klaus Krebs

Du bist, was du sagst

Joachim Schaffer-Suchomel
Klaus Krebs

Du bist, was du sagst

Was unsere Sprache über unsere Lebenseinstellung verrät

Mit einem Vorwort von Ruediger Dahlke

Bibliografische Information der Deutschen Bibliothek
Die Deutsche Bibliothek verzeichnet diese Publikation in der Deutschen Nationalbibliografie; detaillierte bibliografische Daten sind im Internet über http://dnb.ddb.de abrufbar.

Copyright © 2006 bei mvgVerlag, Redline GmbH, Heidelberg. Ein Unternehmen von Süddeutscher Verlag | Mediengruppe
www.mvg-verlag.de

Teile aus Kapitel 4 entstammen dem Titel: Joachim Schaffer-Suchomel, „Wir sind Wort", Brainfresh-Verlag 2006.

Alle Rechte, insbesondere das Recht der Vervielfältigung und Verbreitung sowie der Übersetzung, vorbehalten. Kein Teil des Werkes darf in irgendeiner Form (durch Fotokopie, Mikrofilm oder ein anderes Verfahren) ohne schriftliche Genehmigung des Verlages reproduziert oder unter Verwendung elektronischer Systeme gespeichert, verarbeitet, vervielfältigt oder verbreitet werden.

Umschlaggestaltung: Atelier Seidel, Neuötting
Redaktion: Annette Gillich-Beltz
Satz: J. Echter, Redline GmbH
Druck und Bindearbeiten: Himmer, Augsburg
Printed in Germany 06264/020602
ISBN 3-636-06264-6

„Am Anfang war das Wort" – dieser Spruch
aus dem Neuen Testament ist aktueller denn je.
Mit *Worten* können wir uns *orten* und mit klaren, guten *Sätzen*
schaffen wir die Voraussetzung
für kräftige *Sprünge* in unserer Entwicklung.
Sprache schöpft Wirklichkeit! „Du bist,
was du sagst" ist ein *Sprach*buch, das Bilder und *Gefühls*räume
sichtbar macht, die hinter gedachten und gesprochenen Worten
wirken. Es weckt auf, Wirklichkeit selbst und verantwortungsvoll
zu gestalten, statt über „fremde" Realitäten
zu stolpern. Es stößt an, die eigenen Worte
zu überdenken und seinen Sprach-Schatz
mit wahren Reichtümern und guten Begriffen
zu füllen. Sprache macht mächtig
oder *sch*mächtig – uns selbst und andere!

Fassungslosigkeit geht oft mit Sprachlosigkeit
einher. Und der *Ver*sager *ver*sagt es sich,
über seine Probleme zu sprechen. Doch Menschen, die das Sagen
haben und führen, bedienen sich einer klaren Sprache. Positive Worte
verleihen Kraft und ziehen positive Menschen
und Situationen an. Negative Worte bannen
unsere Kraft, verketten und verzehren uns.

Herzlichen Dank an Michaela Suchomel
für die inhaltliche Auseinandersetzung
mit dem Thema und die vielen Impulse.
Unser besonderer Dank geht zudem an die
Klienten von Joachim Schaffer-Suchomel
für die vertrauensvollen und intensiven
Coaching-Gespräche.

Unseren Kindern
Viviane, Catalina, Joanina,
Paul und Lea Zoe

Inhalt

Vorwort	11
Teil 1	15
1. Make-up!	17
Unser Aufmacher	17
Unsere Sprache zeigt unsere persönlichen Hintergründe	18
Sprache ergibt Sinn	21
Die Sprach-Mechaniker	24
Aufbau und Nutzen dieses Buches	25
2. Nomen est omen – Auf die Kulissen blicken	27
Worte als Kulisse	28
Das Wesen(-tliche) beim Namen nennen	29
Jeder lebt in seinen Kulissen	31
Wenn wir Kulissen auf den Leim gehen	32
Arbeit an den eigenen Kulissen	36
Die Kulissen hinter den Worten	39
Ach, wie gut, dass niemand weiß	42
Lohnende Kurzausflüge in die Sprachen anderer Länder	43
Ein Bild sagt mehr als tausend Worte	46
Komplexe Bilder und Intuition	49
3. Sprache, Schöpfung und Wirklichkeit – Die eigene Gestaltungskraft hinter den Kulissen erkennen	53
Die Welt des Versagens als Hintergrundkulisse	53
Wo gehobelt wird, fallen Späne	54
Tischlein-deck-dich oder: Fülle und Selektion	56
Der Mensch als Sammler	57
Die Sichtweise macht es	64

Die Welt der Nörgler und Zweifler	69
Der Mensch als Schöpfer seiner Welt	71
Fazit: Teufelskreise und Engelskreise	76

4. Von Möglichkeiten und Unmöglichkeiten – Sich selbst auf die Schliche kommen ... 79

Lassen Sie sich überraschen!	80
Die Macht der Gewohnheit	82
Das ist ja unmöglich!	84
Liebe oder Angst	86
Pech gehabt	90
Negativ eingestellt?	92
Pechvögel können nicht fliegen	93
Ein unmöglich schweres Leben	95
Das Beschwerdespiel	96
Das Energiemanagement in Beschwerde und Mangel	100
Den Mangel verdecken	105
Die Illusion der Angst	108
Die Illusion, dass die Außenwelt sich ändern muss	110
Die Illusion von Wenn und Dann	111
Die Illusion der Zeit	112
Siechen, Sucht und Suchen – die Illusionswelt der Süchte	114
Die Welt der Drogen	117
Krankheiten	121
Das Kreuz mit dem Rücken	122
Die Nase vorne	122
Entzündungen oder: Das Feuer ist aus	123
Wenn sich die Haut ausdrückt	123
Zähne, mit denen wir uns durchbeißen	124
Unten 'rum	125
Die Kausalität von Symbolen	126
Die Ehrlichkeit der Sprache im Krankheitsfall	127

Vom unmöglichen Umgang mit der Unmöglichkeit 130
Ein „Rezept" gibt es nicht! 131
Zur Philosophie der Vorbeugung und Vorsorge 132
Spieglein, Spieglein an der Wand 133

5. Der Schatz im Silbersee – Im Dasein ist alles da 136
Wachstum erfolgt von innen nach außen 138
Der Schuster hat die schlechtesten Schuhe 141
Der Mensch ist phänomenal 141
Ach, wie gut, dass niemand weiß 144
Es ist alles da 147
Wenn wir nicht bekommen, was wir wollen 151
Wegsein im Dasein? 152
Anerkennen, was ist: das Leben als Geschenk 157
Der Mensch in seiner Einzigartigkeit 158
Zurück zur Quelle 162
Wie originell! 164
Moment mal! 165
Aufgabe, Auftrag – Mission und Vision sind kein Kaugummi 168

6. Apocalypse Now: It's Showtime! – Sich selbst kraftvoll präsentieren 172
Tiefe und Höhe 172
Bitte nicht füttern! 173
Sich zeigen 175
Die Hüllen fallen lassen. 177
Erst *in*, dann *out* 182
Die Urheber 184
Stellung beziehen 185
Vom Make-up zum Wake-up. 186
Im Selbst geht es wie von selbst 187

7. Re-Invention – Die eigene Mitte finden 192
    Der Prozess 192
    Wir machen Inventur 194
    Das Abenteuer 195
    Erfolgsmaschen fallen lassen 197
    Klares Commitment 198
    Der Weg ist das Ziel 199
    Es ist Ihr Leben 202

Teil 2 207

Glossar 209

Epilog 347

Stichwortverzeichnis 349

Adressen und Informationen 357

Über die Autoren 359

Vorwort

von Ruediger Dahlke

Das Erforschen der Sprache ist für die Seele ein Selbstfindungsprozess, der mich immer fasziniert und inspiriert und bei der Deutung von Krankheitsbildern wie bei der Therapie vorangebracht hat. In den schillernden und oft mehrdeutigen Bildern der Sprache enthüllt sich ein Stück seelischer Wirklichkeit, die oft mehr weiß als die naturwissenschaftliche Medizin, die wir oft so fälschlich „die Medizin" nennen. Die Indianer trugen ihre Medizin noch in einem Wildlederbeutel um den Hals, wir Modernen schlucken sie. Aber werden wir ihrem ursprünglichen Anspruch damit noch gerecht? Die *Medi*zin wollte einmal zur Mitte führen, wie heute noch immer die *Medi*tation. Das Re*medium* war das Heil*mitte*l, das Mittel zur Mitte. Die modernen Mittel bringen überallhin, aber bestimmt nicht in die Mitte, vielmehr tragen sie oft noch dazu bei, dass so viele Menschen so außer sich geraten.

In nicht so lange vergangenen Zeiten verstand man alle Krankheitsbilder als Süchte, wie noch heute der Ausdruck „Gelbsucht" für Hepatitis deutlich macht. In alten Zeiten hieß die TBC Schwindsucht, die Ödemneigung Wassersucht, die Blutarmut Bleichsucht, die Epilepsie Fallsucht, die agitierte Psychose Tobsucht, und die Menschen wussten noch, dass Eifersucht und Habsucht schwere Krankheitsbilder sind. Heute haben wir das alles vergessen, aber noch immer zerstört Eifersucht mehr Beziehungen und ruiniert Habsucht mehr Menschen und Gesellschaften als alles andere. Wir übersehen den tieferen Sinn der Suchtproblematik und haben die Suche in unserer modernen Welt fast gänzlich aus den Augen verloren. Im Mittelhochdeutschen hieß das Wort für Krankheit „Suht", was schon Sucht gesprochen wurde, und man ging davon aus, dass Sucht eintrat, sobald das Lebensschiff vom Weg zur Mitte abgekommen war. Die gesprochene Sprache könnte uns solch tiefe Zusammenhänge entschlüsseln helfen und so Zugang zu äußerst modernen Problemen schaffen. In meinem Buch „Krankheit als Symbol", das Tausende von Symptomen in alphabetischer Reihenfolge deutet, habe ich neben der Körper- und Symptomsprache vor allem die gesprochene Sprache genutzt, um Zusammenhänge zwischen Körper und Seele zu verdeutlichen.

Wer sich heute mit solchen Zusammenhängen beschäftigt und in den Tiefen der eigenen Muttersprache nach dem mütterlichen Wissen der Frühzeit forscht, macht sich verdächtig und beschwört die Bedenken aller chronischen Bedenkenträger herauf, wie vor allem die der Etymologen, die – fast wie Naturwissenschaftler – peinlich darauf bedacht sind, nur ja keine Deutungen zuzulassen und jeden tieferen Sinn zu vermeiden. Unabsichtlich und unwissentlich haben sie so ihr Fachgebiet weitgehend in die Bedeutungslosigkeit und Sinnlosigkeit manövriert.

Angesichts dieser Situation ist es für mich beglückend, im Autor des vorliegenden Buches einen Verbündeten zu finden, der auf seiner radikalen, das heißt an die Wurzeln gehenden Sinnsuche aus den gut ergründlichen Tiefen der Sprache viele kostbare Schätze hebt. Als Pädagoge geht sein Interesse weit über die Medizin hinaus in alle Bereiche, die mit Sprache zu tun haben, also in alle Bereiche. Seine Wortspiele führen in die Tiefe unserer Sprache, die oft mehr über uns weiß als wir selbst, und all das so bereitwillig enthüllt, wenn einer nur hinhören kann und will. Joachim Schaffer-Suchomel macht es vor, und er macht es brillant und uns damit leicht, ihm zu folgen in die Welt der Sprache und der Sprachspiele, ja der Sprachmysterien.

Meine Worte freuen sich, den Gedanken einer in diesem Anliegen so verwandten Seele vorausgehen zu dürfen, ihnen sozusagen den roten Teppich auszulegen. Wer Sprache neu entdeckt, wird Teile von sich und letztlich sich selbst neu entdecken und in den unzähligen Zusammenhängen herausfinden, wie er selbst mit der Welt zusammenhängt.

Ruediger Dahlke   Armentarola, Juni 2005

Fühl mit den Sinnen,
Erkenn mit dem Herzen.
Lasse nicht sinnlos die Stunden zerrinnen.
Lausche und horche,
Was sie dir sagen.
Willst du Antworten,
So stelle Fragen.
Willst du zum Ziel,
So lasse dich lenken.
Doch vergiss nicht, dabei zu denken.
Zu denken an Freude, Freiheit und Licht.
Denk auch an die Liebe,
Vergiss diese nicht.
Denn wenn du erkennst mit dem Herzen
Und fühlst mit den Sinnen,
So musst du nicht rennen
Und kannst trotzdem gewinnen.

Viviane Suchomel

Gute Theorien und Konzepte sind fiktive Brücken,
die zu praktischen Ergebnissen führen.
Paul Watzlawick

1. Make-up!

Wussten Sie schon, dass Make-up wörtlich übersetzt *aufmachen* bedeutet? Cremes und Püderchen sollen demnach andere Menschen, zum Beispiel bei der Suche nach Partnern oder MSPs[1], für die eigene Person öffnen. Vorsicht: Ganz Verschlossene werden aufgerissen! Allerdings hat diese Maskerade ihren Preis: Das Make-up, der „Aufmacher", verschließt die Poren der Haut. Er macht sie zu statt auf!

Unser Aufmacher

Dieses Buch handelt von Sprache, genauer gesagt, von Sprachanalyse. Was die Autoren hier vorstellen, kondensiert die Erfahrung aus über 3 000 Coaching-Gesprächen. Coaching hat sich in den letzten Jahren als erfolgreiche Methode zur beruflichen und persönlichen Weiterentwicklung vielschichtig etabliert. Ein Coach ist ein Begleiter in Veränderungsprozessen. In Vier-Augen-Gesprächen unterstützt er seine Klienten, eigene Lösungen für Probleme und verklebte Situationen zu finden, Visionen zu entwickeln und Ziele zu verwirklichen.

Das englische Wort *Coach* bedeutet *Kutsche* und *Kutscher* zugleich. Ziel eines Coachings ist es, sein eigener Kutscher zu werden, statt sich vor fremde Kutschen spannen zu lassen oder ein Mitfahrer in

Sprache zu analysieren hat einen praktischen Nutzen

---

[1] MSP ist ein liebevolles Modewort von Jugendlichen und steht für: Möglicher Sexualpartner.

Kutschen anderer Menschen – respektive fremder Interessen – zu sein.

Unsere Sprache zeigt unsere persönlichen Hintergründe

Die Coaching-Methode, die Joachim Schaffer-Suchomel anwendet, konzentriert sich auf die Hintergründe menschlichen Tuns. Der Ton macht die Musik. Der Hintergrund bestimmt den Vordergrund, die Ursache bestimmt die Wirkung. Im Coaching untersuchen wir mit dem Klienten zusammen, wie seine Wirklichkeit entsteht. Das Prinzip von Ursache und Wirkung ist denkbar einfach, wie beispielsweise die Mechanik einer Drehorgel demonstriert: Das Muster auf der Walze verursacht die Musik, die Wirkung. So können auch wir nur „spielen", was auf der „Walze" ist. Gefällt mir mein Walzer nicht, so muss ich meine Muster verändern. Ich muss ausmustern, was mir nicht gefällt, und neue (Glücks)Muster schaffen.

Der Ton macht die Musik

Die mehr oder minder unbewussten Hintergründe unseres Verhaltens lassen sich an der Sprache, die wir gebrauchen, erkennen oder erahnen. Über weite Strecken werden wir uns in diesem Buch mit den Gefühlswelten und Denkstrukturen beschäftigen, die bestimmten Worten und Ausdrucksweisen zugrunde liegen können. Nehmen Sie den Begriff *sich beschweren*. Er bedeutet im Grunde *sich schwer machen*. So wie ein Briefbeschwerer die Post nicht wegfliegen lässt. Beschweren Sie sich also, wenn Sie wollen, dass die Post nicht abgeht! Im Coaching fragen wir an dieser Stelle: Warum und mit was *machen Sie sich schwer*, wenn Sie *sich beschweren*? Was haben Sie davon, wenn *Sie sich schwer machen*? Oder: Wo erlauben Sie sich keine *Leichtigkeit*?

Ein weiteres Beispiel ist der Ausdruck *Enttäuschung*. Die Vorsilbe *ent-* bedeutet *weg von*. So wie bei der Entbindung die Bindung durch die Nabelschnur aufhört. Wir fragen: Womit haben Sie sich jahrelang getäuscht, wenn Sie jetzt *enttäuscht* sind? Welcher Täuschung sind Sie erlegen?

Ein Kunde erinnerte sich in einem Coaching-Gespräch an seinen trinkenden Vater und wehrte das Thema mit den Worten ab: „*Mit meinem Vater habe ich abgeschlossen.*" Der Coach griff das Bild auf und fragte: „*Und wo haben Sie den Schlüssel hingetan?*" Der Klient reagierte verblüfft. Im weiteren Gespräch merkte er, dass er einen wesentlichen Part versäumt hatte: die positiven Elemente seines Vaters anzunehmen.

Worte sind aufschlussreich

Es lohnt sich nachzusehen, was in der verschlossenen Schatztruhe verborgen ist. Auch hinter einer *Nichtschätzung* befindet sich ein *Schatz*, eben ein *nicht geschätzter Schatz*. Der Wert dieses Schatzes ist nur noch nicht bewusst. Interessant ist hier auch die Sprachwahl: „*Mit* meinem Vater habe ich abgeschlossen." Also nicht alleine, sondern *mit seinem Vater zusammen* hat er abgeschlossen. In den Coaching-Gesprächen stellte sich tatsächlich heraus, wie sehr der Sohn mit seinem Vater identifiziert, sprich verklebt war.

1. Make-up!

Auch unser Körper spricht

In diesem Buch stellen wir die gesprochene Sprache als Ausdruck innerer Hintergründe in den Mittelpunkt. Ein ebenso wichtiges Medium ist die Körpersprache. Häufig sieht man einem Menschen an, wie er sich innerlich fühlt. Der Körper drückt den Gefühlshintergrund aus. Er zeigt ein breites Grinsen, runzelt die Stirn, kneift den Mund zusammen oder zieht einen Flunsch. Folge ist ein lang gezogenes Gesicht. Wenn jemand *geknickt* ist, drückt das seine Gefühlswelt aus. Abgeknickt kann keine Energie fließen. Das kennen wir vom Gartenschlauch mit Knick. Am anderen Ende warten wir vergeblich auf das Wasser. Der Geknickte müsste eine andere Haltung einnehmen und sich fragen: Warum bin ich so geschlaucht? Wo ist der Knick?

Wenn jemand *verschlossen* dasitzt, indem er zum Beispiel die Arme verschränkt, dann kann das heißen, dass er nicht auf Empfang ist. Die Schranken sind möglicherweise nicht offen. Verschränkte Arme können aber auch eine Pose der Ruhe sein. In der Kommunikation werden bestimmte Gesten zu „empfängnisverhütenden Mitteln". Mit ausgebreiteten Armen ist der Mensch meist aufnahmebereit und mit offener Beinstellung dokumentiert er grundsätzliches Vertrauen. Er signalisiert: Ich habe keine Angst vor Tiefschlägen. Körpersprache lässt sich allerdings nicht nach dem Schema „Geste A bedeutet B" interpretieren, sondern hängt immer vom Menschen selbst und vom aktuellen Kontext ab.[2]

---

[2] Vgl. Vera F. Birkenbihl: Signale des Körpers. mvgVerlag 2005, S. 37.

Sprache ergibt Sinn

Die gesprochene Sprache besitzt in einer weiteren Hinsicht einen hohen Wert: Bestimmte Begriffe verweisen auf den Sinn der Phänomene, die sie bezeichnen, ohne dass dies offenkundig oder bewusst wird.

Martin Luther leitete als Erster den Begriff *Beruf* aus der Berufung ab. Er stellte sich vor, dass wir von Gott zu unserem Beruf *berufen* sind. In einigen gesellschaftlichen Bereichen hat sich das Sprachbild des Gerufenwerdens gehalten. Ein Universitätsprofessor erhält einen Ruf. Auch zum Botschafter wird man berufen. Was ist der tiefere Sinn menschlicher Berufung? Gerufen werden kann nur das, was da ist. Das sind die eigenen Gaben. Wir müssen unsere *Gaben* kennen und uns entsprechende Auf*gaben* suchen. So gesehen ist die wahre Berufung die Basis jeder erfolgreichen Karriere.

Was ist ein Beruf ohne Berufung?

Ein weiteres Beispiel ist das Wort *Problem*. Unser Lebensweg ist gepflastert mit Problemen, einige wiederholen sich über Jahrzehnte hinweg. *Problem* bedeutet *Vorgelegtes*.[3] Das, was wir in der Vergangenheit nicht gelöst haben, wird uns *wieder vorgelegt*. Wir dürfen es in der Gegenwart nochmals bearbeiten. Ein Problem zu wiederholen beinhaltet die Chance zur echten Weiterentwicklung. In der Wiederholung ist es uns möglich, Vergessenes

Worte sagen mehr, als wir denken

---

[3] Diese wie alle folgenden Ableitungen entstammen, wenn nicht anders gekennzeichnet, dem Duden-Herkunftswörterbuch, Mannheim 1989/2001.

aus der Vergangenheit wieder in die Gegenwart zu holen. Es soll allerdings nicht darüber hinwegtäuschen, dass viele Menschen sich wie Hamster in ihren Rädern drehen. Anstatt wirklich zu lernen und zu erkennen, was funktioniert und was nicht, wiederholen sie ihre Fehler und Probleme in der Hoffnung, dass es diesmal klappt. Das gilt für Liebesbeziehungen genauso wie für Kommunikation im Beruf. Zuweilen bedarf es einiger Runden, bis wir einen neuen Dreh heraus haben. Ein anderes Wort für *wiederholen* ist der Begriff *wiederkehren*. Das, was wir unter Umständen jahrelang unter den Teppich gefegt haben, wird zum rechten Zeitpunkt zur Reinigung als Problem wieder hervorgekehrt.

Begriffe sind *Griffe* zum Leben. Sie machen *greifbar*, was vorher *unfassbar* war. So wie sie Phänomene entschlüsseln und an Möglichkeiten im Dasein erinnern, können sie mit illusionären Gedanken über das Menschsein aufräumen.

Der Ausdruck „*verletzt sein*" von Menschen taucht im Coaching immer wieder auf. Das *letzt* von *verletzt* weist darauf hin, dass wir uns aus der Geborgenheit der Gemeinschaft *an den Rand begeben haben* und so Gefahr laufen, verletzt zu werden. Der Volksmund sagt: „Den Letzten beißen die Hunde!" Auch das Schaf, das die Herde verlässt, läuft Gefahr, als Erstes gerissen zu werden. Eine *Verletzung* können wir heilen, indem wir uns wieder mit dem Ganzen verbinden. Beispielsweise mit Menschen, die uns gut tun und zu unserem Beziehungsnetz gehören. Ein Netz gibt Halt. Selbst wenn wir uns vom Ganzen *abhängen* wie ein Eisenbahn-

Begriffe machen greifbar

waggon vom übrigen Zug, so bleiben wir dennoch über das Schienennetz mit allem verbunden. Manchmal hält nur ein dünner unsichtbarer Faden die Verbindung der *Abgehängten*, auch der *Abhängigen*, zum Ganzen. Auch der *Individualist*, der glaubt mit dem Ganzen nichts mehr zu tun zu haben, vergisst, dass individuell *unteilbar* bedeutet. So wie im *Alleinsein* das im All-Eins-Sein verborgen ist.

Sprache erinnert an den Sinn von Phänomenen im menschlichen Leben. Bei der Er*innerung* gehen wir nach *innen*. *Sich erinnern* heißt im Englischen *to remember*, also wörtlich *wieder Mitglied werden*. Wir sollen uns erinnern, wieder Glied, also Teil eines Ganzen zu sein. Genauso wie wir, wenn wir unsere eigene *Position* einnehmen, Teil einer gesamten Kom*position* sind. Sprache wird auf diese Weise zu einem Werkzeug, die eigenen Talente und Ressourcen – und letztlich sich selbst – hervorzubringen. Der Leitspruch eines Bildungszentrums in Hessen lautet: „Es genügt nicht, dass wir geboren werden. Wir müssen uns selbst nochmals hervorbringen." Und das dauert wohl das ganze Leben. Das ist der längste Geburtsprozess. Therapien und Coaching können diesen Prozess begleiten. Mit professioneller Unterstützung erkennen die Klienten, was das eigene Selbst überhaupt bedeutet und wie es schrittweise zu entwickeln ist.

Wir müssen uns selbst nochmals hervorbringen

Die Sprach-Mechaniker

Therapeuten und Coachs arbeiten wie Mechaniker: Wenn draußen etwas nicht funktioniert, schaut man im Inneren, was lose ist. Klopft der Motor unseres Autos, hat es keinen Sinn zu beschleunigen. Das Auto muss in die Werkstatt. Wenn es klopft, öffnet der Mechaniker den Motor. Er zerlegt ihn. *Bekloppte* Menschen sind extrem verschlossen. Sie machen dicht.

Es ist sinnvoll, Sprache zu zerlegen

Sprachanalytisch trainierte Coachs haben ein feines Gehör und Gespür für Sprache und ihre Wirkkraft. Ist ein Kunde mit seiner Wirklichkeit unzufrieden, so untersuchen sie dessen Wortwahl und damit das zugrunde liegende Denken, welches sich in den *Äußerungen* widerspiegelt, dem tatsächlich Gesagten wie in der Körpersprache. Neben der etymologischen Herangehensweise arbeitet ein solcher Coach stark assoziativ. Er achtet ebenso auf die Bilder, die sich im Hintergrund des Gesagten verbergen oder mit den verwendeten Worten entstehen. Wie bei *abgeschlossen* oder *verletzt sein*.

In diesem Buch beleuchten wir die Hintergründe des Denkens und Verhaltens. Wir machen Sprachmuster und Bilder, die hinter der Sprache wirken, bewusst. Positive Bilder verleihen Kraft. Negative Bilder verzehren uns. Mit negativen Gedankenbildern können wir uns sozusagen selbst verspeisen und energetisch aushöhlen. Negative Bilder sind ein Produkt der Angst. Ein sprachlich sensibler und bewusster Mensch weiß um die Kraft und Klarheit seiner Bilder. Vielleicht ist das der ursprüngliche

Sinn von *Bildung*. Erst mit dem Bewusstwerden eines Bildes kann der Mensch positive und negative Bilder voneinander unterscheiden und positive Bilder von negativen Schatten befreien. Man wird sozusagen helle.

Aufbau und Nutzen dieses Buches

Dieses Buch besteht aus zwei Teilen. Im ersten Teil dient die Coaching-Philosophie des Hauptautors als roter Faden. Mithilfe der Hintergrundkulissen von Worten und Redewendungen werden Probleme und Illusionen des Lebens in ein neues Licht gestellt. In dieser Beleuchtung und mit bereits in der Sprache liegenden Hinweisen auf Lösungswege werden neue Möglichkeiten beschrieben, Leben kraftvoll zu gestalten.

Wo immer es sinnvoll erschien, haben wir Inhalte zu Kernsätzen verdichtet und geben Ihnen, liebe Leserin und lieber Leser, Fragen für Ihre ganz eigene Situation mit auf den Weg. Es bleibt Ihnen überlassen, inwieweit Sie diese Ideen für Ihre Veränderung praktisch nutzen.

Im Glossar, dem zweiten Teil des Buchs, sind wesentliche Begriffe in alphabetischer Reihenfolge zusammengefasst. Es eignet sich zum schnellen Nachsehen oder einfach zum Querbeetlesen.

Entdecken Sie Wortschätze!

Wenn Sie am Ende dieses Buches angekommen sind, wird sich Ihre Sichtweise und Ihr Gespür für Sprache verändert haben. Auf dem Weg dorthin warten Wort*schätze* darauf, entdeckt zu werden.

Vielleicht haben Sie Aha-Erlebnisse, vielleicht sogar Haha-Erlebnisse, die Sie zum Lachen und damit Ihr Leben wieder in Fluss bringen. Das lateinische *humor* bedeutet *Feuchtigkeit*. Humor schützt vor Vertrocknung und Verkrustung. Humor bringt Ihre *humores* – das sind nach einer mittelalterlichen Naturlehre die im Körper wirksamen Säfte – wieder in Fluss. Damit Ihr Leben saftig ist!

COACHEN SIE SICH SELBST

Begriffe lassen Gefühle greifbar werden.

An den sprachlichen Formulierungen können wir unseren Gefühlshintergrund ablesen.

Achten Sie auf sprachliche Wendungen, die Sie immer wieder benutzen und schreiben Sie diese auf. Reden Sie mit einem Menschen, den Sie schätzen, und fragen Sie ihn nach markanten Äußerungen, die Sie häufig verwenden. Untersuchen Sie nun, welche Gefühle und Gefühlswelten hinter diesen Worten versteckt sind.

Sie können schon jetzt mit dem Glossar arbeiten und den Gefühlshintergrund so mancher Worte erschließen, beispielsweise wenn Sie auf etwas *erpicht sind*, häufig *Beschwerden* äußern oder gerne *lästern*. Unter diesen Begriffen finden Sie im Glossar Impulse und Schlüsselfragen, mit denen Sie Ihre Hintergründe leichter in Sprache fassen können.

2. Nomen est omen
Auf die Kulissen blicken

> Die Dinge sind nicht, wie sie sind.
> Sie sind, wie wir sind.
> *Aus dem Talmud*

Der seit längerem nicht mehr florierende mittelständische Familienbetrieb eines Coaching-Klienten stand zum Verkauf. Kurz vor der entscheidenden Verhandlung mit dem französischen Interessenten war der Anbieter hochgradig nervös. Im deshalb anberaumten Coaching-Gespräch äußerte er mit angespannter Stimme: „Ich stehe mit dem Rücken an der Wand. Dies ist meine letzte Chance, die drohende Insolvenz abzuwenden und wenigstens einen Teil des Familienvermögens zu retten."

Im weiteren Gespräch wurde die Gefangenschaft des Mannes in diesem inneren Bild mehr als deutlich: Er fühlte sich stark überlastet und berichtete von Rückenschmerzen. Negative Bilder rauben Energie, sie machen schwach und belasten. Rückenprobleme sind also das Mindeste, was man erwarten kann. Mit dem Bild *Rücken an der Wand* wird üblicherweise Negatives assoziiert. Im negativen Denken sind wir gut trainiert und ketten uns schnell an ein Gefühl von Hilflosigkeit, als hätte uns tatsächlich jemand angeprangert, an die Wand gestellt und mit standrechtlicher Erschießung gedroht.

Mit dem Rücken an der Wand

Die Aufforderung, aus dem negativen Bild ein positives zu entwickeln, machte den Klienten zunächst stutzig. Doch er konnte ihr bald folgen, das Training der eigenen Vorstellungskraft war ihm aus früheren Coaching-Gesprächen vertraut. Nach einigen Minuten des In-sich-Gehens und der Ruhe entdeckte er folgende Möglichkeiten: „Okay, ich stehe mit dem Rücken an der Wand. Im Grunde genommen kann mir von hinten nichts mehr passieren. Ich bin geschützt und habe Halt. Und nach vorne steht mir alles offen. Ich brauche nur vorwärts zu gehen. Meine Zukunft ist offen! Ich stehe am Anfang von etwas ganz Neuem." Mit diesem von Selbstbewusstsein geprägten Bild ging er in die Abschlussverhandlung und verkaufte am Ende sein Unternehmen zu einem guten Preis.

Worte als Kulisse

Hintergründe und Gefühlsbilder ähneln Kulissen

Sprache verweist auf persönliche Hintergründe und Gefühlsbilder, die unser Handeln leiten. Sie lassen sich mit den Kulissen eines Theaterstücks vergleichen. Die Kulisse gibt den Schauspielern einen Bezugsrahmen. Es macht einen Unterschied, ob der Regisseur einen romantischen Dialog zwischen zwei Liebenden vor einer Revolutionsszene mit Pariser Stadthäusern oder auf einer idyllischen Waldlichtung spielen lässt. Einige mögen einwenden: „Ja, aber das ist doch meist durch den Autor, dem Urheber des Stückes, vorbestimmt." Genau! Wir Menschen können „unsere Kulissen" verändern.

Das zeigt das Beispiel des Bildes *Mit dem Rücken an der Wand*. Kompliziert sind stets nur die *Geschichten*, die über das eigentlich Einfache gedeckt werden. Komplexes schafft Komplexe, die das Einfache kompliziert *erscheinen* lassen. So einfach ist das mit den Erscheinungen, die wir tagtäglich haben!

In diesem Buch sehen wir, wie wir den Worten *auf den Grund gehen* können, um Hintergrundbilder und Kulissen zu erschließen. Wir benennen Menschen und Situationen, geben den Dingen einen Namen. Dieser Prozess entspringt unserem Denken und Fühlen. Etwas oder jemanden zu benennen beinhaltet oft eine erste Wertung. Wir stellen es vor eine Kulisse. Je nachdem, wie wir zu einer ausländischen Regierung stehen, nennen wir bewaffnete Widerständler entweder Freiheitskämpfer oder Terroristen.[4] Das Benennen folgt der Kulisse des jeweiligen Sprechers und damit seiner Sichtweise. Gleichzeitig verbindet der Gesprächspartner das Gehörte mit seinen eigenen Erfahrungen durch Assoziationen, entsprechend seinem Repertoire an Kulissen. Das Wort bewirkt eine Reaktion. Es wurde zum Vorboten. *Nomen est omen*.

> Worte entspringen unseren Kulissen

Das Wesen(tliche) beim Namen nennen

Der uns am meisten vertraute Klang ist der unseres eigenen Namens. Ihr Name ist Ihr ganz persönliches Merkmal. Bereits bei der Geburt wurden Sie „nomi-

---

[4] Dieses Beispiel geht auf Vera F. Birkenbihl zurück: Alpha Video, Denken Spezial, TR Verlag.

niert", Sie sind demgemäß von Anfang an ein Gewinner. Oder haben Sie schon einmal gehört, dass bei der Olympiade Verlierer nominiert wurden? Sie sind mit Ihrem Namen Träger einer ganz bestimmten Idee von sich und Ihren Möglichkeiten. Meist ist dies unbewusst. *Nominiert* bedeutet *namentlich vorgeschlagen*. *Renommiert – wieder benannt* und *bekannt* – sind Sie, wenn Sie Ihrem Namen alle Ehre gemacht haben und wenn Sie Ihre Idee von sich verwirklicht, also Ihre Möglichkeiten gelebt haben. Auch bei Namen gilt: *Nomen est omen*. Ein Name ist gleichzeitig ein Omen, ein Zeichen also, und gemäß dem lateinischen *ominosus* „*voll von Vorbedeutungen*". Ist das nicht ominös? Namenszeichen sind wie unsere Verkehrszeichen richtungsweisend. Sie können markante Wesenszüge kennzeichnen und auf Potenziale hinweisen.

Vor- und Nachnamen können auf Charakterzüge deuten

Betrachten wir die Vornamen, so können wir zuweilen bestimmte Charaktereigenschaften erkennen. Durchforsten Sie einmal Ihren Verwandten- und Bekanntenkreis nach Menschen mit dem Vornamen Peter. Ähneln sich die Peters nicht in ihrer Führungsqualität? Einen Peter wirft so schnell nichts um. Es wundert nicht, dass *Peter*, griechisch *petros*, *Felsblock* bedeutet. Auf ihm wollte Gott bekanntlich seine Kirche errichten: „Denn du bist Petrus, der Fels …" Ebenfalls nicht zu unterschätzen ist Petra, das weibliche Pendant zu Peter.

Trotz aller gebotenen Vorsicht bei derartigen Typisierungen: Betrachten Sie einmal Menschen mit dem Vornamen Klara. Oft können Sie feststellen, wie sehr diese Charaktere mit dem Thema

Klarheit befasst sind oder bereits in ihrer Art und Weise Klarheit verkörpern. Alles Klärchen?

Und was ist mit dem Namen Hans? Schnell wird eine Wurst daran gehängt und der Hanswurst ist geschaffen. Auch das Märchen vom „Hans im Glück" lässt einen unklugen Menschen vermuten, insofern die Philosophie des Märchens nicht verstanden wird. Denn Hans im Glück ist glücklich! Der innere Wert der momentanen Freude über das eingetauschte Gut zählt, zumindest im Märchen, mehr als der kollektive „objektive" äußere Wert. Also schwingt in diesem Namen auch gute Ethik mit und verleiht ihm eine gewisse Beständigkeit. So ist es nicht verwunderlich, wie häufig besonders in vergangenen Generationen der Name Hans vergeben wurde.

Jeder lebt in seinen Kulissen

Gedachte und gefühlte Kulissen gehen auf die Wahrnehmung eines Menschen zurück. Wir können nur die Dinge, Situationen und Menschen benennen, die wir wahrnehmen. Gleichzeitig ist es unmöglich, alles, was ist, wahrzunehmen. In seinem Buch „Zen und die Kunst ein Motorrad zu warten" schreibt der amerikanische Philosoph Robert M. Pirsig: „Wir nehmen eine Handvoll Sand aus der endlos weiten Landschaft, die uns umgibt, und nennen diese Handvoll Sand ‚Welt'."[5] Die Welt ist das, was wir von ihr denken.

Menschen nehmen selektiv wahr

---

[5] Robert M. Pirsig: Zen und die Kunst ein Motorrad zu warten. Fischer 1986, S. 84.

2. Nomen est omen

Standardisierte Szenen werden reinszeniert

Wahrnehmung und Interpretation orientieren wir an Stücken, die wir kennen und die auf unserer Festplatte im Kopf gespeichert sind. Wie bei einem Theaterstück fahren wir Kulissen auf, die wir in der Vergangenheit konstruiert haben. Diese symbolisieren einen bestimmten Schauplatz aus Gedanken und Gefühlen. So schaffen wir den Bezugsrahmen für unsere gegenwärtige Lebenssituation. Vor dieser Hintergrundkulisse spielen sich vorprogrammierte Szenen ab. Fritz Perls, der Begründer der Gestalttherapie, spricht von *Reinszenierungen*. Altes wird wieder und wieder in Szene gesetzt. Entweder weil wir es als gut und Gewinn bringend identifiziert haben und das „gute Stück" *wieder holen* wollen oder weil es so schlecht und unverdaulich war, dass wir getrieben sind es wiederzukäuen. Der Täter kehrt an den Tatort zurück. Erinnern Sie sich an das Phänomen der Wiederholung von Problemen im ersten Kapitel. Wir konstruieren unsere Welt kulissenartig und richten uns so im Leben ein, wie wir glauben, dass es gut für uns ist. Oder wir konstruieren unbewusst und automatisiert.

Wenn wir Kulissen auf den Leim gehen

Problematisch wird es, wenn wir mit unseren Kulissen verkleben. Gerade problembehaftete Hintergründe werden gerne als feststehende Kulisse genommen: Ein Programmablauf automatisiert sich, die Wiederholungstaste ist eingerastet. Wir schaufeln immer und immer wieder Negatives aus der Vergangenheit in die Zukunft. Wer nur eine Kulisse hat, wird immer wieder dasselbe Stück spielen. Doch auch mit mehreren Stücken bleibt das Leben gestückelt, und das Gefühl der Zerrissenheit dominiert. Der Hintergrund ist nicht im Fluss.

Beispiele für solche Negativkulissen sind:

- „Immer bin ich das Opfer" oder: „Warum immer ich?"
- „Niemand sieht mich" oder: „Ich werde nicht gehört"
- „Ist es richtig, was ich tue, und werde ich gemocht?" oder: „Habe ich etwas falsch gemacht und werde nicht mehr geliebt?"
- „Gehöre ich dazu?"
- „Seht mich an, bin ich nicht toll?" – Ja, auch das ist eine Negativkulisse, mit der Sie sogar Topmanager werden können. Im Grunde genommen gehört jedoch dieser Typus als Anerkennungsjunkie in die Drogenberatung. Das Karriereschauspiel endet meist im Drama: Herzinfarkt, Schlaganfall, Punkt.

2. Nomen est omen

> **COACHEN SIE SICH SELBST**
>
> **Gerade in kritischen Situationen tauchen von Ihnen vorprogrammierte Negativkulissen wie automatisch auf.**
>
> Können Sie sich in einem der obigen Beispiele wiederentdecken?
> Beobachten Sie sich, wenn es brenzlig wird. Lassen Sie beispielsweise Situationen, in denen Sie kritisiert wurden, Revue passieren. Beschreiben Sie, wie Sie sich innerlich fühlten. Was hat Sie emotional stark getroffen? Wo haben Sie zum Beispiel weiche Knie oder einen Kloß im Hals bekommen? Wie haben Sie im Außen reagiert? Was haben Sie gesagt? Wie haben Sie gekontert oder klein beigegeben und vor allem: Wie heißt die dazu gehörige Gefühlskulisse?
> Deuten Sie die entsprechende Sprachkulisse positiv um – analog zum Beispiel „mit dem Rücken an der Wand stehen".

Kulissen werden zur sich selbst erfüllenden Prophezeiung

Oft wissen wir nicht, dass es nur Kulissen sind, und schon gar nicht, dass wir mit diesen lediglich eine Wirklichkeit vortäuschen. Es ist ein bisschen wie an der Börse: Spekulanten setzen auf die vermutete künftige Entwicklung von Aktienkursen und lösen mit ihren Käufen und Verkäufen genau diese Kursentwicklungen aus.

Angenommen, Ihre Nachbarin grüßt plötzlich nicht mehr, und Sie fragen sich: „Was habe ich nur falsch gemacht?" In Wirklichkeit wurde bei ihr ein Tumor festgestellt und sie ist tief in Gedanken versunken. Es hat also nichts mit Ihnen zu tun.

Oder nehmen Sie den umgekehrten Fall: Ihre sonst stoffelige Nachbarin grüßt auf einmal sehr zuvorkommend und Sie überlegen: „Was führt sie nur im Schilde?" Dabei hat sie sich frisch verliebt und möchte am liebsten die ganze Welt umarmen.

Ein ernsthaftes Problem entsteht meist nicht durch die Situation an sich, sondern durch ihren Bezugsrahmen: die individuelle Kulisse. Erst vor der entsprechenden Kulisse wird die Situation zum Problem. Albert Einstein formulierte einmal treffend: „Problem space is not solution space." – „Im Raum des Problems finden wir keine Lösungen." Erst wenn wir den Raum und die Kulisse des Problems verlassen und eine neue Sichtweise einnehmen, kommen wir einen wirklichen Schritt weiter und können uns von der problematischen Kulisse lösen.

Problemraum ist nie Lösungsraum

Lösen statt verkleben, loslassen statt festhalten. *Lösungsdenken* ist heute gerade in der Wirtschaft zu einem Schlagwort geworden. Und wie viele Verklebte warten in den unterschiedlichsten Religionen auf Lösung, auf die *Erlösung?* Lösung ist das Hauptthema des Menschseins. Der Begriff *Leben* lässt sich sprachlich auf *Leim* zurückführen, und *leben* ist laut Duden mit dem Begriff *kleben* verwandt. Gott formte Adam aus Lehm. Wer schon einmal damit gearbeitet hat, weiß, wie klebrig diese Masse ist. Gott hat es sich nicht leicht gemacht. Lösung ist das Los des Menschen. Der Begriff Los wird synonym für Schicksal verwendet. Also, los geht's!

Wir kleben am Leben

Kulissen gibt es immer. Hinter jedem Wort steht ein Bild, ein Gefühl oder eine Vorstellung. Worte

Kulissen sind veränderbar

werden zum Transportesel geistig-seelischer Kulissen. Es stellt sich also nicht die Frage, ob wir eine Kulisse wollen oder nicht. Entweder werden wir von installierten Kulissen gelebt oder wir kreieren neue Kulissen, die der Welt, die wir für uns erschaffen wollen, entsprechen. Es gibt keine guten oder schlechten Kulissen. Es gibt nur welche, die für unsere persönlichen Ziele nützlich oder weniger nützlich sind. Deshalb: Kulissen sind zum Schieben da, denn Kulissen sind, auch wenn wir mit dem Rücken an der Wand stehen, veränderbar. Spätestens wenn sich unser Hamsterrad immer schneller dreht oder es im Käfig zu müffeln beginnt, sollten wir mit der Demontage unserer festgeschraubten Kulissen beginnen. Wie Sie das tun? Misten Sie Ihren Stall aus und stellen Sie sich eine neue Kulisse vor, die Ihre Welt und Ihr Leben wieder fließen lässt! Anstelle von Kulisse können wir von *Vorstellung* sprechen. Das Theater vorne entspricht in der Tat einer *Vorstellung*. Was wir uns im Hinterkopf – dem Hintergrund – vorstellen, taucht im Vordergrund als Realität auf. Analog unserer Vorstellung stellen wir etwas vor uns hin. Also nicht wundern und schimpfen, wenn da Hindernisse auftauchen!

Arbeit an den eigenen Kulissen

Mit seiner eigenen Kulisse zu verkleben ist menschlich. Das kann einen Kurzschluss auslösen und das System lahmlegen. Der Kunde mit der Rücken-an-der-Wand-Kulisse fühlte sich stark überlastet und damit blockiert. Ein anderer Mensch fühlt und handelt anders. Ein Kurzschlusstyp würde vielleicht mit blindem Aktionismus reagieren. Wir sprechen hier nicht von einem Ausnahmephänomen, solche Beispiele sind alltäglich. Wie oft sind wir getrieben Dinge zu tun? Wir essen, obwohl wir keinen Hunger haben. Gedanken kreisen ungestoppt in unserem Kopf und treiben uns zu absurden Handlungen. Es ist, als würde sich der Hammer, den wir als Werkzeug benutzen, verselbstständigen und jetzt auf uns einhämmern. Kulissen, die wir erschaffen haben, sind unter Umständen so groß und mächtig, dass wir uns von Ihnen erschlagen fühlen. Filme, die wir gedreht haben, lassen uns jetzt durchdrehen.

Wie schnell wir mit einer Kulisse verkleben, können wir an folgendem Beispiel sehen: Kürzlich sagte ein Klient, er könne sich ein Coaching nicht mehr leisten, er müsse jetzt *haushalten*. Der Coach fragte ihn, ob sein *Haus* schon so alt und baufällig sei, dass er es *halten* müsse. Er fügte hinzu, dass er in der Zeit, in welcher er sein Haus halte, keine Hand mehr fürs Geldverdienen frei habe. Im Hintergrundgespräch stellte sich heraus, dass es für den Klienten tatsächlich keinen Sinn hatte, die große Villa, die er seit seiner Scheidung allein bewohnte, weiterhin zu halten. Seine Gedanken kreisen um Halten und Loslassen des Hauses. Er entdeckte im Gespräch, dass die Kosten des Coachings überhaupt nicht ins Gewicht fielen und zur Debatte standen. Vielmehr knechteten ihn seine an das Haus geketteten Emotionen und Gedanken so sehr,

Haushalten oder Haus halten?

dass er fast sein Coaching aus *Haushaltung*sgründen losgelassen hätte. Hauptsache, irgendetwas loslassen und entscheiden.

In dem Maße, wie Ihr Leben schwer erscheint, ist Ihre Kulisse inhaltlich mit dramatischen Elementen überlastet. Was Sie brauchen, ist eine Gepäckkontrolle. Wollen Sie Leichtigkeit, so gilt es, Ballast über Bord zu werfen. Denn mit einer dramatischen Kulisse können Sie kein Lustspiel erwarten und mit einer lustigen Kulisse machen Sie jedes Drama automatisch lächerlich. Das ist nur sinnvoll, wenn Sie als Kabarettist Ihr Geld verdienen. Dramatische Kulissen ziehen wie Magneten schicksalsträchtige Menschen auf Ihre Bühne und beschwören verhängnisvolle Situationen herauf. Große und überfrachtete Kulissen können Sie nur schwer alleine auseinander nehmen und bewegen. Das ist der Einsatz für Menschen, die gelernt haben, genau hinzuhören.

Werden Sie zum Kulissenschieber und Maskenbildner

Einen hohen Anspruch an Ihr Leben können Sie mit professionellen Begleitern und Unterstützern leichter erfüllen. Wenn der Motor Ihres Autos klopft, holen Sie den Pannendienst. Wenn Sie selbst eine Panne haben, gehen Sie zum Therapeuten. Wenn nun Ihr Herz ohne organischen Befund klopft und fast zerspringt, weil sich Ihre Lebensvision zurückmeldet, dann fragen Sie nicht Ihren Arzt und nicht Ihren Apotheker, sondern lernen sich selbst zu fragen und in Frage zu stellen. Und vor allem: *Er-innern* Sie sich, welches Stück Sie überhaupt spielen wollen! Dann erst können Sie die passende Kulisse kreieren. Setzen Sie als Hauptdarsteller das entsprechende Gesicht dazu auf, denn mit bestimmten Masken können Sie einfach keinen Blumentopf gewinnen! Ein Kommunikationstrainer sagte einmal zu einem Workshopteilnehmer, als dieser von seiner Lebensfreude berichtete: „Ich kann Ihre Freude nicht sehen. Bitte informieren Sie Ihr Gesicht!" Werden Sie zum Maskenbildner in eigener Sache! Lassen Sie die Ideen dieses Buches wirken und synchronisieren Sie Hintergrund und Vordergrund, Theaterstück und Maske, sodass ein authentisches Gesamtkunstwerk entsteht.

Die Kulissen hinter den Worten

Die Worte, die jemand verwendet, geben vielfältige Hinweise, wie der persönliche Hintergrund aussieht und welche Gefühlsbilder damit verbunden sind. Dass sich unser Denken und Fühlen in unserer Sprache widerspiegelt, scheint allzu logisch. Doch die direkte Verbindung ist den meisten nicht bewusst. So gesehen sagt Sprache in jedem Fall sehr viel mehr als das, was wir im Allgemeinen hören und verstehen. Es drängt sich die Frage auf: Wie können wir der Sprache auf den Grund gehen? Wie können wir erkennen, was Sprache wirklich meint? Und wie können wir den Weg rückwärts gehen und aus der Sprache eines Menschen eine erste Vorstellung über seine Kulissen gewinnen?

Wenn Sie sich einen tieferen Zugang zur Sprache im Allgemeinen und zu Ihrer eigenen Ausdrucksweise im Speziellen schaffen wollen, dann gehen Sie sowohl analytisch als auch intuitiv vor:

2. Nomen est omen

Sprache spiegelt das Denken und Fühlen

- Sehen Sie sich das Wort genau an: Was steckt alles im Wort? Was sagen die einzelnen Bestandteile des Wortes?
  Zum Beispiel das Wort *Geschichte:* Aus welchen *Schichten* besteht die *Ge-Schichte?* Was wird *zugeschichtet?*
- Gehen Sie der Etymologie nach: Woher kommt das Wort? Welchen Wandel hat es erfahren?
  Zum Beispiel das Wort *leiden:* Es stammt von *leiten* (= *fahren, reisen*) ab. Der heutiger Gebrauch von *leiden* geht auf die christliche Lehre zurück: „Der Mensch ist auf einer Reise durch das irdische Jammertal."
- Erschließen Sie sich Hinweise aus anderen Sprachen: Wie heißt das Wort im Englischen oder Französischen? Welche Verbindungen sind dort erkennbar?
  Zum Beispiel das englische Wort für *Gott* ist *God.* Dies ist offensichtlich verwandt mit dem Begriff *good,* der *gut* bedeutet. Gott bezeichnet also das Gute, auch das Gütige.
- Achten Sie auf Bilder, die sich im Gesagten verbergen oder spontan entstehen: Wie stelle ich es mir vor? Was assoziiere ich damit?
  Zum Beispiel das Wort *Erwarten* und das Bild des wartenden Menschen.
- Betrachten Sie das Gemisch aus den zuvor genannten Möglichkeiten: Wie wirkt es insgesamt? Was ist Ihre grundsätzliche Art und Weise des Sprechens?

> **COACHEN SIE SICH SELBST**
>
> **Hinter jedem Wort, das Sie wählen, befindet sich eine Gefühlskulisse.**
>
> Wählen Sie drei extreme Situationen aus Ihrem Leben und beschreiben Sie diese in prägnanten Worten. Ihre ersten Gedanken sind jeweils die richtigen. Bei welcher Gelegenheit ...
>
> - schäumten sie nahezu vor Glück über,
> - platzten Sie fast vor Wut oder
> - wären Sie vor Peinlichkeit am liebsten im Erdboden versunken?
>
> Welche Worte fallen Ihnen zur Beschreibung dieser Situationen ein?
> Untersuchen Sie nun die Worte, die Sie verwendet haben, nach obigem Schema!

Manchmal genügt es, sich die Worte genau anzuschauen. Die Kulisse ist oft direkt im Wort enthalten. Just look! Wenn jemand etwas von einem anderen Menschen *erwartet*, sehen wir, wie dieser Mensch wartet und wartet und wartet. Godot lässt grüßen. Langsam wird er ungeduldig und dann sauer, bis er schließlich enttäuscht in sich zusammenfällt. Jetzt ist er geknickt. Im direkten Hintergrundbild des Begriffes, in der *Enttäuschung*, erkennen wir die *Täuschung*, also wie ein Mensch *täuscht*, *sich täuscht* oder *getäuscht* wird.

Zuweilen sehen wir den Hintergrund eines Wortes nicht, weil wir einen völlig gegenteiligen Sinn darüber geschoben haben. So erinnert uns das Wort

Just look!

vielleicht daran, dass *vieles leicht* ist, sonst hieße es *vielschwer*. Das Wort *be-deutet*, also deutet praktisch mit dem Finger darauf, dass vieles ganz *einfach* ist. Aber statt *ein Fach* reißen wir tausend Schubladen auf, und dann ist es tatsächlich *vielschwer*. Spätestens wenn sich der Inhalt der Schubladen vermengt, haben wir eine Verwicklung. Jeder weiß, wie schwer es ist, ein Wollknäuel zu entwirren.

Ach, wie gut, dass niemand weiß ...

Oft liegt aber auch dichter Nebel über der Hintergrundkulisse eines Wortes. Er lichtet sich, wenn wir die Bedeutung des Wortes untersuchen, so wie beim Wort *Enttäuschung*: Entfernen wir uns bei der *Ent-Täuschung* von der Täuschung? Vielleicht befinden wir uns bereits auf dem Weg der Besserung, auch wenn wir uns im Tal der Tränen fühlen. Doch mit Tränen kommt so manches wieder in Fluss ...

> Enttäuscht, weil der Tausch aufgeflogen ist?

Des Weiteren ist in dem Wort *Enttäuschung* auch der Begriff *Tausch* enthalten. Vielleicht wollte ein Mann wirtschaftliche Sicherheit und materielle Geschenke gegen die Liebe einer Frau tauschen? Ein *Tauschgeschäft,* das häufig in *Enttäuschung* endet.

Eine *Kulisse* ist eine *Dekorations- und Schiebewand* und steht für eine *vorgetäuschte Wirklichkeit*. Der Begriff geht zurück auf das französische *couler*, das bedeutet *fließen*. Wenn wir in Fluss sind, können wir die Kulissen fließen lassen und brauchen sie nicht fest zu installieren. Kulissen sind zum Schieben da!

Die Wortherkunft kann Begriffe entlarven. So entstand die Droge *Heroin* vor einer heldenhaften Hintergrundkulisse. *Heroin* wurde im ausgehenden 19. Jahrhundert erstmals von deutschen Chemikern der Bayer AG hergestellt. Diese waren so begeistert von dem Stoff, dass sie ihm den Namen gaben, der sich vom griechischen *heros*, also *Held* im Sinne von *stark* und *kräftig*, ableitet. So wie Kaffee das Koffein enthält, damit wir uns aufgeweckt fühlen, steckt im *Heroin* der *Held*. Tatsächlich gaukelt *Heroin* dem Süchtigen Heldenhaftigkeit und Erhabenheit vor. Das englische *hero* bedeutet auch *der Erhabene, der Abgott*. Wundert es nun, dass die Droge *Heroin* zu Anfang des 20. Jahrhunderts von der aufkeimenden deutschen Pharmaindustrie vermarktet wurde? Zunächst als Hustensaft, später als motivationsfördernde Droge für Soldaten im Krieg. *Heroin* sollte Helden produzieren!

Das Heroische im Heroin

Lohnende Kurzausflüge in die Sprachen anderer Länder

Wie sehr es sich lohnt, beim Aufschließen der Worte andere Sprachen zurate zu ziehen, zeigt sich bei den Begriffen *Enttäuschung* und *Panne*. *Enttäuschung* heißt im Englischen *disappointment*. Die englische Vorsilbe *dis-* entspricht der deutschen Vorsilbe *ent-*. *Appointment* steht unter anderem für *eine Verabredung treffen, einen Termin ausmachen*.

Das *point* in *appointment* verweist darauf, dass etwas auf den *Punkt* gebracht wurde. Im möglichen assoziativen Bild sind wir in der Enttäuschung nicht auf dem Punkt, also weg vom Wesentlichen. Auch in der *Unpünktlichkeit* sind wir nicht auf dem Punkt, sondern in Gedanken versunken.

Keine Angst vor Pannen

Den Begriff *Panne* setzen wir umgangssprachlich für heftige Fehler oder Missgeschicke im Leben ein. Das französische *panne* ist ein Fachwort aus der Segelsprache. „Mettre les voiles en panne" bedeutet „die Segel so stellen, dass sie keinen Fahrtwind bekommen". Panne bezeichnet also einen Zustand des Innehaltens, um sich anschließend neu auszurichten. Eine Panne kann als ein Stopp oder Nothalt gesehen werden, damit wir eine neue Haltung für unser Tun einnehmen können.

Ähnlich erfährt der Mensch in der Krankheit einen Stopp. Erst jetzt kann er sich überdenken oder neu orientieren. So gesehen ergibt es einen Sinn, dass das deutsche Wort *Patient* sich vom lateinischen *patiens (= dulden)* ableitet. Auch im Englischen heißt *patient* geduldig. Nichts tun, alle Handlungen stoppen und Heilung gewähren lassen sind die obersten Prinzipien der Genesung. Damit wir unser Leben wieder genießen können, fungieren geistige und körperliche Pannen als Retter! Wenn wir uns auf einem falschen Weg befinden, kehren wir oft nicht freiwillig um, sondern tun das Gegenteil: Wir beschleunigen. Menschen arbeiten viel, erreichen ihre Ziele nicht und erhöhen ihren Arbeitsdruck. Andere streiten sich mit ihrem Lebenspartner, werden nicht glücklicher und streiten noch mehr, brüllen noch lauter. Wieder andere konsumieren Freizeitangebote, machen jede Mode mit, finden keine richtige Erfüllung und suchen noch intensiver nach dem ultimativen Kick.

Hier reiht sich auch der Versuch deutscher Kultusministerien ein, nach der PISA-Studie die schiefe deutsche Bildungspolitik begradigen zu wollen. Wenn die Qualität nicht stimmt, ist es blödsinnig, die Quantität zu erhöhen und den Kindern noch mehr Stoff einzutrichtern. In seinem Vortrag „Aggression als Chance"[6] bemerkte Ruediger Dahlke sinngemäß: Wenn in der Schule früh Mist gemacht wird, hat es keinen Sinn, zukünftig auch noch nachmittags Mist zu machen. Oder wie ein anderer Autor meinte: „Auf einem falschen Weg hat es keinen Sinn, die Geschwindigkeit zu erhöhen."[7] Ähnlich verhält es sich bei Fehlern, die wir machen. Mit der geistigen Haltung des Fehlens beginnen wir Fehler zu machen. Richten wir unsere Aufmerksamkeit auf das Fehlen, so vergrößert sich das Loch. Dieses Mangeldenken ist ein Reinfall. Hier hilft uns das englische Wort für *Fehler*, nämlich *mistake*, weiter. *Mis-take* bedeutet *das Falsche, das Miese nehmend*. Also, es fehlt an nichts! Wir müssen nur das Richtige nehmen.

> Wozu auf einem falschen Weg Gas geben?

Auch der *Konkurs*[8] eines Unternehmens ist ein Stopp – ein Schreckgespenst für Arbeitgeber und

> Im Konkurs auf neuen Kurs!

---

[6] Kassel, 14.09.2004.
[7] Unbekannter Autor.
[8] Mit neuer Rechtsprechung wurde der Begriff *Konkurs* durch das Wort *Insolvenz* ersetzt.

Arbeitnehmer. Das lateinische *concursus* heißt *Zusammenlauf*. Besonders schnell laufen die Gläubiger, die ihr Geld retten wollen, zusammen. Auch die Arbeitnehmer laufen zusammen: Not verbindet. Jeder muss für sich die Zukunft neu überdenken und eigene Initiativen ergreifen lernen. *Kon-Kurs* hat also eine ganz einfache, bereits im Wort liegende Bedeutung: Das lateinische *kon* heißt *mit*. Im *Kon-Kurs* liegt also die Chance, wieder auf den richtigen Kurs zu kommen. Im Coaching zeigt sich häufig, dass ein erstaunlich hoher Prozentsatz der Mitarbeiter aller Ebenen von Insolvenzfirmen, auch auf höchster Führungsebene, schon seit längerem andere Berufsziele anvisiert hatte und unternehmensmüde geworden war. Es fehlte allein der Mut, sich klar für die eigene Kündigung zu entscheiden!

So wie Krankheiten eine reinigende Wirkung für den Körper haben, so können auch Insolvenzen eine reinigende Kraft für die Wirtschaft sein. Wir verwenden hier bewusst das Wort „können", weil so manche Firmen mit legalem Schutz bewusst an die Wand gefahren werden. Nicht selten entledigen sich spekulative Bosse so auf billige Art ihrer Mitarbeiter.

Ein Bild sagt mehr als tausend Worte

Worte lassen Bilder entstehen, die oft unbewusst eine negative Wirkung für uns selbst und für andere Menschen entfalten können. Manche Mütter und Väter sagen, vor allem im Zusammenhang mit

Scheidung: *„Ich hänge an meinem Kind."* Jetzt stellen Sie sich bitte bildlich vor, wie ein Erwachsener an einem Kind hängt. Das arme Kind! Von ihm hängen Vater und Mutter ab. Beide Elternteile sind *abhängig* und das Kind ist mit Sicherheit überlastet.

Viele Deutsche sagen, wenn sie von ihrer häufigsten Freizeitbeschäftigung reden: *„Wir hängen vor der Glotze."* Tags klotzen, abends glotzen. Welch ein Bild! Das *Hängen* von Banditen war im Wilden Westen in erster Linie als Strafe gedacht und sollte andere Outlaws abschrecken. Ein Gehängter hängt saftlos an einem Seil, das andere angebracht haben. Wer würde sich freiwillig für *hängen* entscheiden? Wollen Sie in Ihrem Leben etwas *unternehmen* oder ab- und durchhängen? Wundert es, dass es in diesem Land immer weniger *Unternehmer* gibt? *Unternehmer* heißt *von unten nehmen*, formen und nach oben gehen.

Was passiert, wenn Sie nicht mit, sondern *über jemanden reden*? Wie soll der andere sich fühlen, wenn Sie über ihm sind? Auf jeden Fall ist er kleiner als Sie. Mitunter wird er sogar *runtergemacht*. Vera F. Birkenbihl[9] verweist in diesem Kontext auf den traditionellen Begriff des *Vorgesetzten*. Sie erinnert daran, wie sich ein Mensch fühlt, dem jemand *vor* die Nase *gesetzt* wird. Wie soll sich dieser Mensch frei weiterentwickeln können? Seinen eigenen Riecher jedenfalls kann er so nicht einsetzen. Oder schauen Sie einmal auf das Hintergrundbild, wenn

---

[9] Vera F. Birkenbihl: Alpha Video, Denken Spezial. TR Verlag.

jemand sagt: „*Das habe ich hinter mir!*" Wer zu viel hinter sich gebracht hat, mag bedrückt wirken und zu Rückenschmerzen oder Haltungsschäden neigen.

Wer die Dinge abarbeitet, ist am Ende selbst abgearbeitet

Coaching-Klienten sagen häufig, dass sie in ihrer Firma die Dinge *abarbeiten*. Ist es verwunderlich, wenn sie sich am Ende selbst abgearbeitet fühlen? Meist liegt schon am nächsten Tag ein neuer Berg Arbeit vor ihnen und schreit nach Abarbeitung. Es ist eine Illusion zu glauben, dass die Arbeit weniger wird, je schneller Sie abarbeiten. Die Menge der zu erledigenden Punkte wächst mit wachsendem Engagement. Wenn Sie frisch bleiben wollen, müssen Sie also Ihre Arbeitshaltung ändern.

Auch der *gewissen-haft* Arbeitende kann sich kaum frei fühlen. Wer vermag schon frei in *Haft* zu arbeiten? Der *Gewissenhafte* haftet an seinem *Gewissen*. Er arbeitet leicht *verbissen*. Das erkennen wir an seinen *Gewissensbissen*. Und wie viele Menschen wollen sich *auseinander setzen*, ohne sich tatsächlich *auseinander zu setzen*, also Abstand zu nehmen, um das Problem sehen und sich besinnen zu können. Statt sich auseinander zu setzen, hacken Menschen aufeinander herum und verstricken und verwickeln sich. Sie verwickeln sich und bringen sich damit selbst zu Fall.

Außer Rand und Band

Wie aufschlussreich Hintergrundbilder sein können, zeigt auch das Coaching von Pädagogen. Leicht sind Lehrer in dem Gefühl gefangen, ihre Schüler *bändigen* zu müssen, damit diese nicht außer Rand und Band geraten. Ohne *Rand* und *Band*, sprich ohne klaren Rahmen, besteht natürlich die Gefahr, dass diese *randalieren* oder dass sie sich einfach weigern, im Unterricht mitzumachen. Häufig werden die Schüler *Meute* genannt. Eine *Meute* neigt zum *Meutern*. Statt mit dem Bild des *Bändigen-Müssens* eine Gefahr heraufzubeschwören, gibt es die einfache Auflösung: Ein Band zu den Schülern knüpfen und sich mit ihnen verbinden. Haben Sie keine Angst vor dieser ungebändigten freien Energie von Kindern und Jugendlichen! Es ist eine große Chance, diese Kraft in Möglichkeit zu verwandeln.

Komplexe Bilder und Intuition

Sprachbilder sind zuweilen sehr komplex und lassen sich nicht mit einfacher Logik erfassen. Hier ist Intuition gefragt. Im Coaching lassen wir deshalb die grundsätzliche Art, sich mitzuteilen, einfach wirken, um den wesentlichen Hintergrund zu erspüren.

In einem Gespräch wurde die *„umgarnende"* Sprache eines Klienten thematisiert und die Frage gestellt: „Was ist Garn und was geschieht beim Garnen?" Laut Duden bezeichnet Garn „ursprünglich eine aus getrockneten Därmen gedrehte Schnur, die beim Garnen zu Netzen für den Wild-, Vogel- und Fischfang verarbeitet wurde". Ein *umgarnender* Mensch fängt andere Menschen mit betörenden Redewendungen ein. Zu dieser Taktik sagen wir auch *schleimen* oder *schmierig sein*. In *Schleim* ist der Begriff *Leim* enthalten, der verbindet. Schleim und Schmierstoffe verbinden und bringen in Fluss. Sie gleichen das Gefühl des Getrenntseins aus. Coach und Klient betrachteten gemeinsam das Verhaltensphänomen des Umgarnens und fragten: „Warum versucht ein Mensch andere mit einem Netz zu fangen?" Wer glaubt, andere Menschen fangen zu müssen, ist selbst in einem Gefühl gefangen! Der betreffende Klient zum Beispiel fühlte sich nicht gehört, einsam und nicht in Selbstverständlichkeit mit anderen verbunden. Er benutzte (Sprach-)Garn, um seine Verbindung zu sichern und um andere an sich zu binden.

Nesthäkchen oder fünftes Rad am Wagen?

Was war der Ursprung dieses Gefühls? Wie so oft gingen die Wurzeln auf die Stellung als Kind in der Familie zurück. Der Klient war als *Nesthäkchen* aufgewachsen. Das Bild des *Nesthäkchens* – hier wird schon wieder mit Garn gearbeitet, diesmal wird gehäkelt – erinnert an einen Vogel, der mit einem Häkchen im Nest verhakt ist, weil er dieses nicht verlassen soll oder will. Dieses Bild korrespondiert mit dem des fünften Rads am Wagen. Das Ersatzrad läuft nicht mit, so wie das Nesthäkchen als letztes Kind laufen lernt und sich oft zurückgelassen oder vergessen fühlt, wenn seine Geschwister bereits munter davonspringen. Das Gefühl, nicht dazuzugehören, kann auch durch ein prägendes Erlebnis entstehen, etwa, irgendwann verlacht worden zu sein.

COACHEN SIE SICH SELBST

Unser Gefühlshintergrund – die Kulisse – bestimmt, wie wir den Vordergrund – die Wirklichkeit – wahrnehmen.

Und der Hintergrund bestimmt auch den Vordergrund: Mit unserer Gefühlskulisse sind wir Ursache für eine bestimmte Wirkung, die wir dann als Wirklichkeit bezeichnen.

Erinnern Sie sich an das Beispiel am Anfang des Kapitels mit dem Manager, der sich *mit dem Rücken an der Wand* fühlte? Er wandelte seine Kulisse, indem er sich aus diesem Bild heraus an Möglichkeiten erinnerte. Beschreiben Sie eine konkrete Situation aus Ihrem Leben, die für Sie unangenehm war. In welchem Gefühl verharrten Sie damals? Finden Sie eine Sprache für Ihr Gefühl. Kommt Ihnen dieses Gefühl bekannt vor? Erinnern Sie sich, wann es zum ersten Mal in Ihrem Leben aufgetaucht ist? Wenn ja, können Sie schon jetzt erkennen, dass die Wurzel in der Vergangenheit liegt?
Fühlen Sie sich zum Beispiel manchmal so klein, dass Ihnen eine Aufgabe zu groß erscheint, um diese bewältigen zu können? Fragen Sie in diesem Fall nach Möglichkeiten im Kleinsein. Welchen Vorteil hat es klein zu sein? Was kann ein Großer auf keinen Fall? Wenden Sie jetzt die Vorteile des Sich-klein-Fühlens auf die große zu bewältigende Aufgabe an. Erkennen Sie wie relativ Gefühlswelten sind – ob Sie sich klein oder groß fühlen? Erkennen Sie die Kraft Ihrer positiven Vorstellung?

Ein weiteres Beispiel für eine negative Gefühlswelt kann sein, dass Sie *sich nicht gesehen fühlen*. Welchen Vorteil haben Sie, wenn Sie nicht gesehen werden? Sie können auch danach fragen, was Sie lernen können, wenn Sie sich nicht gesehen oder nicht beachtet fühlen.

Auch in negativen Situationen sind positive Kräfte enthalten.

Erinnern Sie sich an das Beispiel mit dem *Konkurs*, mit welchem der *Kurs* korrigiert werden kann. Untersuchen Sie negative Situationen Ihres Lebens, die sich im Nachhinein als positiv erwiesen oder allmählich zum Positiven gewandelt haben. Es können Unannehmlichkeiten, Pannen, Unfälle oder Krankheiten sein.
Blättern Sie im Glossar nach negativ besetzten Worten. Untersuchen Sie beispielsweise *Krise*, *leiden* oder auch das Wort *negativ* nach versteckten Kräften. So verlieren die Inhalte ihre Starre und werden relativ.

3. Sprache, Schöpfung und Wirklichkeit
Die eigene Gestaltungskraft hinter den Kulissen erkennen

> Es gibt nichts, das an sich gut oder schlecht wäre,
> nur das Denken macht es so.
> *William Shakespeare*

Wer lernt, genau hinzuhören und sich Worte im Detail anzusehen, kann dem Hintergrund des Gesagten *auf die Spur kommen*, ein G*espür* entwickeln. Wie stark wirken Hintergrundkulissen und wie wichtig sind sie für unser Leben? Inwiefern bestimmen die Kulissen unseren Blick auf die Welt beziehungsweise unseren Umgang mit dem, was uns widerfährt? Wenn wir eine Antwort darauf gefunden haben, können wir beginnen, die Kulissen zu „schieben".

Alles nur Schiebung?

Die Welt des Versagens als Hintergrundkulisse

Karl leidet unter Versagensangst. Lange bemerkten seine Freunde und Bekannten nichts davon, weil er durch seine gesellige Art und seinen teilweise prahlerischen Unterton leicht darüber hinwegtäuschen konnte. Als Karl sich jedoch immer mehr zu verschließen und nach und nach zurückzuziehen begann – begleitet von Phasen tiefen, lang anhaltenden Schweigens –, ließ sich sein Verhalten im Freundeskreis nicht länger mit lockeren Witzen einfach hinwegfegen. Schließlich verstummte Karl fast ganz, selbst im Kontakt mit seiner Lebensgefährtin. Seine Angst, im Staatsexamen zu versagen, dominierte ihn derart, dass er in der Prüfung tatsächlich nur stockend und ohne klare Zusammenhänge auf Fragen reagierte: Blackout. Karl war *niedergeschlagen*, er brauchte nicht erst einen Prüfer, der ihn *niederschlägt*, das schaffte er ganz alleine.

Der niedergeschlagene Prüfling

Versagensangst arbeitet unter Tage, sie spielt sich im Dunkeln ab. Mit Karls Angst, nicht gut genug zu sein und es nicht zu schaffen, *versagte* er sich seinen Traumberuf. Auf dem Weg zum Wiederholungstermin kollidierte er mit einem anderen Auto. Er war schuld, so wie er sich für sein Versagen schuldig fühlte. Zu einem weiteren Termin brachte er nicht mehr den Mut auf.

Karls Eltern projizierten auf ihn als Erstgeborenen viele Aufstiegshoffnungen. Auf ihn wurde hoch gesetzt. Diesen hohen Erwartungsdruck kompensierte er in seinen Prahlereien. Doch in seiner unterschwelligen Angst, vielleicht doch nicht Karl der Große zu sein, zermürbte er sich.

Wo gehobelt wird, fallen Späne

In unserer Leistungsgesellschaft leiden viele unter Versagensangst – nicht nur in Prüfungssituationen. Wenn diese Angst unkontrolliert weiterwuchern darf, erfasst sie irgendwann ein ganzes Leben. Viagra lässt grüßen! Die Angst, nicht gut genug zu sein, es nicht zu packen, *schlapp* zu machen, eine *Schlappe* zu bekommen oder als *Waschlappen* dazustehen, siegt! Menschen mit Versagensangst verschließen sich mehr und mehr. Sie finden keine Worte für ihr Problem, werden sprachlos und fallen schließlich in ein großes Schweigen. Nicht (aus)sprechen können, was ist, macht das eigentliche *Ver-sagen* aus. Erst mit der Sprache für die Hintergründe eines Versagens bekommt der Mensch das Sagen zurück. Er verlässt die Opferrolle und kann wieder zum Täter seines Lebens werden!

Es gibt, wie das Beispiel von Karl zeigt, so etwas wie eine dominante Hauptkulisse: der Erstgeborene als Kronprinz, der gerne Vorschusslorbeeren erntet, gesellig ist und leicht prahlerisch noch nicht errungene Siege feiert. Dem gegenüber steht sein Schattenboxen mit fremdbestimmten Erwartungen. Es folgt die Opferkulisse des verlorenen Sohns, der sich verschließt, verstummt und zerbricht.

Der Versager versagt sich die Sprache

Kulissen wirken nachhaltig. Wer sich verkannt oder sogar heruntergemacht fühlt, führt sich auf – damit er gesehen wird. Wer sich nicht *zu-gehörig* fühlt, neigt zu *un-erhörtem* Benehmen. Bei Menschen, die sich von innen heraus glücklich fühlen und in ihrer vollen Anerkennung leben, speisen sich die Hintergrundkulissen aus Erfolg, Wertschätzung und Liebe. In unseren Kulissen spiegeln sich die individuellen Weltbilder wider. In der Welt des Versagers entsteht so das Bild der bösen anderen, die ihm den Erfolg versagen. Er sieht sich als Opfer.

Jeder liebt seinen Film

Tischlein-deck-dich oder: Fülle und Selektion

Die Welt gibt es nicht

Da die Welt in ihrer Ganzheit unfassbar bleibt, kann das, was Menschen als *ihre Welt* bezeichnen, immer nur ein kleiner Teil davon sein. Wir machen uns ein *Bild* von der Welt, unser *Weltbild* eben. Wir sind quasi *Teilnehmer* einer Welt unzähliger Möglichkeiten. Wie unterschiedlich mögen die Welten eines deutschen Fabrikarbeiters, einer Amazonas-Indianerin und einer greisen Steppenbewohnerin in Kasachstan sein? Doch so weit müssen wir gar nicht gehen. Oft leben zwei Menschen nebeneinander und nehmen die Welt vollkommen unterschiedlich wahr. Der Bauer freut sich über den Regen, weil er sich vorstellt, wie seine Samen endlich aufgehen können, statt von Vögeln aufgepickt zu werden. Seiner Frau kommen dagegen vielleicht Bilder ihrer streitenden Kinder in den Sinn, weil sie sich bei Regenwetter nicht im Freien austoben können. Oder sie denkt an schmutzige Wäsche – wie auch der Chef einer Reinigungsfirma, der sich auf den Umsatz freut. Der kinderlose Meteorologe hingegen denkt nüchtern an die niedrigen Niederschlagsmengen im Vergleich zum letzten Jahr.

Die Fülle im Dasein können wir mit einem Supermarkt vergleichen. Die Artikel sind reichlich und in allen möglichen Ausprägungen vorhanden. Wir müssen wählen. Wenn wir an der Kasse ankommen, haben wir mit Sicherheit einige Produkte gar nicht entdeckt, zum Beispiel die vielen

Sorten Katzenfutter, weil wir keine Katze haben. Katzenfutter ist also nicht wichtig für uns. Liebe Männer, wissen Sie, wo in Ihrem Supermarkt die Damenbinden sind? Hat indes Ihre Frau gerade ein Kind bekommen, nehmen Sie plötzlich die Babynahrung in den Regalen wahr und entdecken, wie viele Frauen schwanger sind oder mit Kinderwagen umherfahren.

Bei fehlender Selektion besteht die Gefahr, dass wir von der Fülle erdrückt werden. Wählen wir beispielsweise bei einem Büfett nicht aus, so machen wir aus der Fülle eine Völlerei. *Wählen* kommt von *wollen* und *wollen* hat die Wurzel *wohl*. Bei der Selektion ist unser *Wille* gefragt, unter dem Aspekt: Was tut uns *wohl*? Der Tisch ist so reich gedeckt, dass wir wählen müssen. Würden wir im Dasein alles auf einmal wahrnehmen, so wäre ein energetischer Crash die Folge. Es ist so, als ob wir bei unserem Computer alle Funktionen auf einmal drücken: Das System bricht zusammen und stürzt ab.

Zu wissen, was man will, kann in den Wohlstand führen

Der Mensch als Sammler

Wir nehmen die Welt mit unseren Sinnen wahr. Wir sehen, hören, riechen, schmecken und fühlen. Andere Möglichkeiten gibt es nicht. So gesehen sind unsere Sinne bereits für eine Vorselektierung verantwortlich: Wir sehen nun mal kein Infrarot und hören keinen Ultraschall, obwohl es beides nachweislich gibt. Doch gesehen oder gehört ist nicht gleichbedeutend mit wahrgenommen. Fragen Sie einmal am Montag einen Mann, der am Wochenende auf der Geburtstagsfeier einer Freundin eingeladen war, welches Kleid sie trug. Was wir nicht brauchen oder was keinen Sinn für uns hat, nehmen wir nicht wahr. Anders, wenn wir etwas brauchen. Vielleicht waren Sie in Ihrem Leben einmal aktiv auf Partnersuche? Erinnern Sie sich, wie intensiv Sie Menschen des anderen Geschlechts im passenden Alter wahrgenommen haben?

Gesehen heißt noch nicht wahrgenommen

Vera F. Birkenbihl[10] erzählt die Geschichte von den drei Männern, die eine Bergwanderung machen: ein Architekt, ein Maler und ein Schürzenjäger. Auf der Hütte angekommen, unterhalten sie sich über ihre Eindrücke. Der Architekt erzählt von den Bergbauernhöfen, der Maler von den Formen der Gipfel und den Farben des Waldes. Zwischen den beiden kann es noch eine gewisse Überlappung geben, weil der Architekt auch auf die Formen der Landschaft geachtet hat und der Maler sich überlegte, wie er die Bauernhöfe malen würde. Der Schürzenjäger hingegen scheint in einem völlig anderen Film gewesen zu sein: Er beschreibt alle schönen Frauen, die den dreien begegnet sind. An einige von ihnen können sich der Maler und der Architekt gar nicht erinnern. Vielleicht haben Sie auch schon einmal mit jemanden darüber gestritten, dass etwas genau auf diese und jene Art passiert ist, doch dieser jemand kann sich nicht

---

[10] Vera F. Birkenbihl: Alpha Video, Kommunikation. TR Verlag 1999.

daran erinnern, obwohl er mit absoluter Sicherheit dabei war.

Oder vielleicht haben Sie einmal mit einem neuen Sport angefangen, mit Reiten, Golfen, Tauchen oder Segeln zum Beispiel. Erinnern Sie sich noch, wie erstaunt Sie waren, als Sie merkten, was es da alles gibt: mehrere Zeitschriften zu diesem Spezialthema, zahlreiche Klubs, Vereine und Ausrüster, sogar einige bundesweite Verbände. Und wie viele Menschen das machen! Das war auch schon in der Zeit da, als Sie sich noch nicht dafür interessierten. Nur haben Sie es da nicht wahrgenommen.

Die Intensität unserer Wahrnehmung variiert

Wir nehmen *wahr*, worauf wir unser Interesse und unsere Aufmerksamkeit richten. Hieraus konstruieren wir unsere *Wahrheit*. Unsere Wahrheit ist nicht allgemein gültig, weil dieses Basteln immer ein individueller Prozess ist. Um zu wissen, was wir einsammeln wollen, müssen wir es erkennen und von anderen Dingen unterscheiden können. Hier spielt Sprache wieder eine herausragende Rolle. Worte lenken die Aufmerksamkeit. Was wir kennen, nehmen wir leichter wahr. Wenn wir uns für etwas interessieren, finden wir auch die Worte dafür. Ist das eine Fichte oder eine Tanne? Ist das ein van Gogh oder ein Rembrandt? Ararat oder Arafat? Schiller oder Goethe? Eine Koryphäe oder eine Konifere? Innensechskant oder Vielzahn? Kabeljau oder Stör? Unterscheiden lässt sich nur, was wir kennen und benennen können. *Unterscheiden* alleine genügt nicht. Es muss eine *Entscheidung* folgen. Wir können nicht gleichzeitig Schiller und Goethe lesen. Aber Kabeljau und Stör könnten wir auf einmal essen. Wie sieht es bei Pilzen aus? Unterscheiden können ist manchmal lebensrettend: Knollenblätterpilz oder Champignon? Sie entscheiden! Sachverständige unterscheiden edle Steine von unedlen, Originale von Fälschungen. Personalchefs unterscheiden passende Bewerber von unpassenden. Börsenmanager werden dafür bezahlt, dass sie Erfolg versprechende Aktien von Verlustpapieren unterscheiden.

Mit Worten sind feine Unterscheidungen möglich

Auch mit Worten *unterscheiden* wir und *scheiden* wir. Wir trennen das ab, was wir nicht wollen. Sachverhalte, aber auch Menschen. Scheiden heißt *abschneiden* und Abschied nehmen. Zuweilen fällt Trennung schwer, weil im Verstand oft Trennung mit Schmerz gekoppelt ist, statt Trennung mit Klarheit zu verknüpfen. Die Anzahl Worte, die ein Mensch kennt, gilt als Indikator für seinen Bildungsstand. Dass ein geringer Wortschatz und eine erhöhte Bereitschaft zu körperlicher Auseinandersetzung direkt zusammenhängen, ist wissenschaftlich belegt. Sprachlosigkeit, Fassungslosigkeit, fehlende *Begrifflichkeit* wird mit *Handgreiflichkeiten* kompensiert.

Kommen wir zurück zur Sprache in der eigentlichen Wahrnehmung. Worte sind wie Messer, mit denen wir die Realität in für uns handhabbare Stücke zerteilen. Wir können es jetzt *begreifen*, weil wir *Begriffe* dafür haben. Wahrnehmen heißt, die Stücke einzusammeln, die uns wichtig sind. Was wichtig ist und was nicht, bestimmen unsere Kulissen im Hintergrund.

Die deutsche Nachsilbe *-sam* leitet sich von *sammeln* ab. Wenn jemand sagt, dass er in einer *grausamen* Welt lebt, so hat er vermutlich zu viel *Graues eingesammelt*. Ein *Geruhsamer* wird sich demnach eher auf die ruhigen und beschaulichen Anteile konzentrieren. Dem *Sparsamen* ist alles wichtig, was kein Geld kostet. In einem *arbeitsamen* Leben hat die Muse wenig Platz. Wer sich seinen Lebensstandard *mühsam* erschaffen hat, hat sich vermutlich wenig auf die Dinge konzentriert, die ihm leicht fallen.

Grausam heißt: das Graue einsammeln

Entsprechend unseren Kulissen wählen wir so „aus der endlos weiten Landschaft unsere Handvoll Sand und nennen sie Welt"[11]. Aus allem, was ist, nehmen wir das, was uns in den Kram passt. Die Businesstrainerin Martina Schmidt-Tanger sagt: „Das nennen wir dann Wirklichkeit, weil es auf uns wirkt. Sonst müsste es Istlichkeit heißen." Wie tiefgreifend die Erfahrung sein kann, dass es eine Welt jenseits der individuellen Wirklichkeit gibt, verdeutlicht das nachfolgende Märchen.

Der Prinz und der Zauberer[12]

Es war einmal ein junger Prinz, der an alles glaubte, außer an drei Dinge: Er glaubte nicht an Prinzessinnen, er glaubte nicht an Inseln und er glaubte nicht an Gott. Sein Vater, der König, sagte ihm, diese

Es gibt keine Wahrheit jenseits der Zauberei

---

[11] Robert M. Pirsig: Zen und die Kunst ein Motorrad zu warten. Fischer 1986, S. 84.
[12] Aus: John Fowles: Der Magus. © Ullstein Buchverlage GmbH, Berlin 2001, S. 607ff.

3. Sprache, Schöpfung und Wirklichkeit

Dinge existierten nicht. Und da es im Reich seines Vaters keine Prinzessinnen oder Inseln und keine Anzeichen von Gott gab, glaubte der junge Prinz seinem Vater.

Aber eines Tages lief der Prinz aus dem väterlichen Palast fort. Er kam in das Nachbarland. Dort sah er zu seiner Verwunderung von jeder Küste aus Inseln und auf diesen Inseln seltsame und verwirrende Geschöpfe, die er nicht zu benennen wagte. Während er sich nach einem Boot umsah, kam ihm an der Küste ein Mann im Frack entgegen.

„Sind das wirkliche Inseln?" fragte der junge Prinz.

„Natürlich sind das wirkliche Inseln", sagte der Mann im Frack.

„Und diese seltsamen und verwirrenden Geschöpfe?"

„Das sind ganz echte Prinzessinnen."

„Dann muss Gott auch existieren!" rief der Prinz.

„Ich bin Gott", sagte der Mann im Frack und verbeugte sich.

Der junge Prinz kehrte, so schnell er konnte, nach Hause zurück.

„Da bist du ja wieder", sagte sein Vater, der König.

„Ich habe Inseln gesehen, ich habe Prinzessinnen gesehen, ich habe Gott gesehen", sagte der Prinz vorwurfsvoll.

Der König war völlig ungerührt: „Es gibt weder wirkliche Inseln noch wirkliche Prinzessinnen, noch einen wirklichen Gott."

„Ich habe sie aber gesehen!"

„Sage mir, wie Gott gekleidet war."

„Gott war festlich gekleidet, im Frack."

„Waren die Ärmel seines Mantels zurückgeschlagen?"

Der Prinz erinnerte sich, dass es so war. Der König lächelte.

„Das ist die Uniform eines Magiers. Du bist getäuscht worden."

Darauf kehrte der Prinz wieder in das Nachbarland zurück und ging an dieselbe Küste, wo ihm wieder der Mann im Frack entgegenkam. „Mein Vater, der König, hat mir gesagt, wer du bist", sagte der junge Prinz entrüstet. „Du hast mich beim vorigen Mal getäuscht, aber diesmal nicht. Ich weiß jetzt, dass das keine wirklichen Inseln und keine wirklichen Prinzessinnen sind, denn du bist ein Zauberer."

Der Mann an der Küste lächelte.

„Nein, *du* bist getäuscht worden, mein Junge. In deines Vaters Königreich gibt es viele Inseln und viele Prinzessinnen. Aber du bist von deinem Vater verzaubert, darum kannst du sie nicht sehen."

Der Prinz kehrte nachdenklich nach Hause zurück. Als er seinen Vater erblickte, sah er ihm in die Augen.

„Vater, ist es wahr, dass du kein wirklicher König bist, sondern nur ein Zauberer?"

Der König lächelte und rollte seine Ärmel zurück. „Ja, mein Sohn, ich bin nur ein Zauberer."

„Dann war der Mann an der Küste Gott."

3. Sprache, Schöpfung und Wirklichkeit

„Der Mann an der Küste war ein anderer Zauberer."

„Ich muss aber die wirkliche Wahrheit wissen, die Wahrheit jenseits der Zauberei."

„Es gibt keine Wahrheit jenseits der Zauberei", sagte der König.

Der Prinz war von Traurigkeit erfüllt. Er sagte: „Ich werde mich umbringen."

Der König zauberte den Tod herbei. Der Tod stand in der Tür und winkte dem Prinzen.

Den Prinzen schauderte. Er erinnerte sich der wundervollen, aber unwirklichen Inseln und der unwirklichen, aber herrlichen Prinzessinnen. „Nun gut", sagte er. „Ich kann es ertragen."

„Du siehst, mein Sohn", sagte der König, „dass du im Begriff bist, selbst ein Zauberer zu werden."

Die Sichtweise macht es

Wir geben den Dingen eine Bedeutung

Wir nehmen wahr, was uns wichtig erscheint. Es bleibt nicht beim Einsammeln, sondern wir färben das Ausgewählte auch ein. Wir geben ihm eine Bedeutung, urteilen, werten und interpretieren. Nun wird's richtig interessant, denn ein und dieselbe Sache wird von verschiedenen Menschen völlig unterschiedlich gedeutet. Sehr gut lässt sich das bei Bundes- und Landtagswahlen beobachten: Dasselbe Ergebnis werten die eigenen Parteifreunde als Zeichen der Erholung, während die Opposition von herben Verlusten des Gegners redet. Oder nehmen wir das Wetter. Da sind schnelle Klassifizierungen alltäglich. Ist Sonnenschein immer gutes Wetter? Fragen Sie mal jemanden mit einer Sonnenallergie.

Jeder sucht sich jeweils das für ihn Passende aus und interpretiert es so, dass es ihn in seiner Kulisse bestätigt. Sprache spielt auch hier eine wichtige Rolle. Sie ist ein machtvoller Filter für unsere individuelle Erfahrung.[13] Gleichzeitig beziehen sich unsere Worte auf Sinneserfahrungen. Aber sie *sind* nicht diese Sinneserfahrungen. Genauso wenig wie die Speisekarte das Essen ist, das sie beschreibt, ist auch die Sinneserfahrung nicht die Realität. Sie stellt einen kleinen Ausschnitt dar oder eine von vielen möglichen Wahrnehmungen und Interpretationen. Sprache ist deshalb zwei Schritte von der Realität entfernt. Das öffnet genau die immensen Spielräume, sich seine ganz individuelle Sichtweise der Welt zu schaffen, immer entsprechend der gewählten Kulisse.

Was nachvollziehbar, vielleicht sogar banal scheint, wirkt sich im Alltag oft dramatisch aus. Jeder hat seine ganz eigene Art zu sammeln und zu interpretieren. Trotzdem streiten wir uns, wessen Sichtweise die richtige ist. Wir tun unsere Meinung kund. Wie das Wort *Meinung* schon sagt: Was ich sammle und interpretiere, wird *mein*, meine *Meinung*. Wie, bitte schön, soll da einer mehr und ein anderer weniger Recht haben? Die Wirklichkeit ist

Wir haben große Spielräume, die „Welt" zu interpretieren

---

[13] Vgl.: O'Connor/Seymour: Neurolinguistisches Programmieren: Gelungene Kommunikation und persönliche Entfaltung. VAK 2001, S. 148.

3. Sprache, Schöpfung und Wirklichkeit

immer die Wirklichkeit des Individuums. Oft kommt es in Diskussionen noch nicht einmal zu einem *Meinungsaustausch*. Das hieße nämlich, dass jeder etwas von seiner Meinung abgeben und etwas von den Meinungen der anderen mitnehmen würde.

Unterschiede in Wahrnehmung und Interpretation können zu Konflikten führen

Eine einseitige Wahrnehmung kann das Leben stark begrenzen. Schon Platon kam zu dem Schluss, dass viele seiner Mitmenschen in den Gefängnissen ihrer Meinungen lebten. Er verglich ihre Gedankenwelt mit dem Leben in einer Höhle. Das Licht ist da und wirft einige Schatten. Sie erkennen nicht, dass sie in einer Höhle sind und sagen: „Das ist die Welt." Platons Vergleich mit der Höhle geht noch weiter. Einer traut sich hinaus und sieht mehr von der Welt. Er kommt zurück und berichtet darüber. Da wollen die andern ihn erschlagen, damit er ihr Weltbild nicht durcheinander bringt.

Nationen führen Kriege, weil ihre Regierungen davon überzeugt sind, dass sie Recht haben. Natürlich hat jede Regierung in ihrer kollektiven Kulisse Recht. Aus denselben Gründen werden „kleine Kriege" in Partnerschaften und Büros geführt.

Ein Wort kann unterschiedliche Bedeutungen haben

Verwirrungen sind auch deshalb vorprogrammiert, weil dasselbe Wort vor verschiedenen Kulissen unterschiedliche Bedeutung haben kann. Nehmen wir *Globalisierung*. Dieser Begriff löst bei der Marketingleiterin Südostasien von adidas andere Assoziationen aus als bei einer 25-jährigen attac-Sympathisantin aus Gütersloh. Das Wort *Ehestreit* hat für Herrn Schmidt, in dessen Elternhaus alle Konfrontationen lautstark ausgefochten wurden, eine andere Bedeutung als für Frau Müller, deren Eltern allen Unmut hinunterschluckten und sehr auf Etikette und Harmonie bedacht waren.

Allerdings können Worte auch einen bestimmten Interpretationsweg vorzeichnen. Warum muss ein körperlich eingeschränkter Mensch *Behinderter* heißen? Aus welchem Grund heißt der Arbeitnehmer *Arbeitnehmer*, wo er doch Arbeitskraft *gibt*? Und warum heißt der Arbeitgeber nicht Arbeitnehmer, weil schließlich er die Arbeit *nimmt*? Er gibt Geld, aber keine Arbeit. Der Geber ist natürlich in der stärkeren Position, denn nur wer hat, kann geben! Warum heißt eine Institution, die sich um die Gesundheit der Menschen kümmert, *Krankenkasse*?

COACHEN SIE SICH SELBST

Unsere Wahrnehmung ist selektiv und beliebig. Wir nehmen die Außenwelt so wahr, wie es gerade passend für uns ist – so wie wir es mögen und auch leiden mögen.

Wenn wir den Nachbarn böse brauchen, damit wir gut aussehen, nehmen wir ihn als böse wahr. Erinnern Sie sich an negative Situationen, die Sie mit Menschen erlebt haben. Fragen Sie andere, wie sie diese Situationen wahrgenommen haben. Achten Sie auf die Unterschiede in der Wahrnehmung, die sich in der Sprache zeigen.
Sie können auch einen Charakterschauspieler in einem Film als Beispiel nehmen, um sich in Ihrer selektiven Wahrnehmung zu erleben. Können Sie erkennen, nach welchen Mustern Sie selektieren?

3. Sprache, Schöpfung und Wirklichkeit

Bei welchen Charakteren und Situationen empfinden Sie Zuneigung oder Abneigung? Wenn andere anders empfinden, muss Ihre Wahrnehmung etwas mit Ihnen zu tun haben. Haben Sie jetzt schon eine Idee, was das sein könnte?

Die Kulissen eines Menschen bestimmen die Qualität seines Lebens.

Zu welchem Genre gehören Ihre wesentlichen Hintergrundkulissen? Actionfilm, Melodrama, Märchen von Gut und Böse, Liebesfilm, Komödie oder Lustspiel? Sind es eher laute Filme oder Stummfilme, mehr Monologe oder Dialoge? Beschreiben Sie Ihre drei wichtigsten negativen Hintergrundkulissen. Schreiben Sie ohne zu überlegen auf, wie Ihrer Meinung nach andere Sie sehen. Und wie sehen Sie sich selbst?
Können Sie an dieser Stelle des Buches bereits positive Kräfte entdecken, die in diesen negativen Kulissen enthalten sind? Wenn das noch zu früh ist, können Sie an anderer Stelle nach der positiven Antwort suchen.
Beispiel: Welche Kraft befindet sich hinter der negativen Kulisse *sich als Außenseiter fühlen?* Was ist Ihnen in der Außenseiterposition möglich? Nutzen Sie diese Möglichkeit?! Was können Sie in dieser Position lernen? Freuen Sie sich über diese Lernchance?!
Kennen Sie Ihre drei wichtigsten positiven Hintergrundkulissen? Welche positiven Vorstellungen von sich, Ihrer Partnerschaft, Ihrem Beruf und überhaupt von Ihrem Leben geben Ihnen Kraft? Schreiben Sie diese Vorstellungen auf. Das sind Ihre positiven Hintergrundkulissen.

Wenn Menschen ein Problem lösen wollen, so geht es letztlich weniger um das Problem selbst, sondern vielmehr um die Kulissen, vor denen eine Situation zum Problem wird. Ein Mensch kann beeinflussen, wie ihm die Welt erscheint und welche Kulissen er pflegt. Wir erinnern an dieser Stelle an Einsteins Satz: „Problem space is not solution space" (siehe Seite 35). Innerhalb einer feststehenden Kulisse lässt sich häufig keine Lösung finden – einfach weil die Kulisse selbst das Problem ist. Ein Beispiel ist die Welt der Nörgler und Zweifler.

Die Welt der Nörgler und Zweifler

Bei kritischen Menschen liegen die Wurzeln ihres Wesenszugs meist in der Kindheit, primär in ihrer Position in der Herkunftsfamilie. Vielleicht gingen Vater und Mutter auseinander. Mit der Trennung wurde eine Lebenskulisse installiert, mit der alles in Zweifel gezogen wird. So beginnen diese Menschen ihre Sätze gerne mit *„Ja, aber …"*. Genau betrachtet wird etwas gleichzeitig bejaht und in Zweifel gezogen. Wen wundert es, dass *aber „weg von etwas"* bedeutet? Der *Zwei-fler* lebt in *zwei* Welten. Grundsätzlich ist er nicht in der *Einheit*, sondern der *Zweiheit*, letztlich weil sich zum Beispiel die Eltern getrennt haben. Wenn Sie, werte Leser, jetzt „Ja, aber" denken, können Sie das als Chance zur Reflexion nutzen!

Ein anderer Typ spricht gerne in Wenn-dann-Sätzen. „Wenn das Wörtchen wenn nicht wär',

Ja, aber …

3. Sprache, Schöpfung und Wirklichkeit

dann wär' er sicher Millionär." Damit lebt er in einer Welt der Unmöglichkeiten. Ein solcher Typus ist häufig in Lottoannahmestellen zu finden. Zwischen *Wenn* und *Dann* liegt die Zeit. Er nutzt diese nicht als Möglichkeit, sondern vertreibt sie (sich).

Noch rigoroser gehen die notorischen Nein-Sager zur Sache. Sie beginnen viele Sätze automatisch mit: „*Nein, das kenne ich anders ...*" Ganz Geübte beginnen sogar mit Nein, ohne dass ein anderer überhaupt etwas gesagt hat. Sie verneinen prophylaktisch alles.

Trotz als Hintergrundkulisse

Dann gibt es noch die notorischen Trotzdem-Sager. Sie trotzen dem, was ist, was war oder was sein könnte, und vor allem dem, was andere sagen. Trotz bildet den Hintergrund ihres Weltbildes. Damit bauen sie gezwungenermaßen ständig Widerstände auf. Eigentlich gehört Trotz in das Trotzalter, das zwischen dem dritten und fünften Lebensjahr auftritt. Wurde diese Phase nicht durchlaufen oder nicht abgeschlossen, weil vielleicht auf den kindlichen Trotz Papas Backpfeife folgte, so kann sich der Trotzmechanismus verfestigen. Die Folge sind automatisierte *Trotzdems*, *Neins* und *Ja-Abers*. Papas Backpfeife ist übrigens ebenfalls ein Relikt aus nicht bewältigtem Trotz.

Eine zweite Chance, die Trotzphase abzurunden, ist die Pubertät. Während in der ersten Trotzphase im *Trotz* „der *Rotz* läuft", wird in Trotz II wild durch die Gegend *gerotzt*, physisch wie sprachlich. Letzteres kriegen vor allem Eltern und Lehrer ab.

Andere Menschen beginnen ihre Sätze gerne mit: „*Hätte ich doch ...*", „*Ich müsste mal wieder ...*"

oder „*Ich sollte …*". Das Wort *sollte* leitet sich aus dem Althochdeutschen *sculan* ab und bedeutet *schuldig sein*. Menschen, die sich solchermaßen äußern, neigen zuweilen zu Selbstverurteilung und schlechtem Gewissen. Dieser Opfertypus sagt auch gerne: „*Wenn man mich fragen würde …*" Aber er wird nicht gefragt! Und er fragt sich nicht, warum er nicht gefragt ist.

Menschen mit der Hintergrundkulisse *Unsicherheit* benutzen gerne *eigentlich, wahrscheinlich, eventuell, vielleicht, könnte sein* oder einfach nur *äh … äh* als Füllstoff, um ihr Angstloch zu stopfen. Sie bevorzugen die Möglichkeitsformen „*Ich würde …*" und „*Ich möchte (gern) …*" In Bewerbungstexten hört sich das folgendermaßen an: „Ich möchte mich gerne bei Ihnen bewerben." Logische Antwort des Personalchefs: „Warum tun Sie es dann nicht?" Aus *ich möchte gern* wird bestenfalls ein *Möchtegern*.

Löcher der Unsicherheit werden mit Füllwörtern gestopft

Menschen mit einem unsicheren Weltbild positionieren sich ungern. Sie verstecken sich hinter *man* und *wir*: „*Man müsste mal wieder …*" „*Wir könnten doch …*" *Ich* und *mich* sind zu gefährlich. Einem Egoisten mit einem egozentrischen Weltbild – er ist der Mittelpunkt und alles kreist um ihn – kann das nicht passieren.

Der Mensch als Schöpfer seiner Welt

Entsprechend ihrer gedachten und gefühlten Kulissen sammeln Menschen Teile aus dem Meer des

3. Sprache, Schöpfung und Wirklichkeit

Daseins und interpretieren sie. Damit konstruieren sie *ihre* Welt. Doch sie nehmen nicht nur, sondern geben auch etwas hinein, schaffen Materielles und Immaterielles.

Auch in dem, was wir der Welt geben, wählen wir aus

Auch hier wird eine Auswahl getroffen: Wir ergreifen nicht jeden Beruf, den wir ausüben könnten. Wir schlafen nicht mit jedem Partner, den wir nett finden – oder doch? Wiederum schöpfen wir aus einer Fülle von Möglichkeiten und bringen das Geschöpfte in die Welt. Das ist der ganz individuelle Schöpfungsprozess jedes Menschen.

Von der Idee zum Wort, vom Wort zur Tat

Unsere persönlichen Hintergrundkulissen spielen bei der Auswahl dessen, was wir schöpfen wollen, eine große Rolle. Wie aber geht dieser Schöpfungsprozess vonstatten? Und welche Rolle spielt dabei die Sprache? Wer zum Beispiel ein Eigenheim als Inbegriff materialistischen Denkens betrachtet, das die Freiheit, seinen Wohnort spontan zu wechseln, beschneidet, wird vermutlich kein Haus bauen. Andere realisieren ihren Wunsch nach einem eigenen Haus. Lange vor dem ersten Spatenstich beginnt in ihrem Kopf der Film zu laufen, wie es gehen könnte – oder was alles schief laufen könnte, je nach Kulisse. Irgendwann werden sie ihren inneren Dialog nach draußen bringen, mit dem Partner, mit Freunden und schließlich mit der Bank reden. Ehe sie sich versehen, sind sie schon beim Handeln und wälzen Angebote. Das Rad des Spiels, „Ideen und Vorstellungen formulieren und entsprechend handeln", dreht sich immer wieder von neuem. Der Rest ist vor allem konkretes Planen und physische Arbeit, denn die gedankliche Arbeit ist ja bereits getan.

Mit dem Richtfest ist aus einem geistigen Ideal eine greifbare Realität entstanden. Dieser *Schöpfungs*prozess begann, als sie ihre Wunschvorstellung vom eigenen Haus am *Schopf* gepackt und zur Sprache gebracht haben. „Am Anfang war das Wort."

Übrigens werden sich beim Hausbau und allen anderen Gestaltungsprozessen nicht nur Mut und Hoffnungen „materialisieren", sondern ebenso Befürchtungen und Ängste. Diese Weisheit verdeutlichte schon Aristoteles, indem er sagte: „Was wir erwarten, werden wir finden." Bei einem Zweifler wird sich das in der Konsequenz bei allen anstehenden Entscheidungen auswirken. Was wir in uns tragen, finden wir in der Außenwelt. Das ist die sich selbst erfüllende Prophezeiung.

Wir begegnen immer wieder uns selbst

Worte besitzen eine immanente Kraft zur Realisation. Dies gilt insbesondere für das *gesprochene* Wort, denn es macht einen Unterschied, ob ich denke, dass etwas gut ist, oder ob es *ausgesprochen gut* ist. Sprache *formuliert*, gibt Gedanken und Geistesblitzen eine *Form. Informationen* sind *in Form* gebrachte Gedanken. *Formulierung* ist eine wichtige Stufe der Formgebung, der Materialisierung von Gedanken. Mittels Sprache kann der Mensch so *be-g-reifen*, also auch *greifen* und *reifen*. Mit *Begriffen* wird so manches griffig und fassbar. Gefasst sein bedeutet gehalten sein. Haltlosigkeit, Ungehaltensein und Fassungslosigkeit gehen meist mit Sprachlosigkeit einher.

Sprache formuliert und gibt eine Form

3. Sprache, Schöpfung und Wirklichkeit

Mit der erwünschten Wirkung des Sprechens, dem Gehörtwerden, wird gleichzeitig die Kraft des eigenen Hörens und das Gefühl der *Zugehörigkeit* geboren. Menschen, die nicht zuhören können, sind zu sehr damit beschäftigt, den eigenen Wunsch nach Anerkennung zu befriedigen. Mit wachsendem Gefühl der *Zugehörigkeit* nimmt auch die Qualität des *Hörens* zu. Bei *Nichtzugehörigkeit* folgt schnell *unerhörtes* oder *ungehöriges* Benehmen.

Gesprochene Sprache ist *Mitteilung*. Wir *teilen* unsere Vorstellungen *mit* anderen, verbinden uns über Sprache mit Menschen. Wir sind quasi *mit den Teilen* statt *gegen die Teile* und bleiben so dem Ganzen, das bekanntlich aus vielen Teilen besteht, verbunden.

Was wir am Hausbau exemplarisch gezeigt haben, gilt für all unsere Gestaltungsprozesse. Wir sind ja selbst *Geschöpfe*, *Geschöpfte* aus einer Vielzahl genetischer Möglichkeiten. Ähnliche Hinweise wie in der Bibel, die die Bedeutung des Wortes herausstellt, finden sich auch in anderen Religionen. Im Talmud heißt es:

Schöpfung beginnt mit dem Wort

Achte auf deine Gedanken, denn sie werden Worte.

Achte auf deine Worte, denn sie werden Handlungen.

Achte auf deine Handlungen, denn sie werden Gewohnheiten.

Achte auf deine Gewohnheiten, denn sie werden dein Charakter.

Achte auf deinen Charakter, denn er wird dein Schicksal.

> **COACHEN SIE SICH SELBST**
>
> **Sie bereiten (sich) mit Gedanken und Worten (auf) Ihre Zukunft vor.**
>
> Um welche zukünftigen Szenarien und Kulissen kreisen Ihre Gedanken? Wie sehen Sie sich in einem Jahr? Wie sehen Sie sich in fünf, wie in zehn Jahren? Mit welchen Sprachbildern und Worten beschreiben Sie Ihre Zukunft?

Vorsicht also mit Vorstellungen und Worten! *Sehen* Sie nach *vorne*, was daraus entstehen kann! Das ist *Vor-Sicht* und manchmal, mit noch größerer Kraft, sogar *Vor-Sehung*. Mit *Vor-Stellung*, also wenn Sie eine Vision *vor* sich *hinstellen*, und der Macht der Sprache vermögen Sie etwas in die Welt zu bringen.

Wenn Sie die Befürchtung äußern, dass Sie Ihren Job verlieren könnten, und sich schon zum Arbeitsamt laufen *sehen*, geht Kraft in diese *Vorsehung*. Die Redensart „den Teufel an die Wand malen" entspricht der sich selbst erfüllenden Prophezeiung. Sie funktioniert genauso, wenn wir mit unserem Glauben Berge versetzen. Realitäten lassen sich *herbeireden* – ob Krisen oder Erfolge.

Die Politik bietet viele Beispiele, wie Sprache als Instrument der Macht benutzt wird. Was tun Politiker die meiste Zeit? Genau, sie reden. Nehmen Sie die Großen der Weltgeschichte: Was haben John F. Kennedy, Mahatma Gandhi und Martin Luther King gemeinsam? Sie waren begnadete Redner und haben durch ihre Worte Realitäten geschaffen. Sie wurden so mächtig, dass sie (mund)tot gemacht

Die Macht der Worte

wurden. Dasselbe gilt natürlich auch für die NS-Zeit. Denken wir an die Massenkundgebungen und pompös inszenierten Reden, die mit dem Volksempfänger in jedes Wohnzimmer geschickt wurden.

Fazit: Teufelskreise und Engelskreise

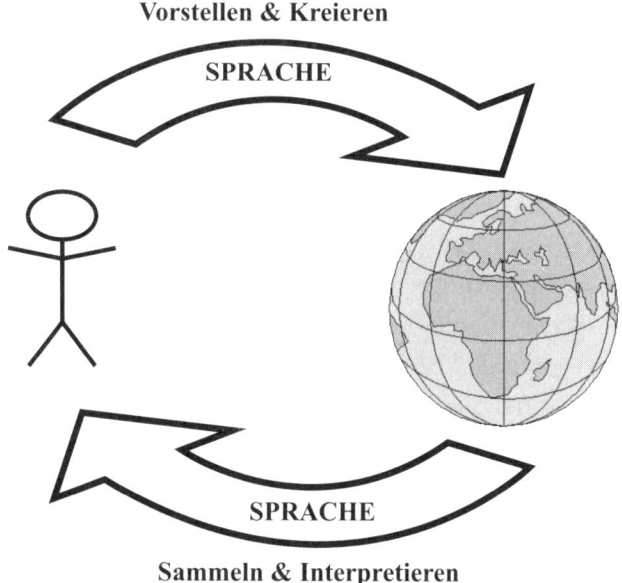

Die Welt gibt es ebenso wenig wie die kollektive Wirklichkeit. Wir Menschen gestalten unsere Wirklichkeit in zwei Prozessen:

1. Wir wählen aus dem, was ist, Stücke und deuten sie (Sammeln und Interpretieren).
2. Wir schaffen neue Stücke und geben diese in die Welt (Vorstellen und Kreieren).

Beide Prozesse bedingen sich gegenseitig. So können Teufelskreise oder Engelskreise entstehen. Sie funktionieren nach demselben Schema, nur mit anderen Inhalten, entsprechend der jeweiligen Hintergrundkulisse.

Stellen Sie sich zum Beispiel vor, Ihr Chef kritisiert Sie.

Wir geraten schnell in einen Teufelskreis

Teufelskreis: Sie fühlen sich erniedrigt und machen sich klein. Aus dieser minderwertigen Position heraus werden Sie wiederum minderwertige Arbeitsergebnisse produzieren. Wieder wird Ihr Chef Sie kritisieren, diesmal vielleicht schon etwas vehementer …

Engelskreis: Sie erkennen die Kritik als sachliche Anregung und lassen sich auch anregen. Sie werden kreativ und ernten Wertschätzung von Ihrem Chef, weil dieser sich gehört und gesehen fühlt. Das lässt Sie noch schöpferischer werden, so dass Ihr Chef in den höchsten Tönen von Ihnen redet …

Ob wir in einen Teufelskreis oder in einen Engelskreis einsteigen, hängt von unserer Vorstellung ab. Wer bewusst eine Vorstellung etablieren will, muss die Gabe der Selbstbeobachtung nutzen. Wir können sogar beobachten, wie wir uns selbst beobachten! Nur wenn wir die eigene Kulisse kritisch in den Blick nehmen, sind wir nicht mehr mit ihr identifiziert, können sie „schieben" und Hintergründe sowie Motive verändern.

Mit Engelskreisen den Spieß umdrehen

COACHEN SIE SICH SELBST

Erkennen Sie Ihre Teufelskreise.

Beschreiben Sie eine Situation aus Ihrem Leben, in der Sie aus einer Mücke einen Elefanten gemacht haben. Etwas Unangenehmes ist passiert und Sie stiegen immer tiefer in das Negative ein. Mit dem Anwachsen Ihrer negativen Vorstellungen eskalierten auch die Reaktionen im Außen. Haben Sie den Elefanten wieder zurückverwandelt?

Erkennen Sie Ihre Engelskreise.

Denken Sie an eine wunderbare Situation in Ihrem Leben und beschreiben Sie diese so, dass Sie sich wieder in diesen Moment zurück versetzt fühlen! Erinnern Sie sich, wie Sie es genossen und freudestrahlend wieder nach draußen gegeben haben. Was ist dann passiert? Wie Sie in den Wald hineinrufen ...

4. Von Möglichkeiten und Unmöglichkeiten
Sich selbst auf die Schliche kommen

> Reife besteht darin,
> dass einer nicht mehr auf sich hereinfällt.
> *Heimito von Doderer*

Ob es uns bewusst ist oder nicht – Menschen haben eine enorme Schöpfungskraft. Das Dasein ist voller Möglichkeiten. Entsprechend unserem Bewusstsein schaffen wir uns Annehmlichkeiten oder Unannehmlichkeiten. Aus Möglichkeiten können so Unmöglichkeiten werden.

In einem interkulturellen Businesstraining berichtete ein Manager, dass er den Geruch seines chinesischen Geschäftspartners unangenehm findet: Er kann ihn einfach nicht riechen! Der Begriff unangenehm kommt von unangenommen. Was also konnte diese Führungskraft nicht annehmen? Warum konnte er nicht, wie in Deutschland üblich, „Angenehm!" zu dem Fremden sagen, als der sich namentlich vorstellte? Warum rümpfte er hochnäsig die Nase?

Es stinkt mir

In vertiefenden Gesprächen stellte sich heraus, dass der Manager nicht nur diesen Geschäftspartner, sondern die gesamte chinesische Kultur ablehnte. Ob aus Unkenntnis oder Unverständnis, mag dahingestellt bleiben. Jemanden nicht riechen können bedeutet gemeinhin nicht, dass dieser einen

Unangenommenes ist unangenehm

üblen Geruch hat, sondern dass uns die Sensibilität fehlt, das Gegenüber anders als über den Geruchssinn wahrzunehmen. Andere Manager im selben Seminar, die mit Interesse in die chinesische Kultur und Philosophie eintauchten, fühlten sich überhaupt nicht geruchsbelästigt. Doch der erwähnte Manager war in seinen Asiengeschäften bereits vielen Unannehmlichkeiten ausgesetzt gewesen. Wie unangenehm!

Lassen Sie sich überraschen!

Nicht selten tauchen Situationen in unserem Leben auf, in denen es schwer fällt, *da* zu *lassen*, was *da ist* im *Dasein*. Lieber möchten wir *weg sein* oder, was da ist, wegwünschen. Zuweilen müssen wir lediglich durch den Nebel der Unannehmlichkeit hindurchgehen, statt mit dem Gefühl der Aussichtslosigkeit und Hoffnungslosigkeit im Nebel steckenzubleiben.

Wir können nicht nicht projizieren

Wenn Sie Menschen, die Sie unangenehm finden, einfach ansprechen, löst sich der „Nebel der Unannehmlichkeit" manchmal sofort. Der da antwortet, ist plötzlich jemand völlig anderes, als Sie vermutet hatten! Bestimmte Merkmale, beispielsweise im Gesicht, die zuvor alte negative Speicherungen abriefen, die aber mit diesem Menschen eigentlich gar nichts zu tun hatten, werden somit wirkungslos.

Je näher wir einen Menschen kennen, desto leichter nehmen wir ihn an. Stellen Sie sich vor, Ihr Kind hat in die Windeln gemacht. Das Wesen Ihres

Kindes ist Ihnen vertraut. Nur weil es Ihr Kind ist, wird sich der Geruch der vollen Packung sicherlich nicht in Parfüm verwandeln, doch mit der Annahme des kleinen Wesens nehmen Sie auch den Geruch anders auf. Der Inhalt der Windel hat sich nicht verändert, wohl aber Ihre Einstellung dazu. Die eigenen Kinder können wir riechen. Bei fremden Kindern könnte sich das schon etwas schwieriger gestalten. Pflegepersonen müssen demgemäß eine erstaunlich hohe Annahmebereitschaft besitzen. Könnten sie sonst diesen Beruf ausüben?

COACHEN SIE SICH SELBST

Annehmlichkeiten entstehen, wenn wir Unangenehmes, also Unangenommenes, annehmen.

Welche Menschen und Situationen finden Sie unangenehm? Nehmen Sie Beispiele aus Ihrem Leben, die belastend für Sie sind, weil Sie diesen Menschen unter Umständen nicht aus dem Weg gehen können. Was stört Sie an diesen Menschen? Zu welcher Störung führt das bei Ihnen? Welche Gefühle lösen diese Unannehmlichkeiten in Ihnen aus? Mit welchen Worten können Sie diese Gefühle beschreiben? Ohnmacht, Lähmung, Wut, Hass oder Traurigkeit? Wie alt sind diese Gefühle? Nehmen Sie möglichst die früheste Situation, die Sie mit diesem negativen Gefühl verbinden. Können Sie erkennen, dass das Gefühl älter ist als die Beziehung, die Sie zu dem Menschen haben, den Sie unangenehm finden? Können Sie erkennen, dass der „unangenehme" Mensch nur Auslöser für *Ihr* unangeneh-

4. Von Möglichkeiten und Unmöglichkeiten

mes Gefühl ist, nicht aber dessen Ursache? Welches Verhalten (zum Beispiel: Arroganz, Unterwürfigkeit, beleidigt sein oder Sarkasmus) lösen diese Unannehmlichkeiten in Ihnen aus?
Eine wichtige Aufgabe: Sprechen Sie Menschen, die Sie unangenehm finden, einfach an!

Der Täter braucht ein Opfer.
Und umgekehrt: Das Opfer braucht einen Täter.

Beobachten Sie Ihre Umgebung. Welche Menschen in Ihrem sozialen Umfeld eignen sich eher als Opfer und welche eher als Täter?
Übung zur Opferrolle: Erinnern Sie sich an Situationen, in welchen Sie in die Opferrolle geschlüpft sind. Wann und bei welchen Gelegenheiten fühlten Sie sich von Menschen ungerecht behandelt oder vom Leben benachteiligt? Oder ausgeschlossen? Oder gering geschätzt? Beantworten Sie diese Fragen bitte schriftlich. Wie lange sind Sie in dieser Haltung verharrt oder befinden Sie sich vielleicht immer noch darin?
Übung zur Täterrolle: Wie gleichen Sie die Opferhaltung aus? Auf wen projizieren Sie Ihre Opfer- und Ohnmachtsgefühle? Wer ist schuld? Auf wen schimpfen Sie? Beantworten Sie auch diese Schlüsselfragen schriftlich. Der Ausgleich der Opferhaltung ist bereits die Täterrolle!

Die Macht der Gewohnheit

Willkommen im Gedankengefängnis

Dem *Angenommenen* folgen *Annehmlichkeiten*. So entstehen neue Möglichkeiten. Die Möglichkeit ist im Dasein, und das Dasein findet immer in der Gegenwart statt. Möglichkeiten sind allgegenwärtig. Demgegenüber sind Unmöglichkeiten stets mit der eigenen Vergangenheit verhaftet. Obwohl Möglichkeit so nah und angenehm ist und frei macht, ziehen viele Menschen ein Dasein als Kulissenkleber vor. Mit unterschiedlichen Graden bleiben sie mit ihren schattigen Hintergründen verhaftet. Und sie erschrecken nicht, wenn da jemand sagt: Sie sind verhaftet! Entlassen Sie einmal einen Gefangenen, der 15 oder 20 Jahre oder vielleicht sogar noch länger im Gefängnis einsaß. Unter Umständen wird er alles tun, um wieder in seine *vertraute* Umgebung zurück zu dürfen, eine Umgebung, die *Vertrauen* schafft – unabhängig davon, ob sie glücklich oder unglücklich macht. Das ist *die Macht der Gewohnheit*.

Der Mensch *wohnt* in der *Gewohnheit*. Sie macht *heimisch*. Außergewöhnliches, also das, was sich außerhalb der Gewohnheit befindet, ist *unheimlich*, was etymologisch gleichbedeutend mit *nicht heimisch* ist. Ein Kommunikationstrainer brachte diesen Vergleich: In einem Flohzirkus werden Flöhe konditioniert, indem sie in einen Topf gesteckt werden und ein Deckel darauf kommt. Nach einer gewissen Zeit ist der Deckel nicht mehr nötig. Die Flöhe haben die Gewohnheit, bis zum Deckel zu hüpfen, automatisiert. Das heißt, sie werden auch ohne Deckel nicht mehr über den Topfrand hinausspringen. Auch wir selbst blicken oft nicht über unseren Tellerrand hinaus. Den meisten Menschen geht es nicht besser als den Flöhen. Die Macht der Gewohnheit siegt über die Möglichkeiten. *Erziehung* zieht, auch wenn der

Deckel schon lange weg ist. Den Deckel Schule haben sie hinter sich und von Papa gibt es auch keinen mehr auf den Deckel.

Viele ältere Menschen bewahren nach wie vor jeden *Notnagel* auf, sogar rostige und krumme Nägel. Als das Toilettenpapier schon längst erfunden war, schnitten sie immer noch die Seiten der Heimatzeitung auf Postkartengröße und spießten sie auf einen Nagel neben dem Klo. Das sind rühmliche Erfolge einer intensiven Sparsamkeitserziehung. Die *notwendige* Gewohnheit bleibt, auch wenn die *Not* längst *gewendet* ist.

Erziehung wirkt

Ähnlich bleiben wir an Strategien unseres Verhaltens kleben. So wird der Generationen andauernde Streit mit dem Nachbarn à la *Maschendrahtzaun* immer weiter gepflegt, selbst wenn sich niemand mehr an den eigentlichen Grund des Streites erinnern kann.

Das ist ja unmöglich!

Ein Mensch ohne *Möglichkeiten mag* sich und die Welt *nicht*. Das Wort *Möglichkeit* kommt tatsächlich von *Mögen*. Ein Mensch, der keine Möglichkeiten sieht, verhält sich unter Umständen unmöglich. Und wer nicht gleich unmöglich ist, bleibt zumindest weit hinter seinen Möglichkeiten zurück.

Möglichkeit kommt von mögen

Wer sein Potenzial nicht nutzt, richtet ab einem gewissen Zeitpunkt die eigenen Kräfte gegen sich. „Wenn du hervorbringst, was in dir ist, vermag das, was in dir ist, dich zu heilen. Wenn du nicht hervorbringst, was in dir ist, vermag das, was in dir ist, dich zu zerstören." Dieses Zitat stammt aus der Gnosis und wird Jesus zugeschrieben. Entweder wir ergreifen die Möglichkeiten oder Unmöglichkeit packt uns. Dann können wir einpacken. Der Gestaltungskraft ist es egal, ob sie in die Möglichkeit oder in die Unmöglichkeit geht. So wie es der Erleuchtung egal ist, ob jemand erleuchtet wird oder nicht. Der Mensch muss *handeln*, sein Schicksal selbst in die *Hand* nehmen.

COACHEN SIE SICH SELBST

Sie entscheiden sich für Ihre Unmöglichkeiten. Oder für Ihre Möglichkeiten.

Schöpferische Menschen entwickeln zuweilen eine erstaunliche Kreativität, sich in ihren Stärken nicht hervorzubringen und nicht ihr Potenzial zu leben. Was müssen Sie plötzlich noch alles erledigen, bevor Sie eine anstehende wichtige Aufgabe angehen? Erinnern Sie sich an solche Situationen und schreiben Sie diese auf. Vor allem aber schreiben Sie auf, was Sie alles tun, bevor Sie tatsächlich beginnen!
Von welchen Situationen schwärmen Sie immer wieder und mit fast denselben Worten? Welche Sprache verwenden Sie? Was träumen Sie zu tun und es kommt nicht dazu, weil Sie es nicht direkt anpacken? Schreiben Sie auch diese nicht gelebten Träume auf. Terminieren Sie das, was Ihnen wichtig ist zu tun, und machen Sie einen Plan, wie Sie dieses Ziel erreichen können!

Liebe oder Angst

Möglichkeit gibt Raum, denn Mögen ist Liebe, und Liebe ist Wärme, und diese hat die Eigenschaft, sich auszudehnen. Ausdehnung heißt Wachstum. Ohne Möglichkeiten enden wir in der Sackgasse der Kälte und des Hasses. Kälte zieht zusammen und schnürt die Möglichkeiten ein. Die Energie verdichtet sich zu einem Krampf, denn Energie geht nicht verloren. So kann das ganze Leben zu einem Krampf werden. Eingesperrte Energie beengt, und *Enge* ist etymologisch der Ursprung von *Angst*. Unmöglichkeit kann auch zu Unvermögen führen. Vorsicht! Es gilt nicht der Umkehrschluss, dass ein vermögender Mensch immer aus Liebe handelt.

Es gibt nur zwei Grundgefühle: Liebe und Angst

In seinem Buch „Liebe und Vergebung"[14] stellt der amerikanische Psychotherapeut Leonard Shaw lapidar fest, dass alle Gefühle auf zwei Grundgefühle zurückgehen: Liebe und Angst. Was wir nicht aus Liebe tun, das tun wir aus Angst. Wie bei Möglichkeit und Unmöglichkeit können wir uns mit Liebe ausdehnen oder in Angst zusammenziehen. Im Coaching arbeiten wir mit dieser Unterscheidung und fragen nach den Indikatoren dafür, ob wir etwas aus Liebe oder aus Angst machen.

---

[14] Leonard Shaw: Liebe und Vergebung. Riethenberghaus-Verlag 1995.

Welche Bewegung und welche Geschwindigkeit haben Liebe und Angst?

Liebe ruht in sich, fließt kontinuierlich und dehnt sich allmählich aus. Wachstum hat keine Eile. Angst hingegen bedeutet Außer-sich-Sein, Unruhe und Rastlosigkeit. Die Energie kommt schubweise, so wie Krankheit oft in Schüben erfolgt, wie etwa Multiple Sklerose. Angst rast mit hoher Geschwindigkeit, wohingegen Liebe Rast erlaubt. In Angst sind wir nicht mit und in der Zeit, sondern Zeit drückt im Termindruck, oder wir rennen und hecheln der Zeit hinterher. Wir sind in der Angst davon eingenommen, etwas nicht zu bekommen, zu verpassen oder etwas nicht zu schaffen. Ein Mensch, der von etwas oder jemandem eingenommen ist, könnte auf Dauer Probleme mit seinen Einnahmen bekommen. Er verausgabt sich. Angst ist Fremdbestimmung, und Liebe ist Selbstbestimmung.

Angst rast

Wie ist die Temperatur von Liebe und Angst?

Liebe ist Wärme. Erinnern Sie sich an das lauwarme Gefühl in der Magengrube beim Verliebtsein! So manchem mag es auch heiß werden. Angst dagegen ist Kühle bis Kälte.

Liebe strahlt Wärme aus

Wie ist die Farbe von Liebe und Angst?

Liebe ist hell. Alles klar! Und Liebe ist farbig. Da geht es bunt zu! Angst ist farblos und *grausam*: Schwarz-

Liebe ist bunt

Weiß-Malerei, Entweder-oder-Denken. Angst ist düster, zappenduster. Angst ist nebulös, ohne Weitblick und ohne Möglichkeit der *Rück-Sicht*. Angst ist verhängnisvoll. Der Glaube siegt, dass die Sonne nicht scheint. Die Sonne scheint immer, aber nicht immer durch. Im Verhängnis ist der klare Himmel lediglich von Wolken verhangen. Angst macht schicksalsschwanger. Liebe macht nur schwanger.

Welches Gewicht haben Liebe und Angst?

<small>Angst macht schwer</small>

Liebe ist Leichtigkeit, Schweben, Fliegen und Schmetterlinge im Bauch. Angst ist schwer bis lästig. Aus der *unerträglichen Leichtigkeit des Seins* wird ein untragbarer Zustand.

Welche Form haben Liebe und Angst?

<small>Angst ist ohne Fassung</small>

Liebe heißt In-Form-Sein. Verliebte fühlen sich fit. Form bedeutet Rahmen, so wie wir das Bild eines geliebten Menschen einrahmen. Im Rahmen findet Wachstum statt. Ein Bauer bestellt seinen eingerahmten, markierten Acker. Stellen Sie sich eine Bestellung bei Neckermann vor, ohne dass Sie angeben, wohin die Bestellung gehen soll. Oder stellen Sie sich einen Bauer vor, der die Samen irgendwohin streut in der Hoffnung, dass dieser schon zur rechten Zeit am rechten Ort aufgehen möge. Ähnlich verhält es sich bei zerstreuten Menschen: Die Ernte ist dürftig. Angst hat keine Form. Deshalb bedeutet Angst auch Fassungslosigkeit, sie ist ohne Fassung und Rahmen. Angst ist Sprachlosigkeit, also ohne Möglichkeit einer sprachlichen Formulierung. In sich hinein zu fressen statt auszuspucken, was los ist. Die aktive Seite im Ausdruck der Angst ist das bereits erwähnte unbändige Außer-Rand-und-Band-Sein. Wieder ist kein Rahmen vorhanden. Keine Form wird gewahrt.

COACHEN SIE SICH SELBST

Hinter persönlichen Entscheidungen gibt es nur zwei Grundgefühle: Liebe oder Angst.

Nehmen Sie eine Situation aus Ihrem Leben, bei der Sie unsicher waren, ob Sie eine Entscheidung aus Liebe oder aus Angst gefällt haben oder gerade dabei sind zu fällen. An welchen Formulierungen können Sie Liebe und an welchen können Sie Angstmotive erkennen? Welche unterschiedlichen Worte benutzen Sie?
Achten Sie nicht nur auf unterschiedliche sprachliche Wendungen, sondern auch auf die Länge der Formulierungen. Je mehr Sie erklären müssen, desto unklarer ist das Ganze! Wie knapp und konkret formulieren Sie? Achten Sie auch auf Rechtfertigungen, die Sie im nachhinein anfertigen (siehe im Glossar unter *rechtfertigen*).
Wie vorsichtig schreiben Sie? Denken Sie an Ihr letztes Bewerbungsschreiben oder ein Anliegen, das Sie an einen Menschen haben! Wie oft bedienen Sie sich der Weichmacher und Konjunktive *möchte*, *sollte*, *hätte*, *würde* und *könnte*?

4. Von Möglichkeiten und Unmöglichkeiten

Pech gehabt

Wenn jemand Müll bei Ihnen ablädt, haben Sie vorher einen Container hingestellt!

Haben wir ein Problem, ist nicht das Problem das Problem. Das wirkliche Problem entsteht erst mit der Identifikation mit dem Problem. Mit ihr bricht das Problem aus. Ähnlich ist in der Medizin nicht der Grippevirus das Problem, sondern unsere Anfälligkeit. Zu einem Schlüssel gehört das passende Schloss. Es gibt Menschen, an denen Probleme, Pannen und Unglück wie Pech kleben. Das sind Pechvögel! Diese Redewendung entwickelte sich bereits im 18. Jahrhundert aus der Studentensprache und etikettierte jene, die in Prüfungen durchgefallen waren.

Pech ist eine klebrige Masse. Für den Straßenbau ist es durchaus geeignet, für den Ausbau unseres Lebensweges allerdings nicht – vorausgesetzt, wir wollen den Weg auch gehen. Ein Prüfling, der an seiner Angst festhält und sich mit seinen Minderwertigkeitsgefühlen identifiziert, gehört zu den Unglücksraben, für die ein Prüfungstag ein schwarzer Tag ist. Statt an diesem Tag ins Schwarze zu treffen, fliegen sie durch die Prüfung.

Auch in der Opferrolle ist die Kraft eines Menschen zu spüren

Pech haben wir, wenn wir unsere Welt aus negativen Kulissenteilen zimmern und damit verkleben. Wir richten sozusagen unseren Raum ungemütlich ein und machen es uns darin bequem. Nach dem Motto: „Richtig toll soll es mich frieren, warum kauft mir meine Mutter keine Handschuhe?"

Auch in der negativen Haltung spüren wir die Kraft eines Menschen, trotz seiner Opferrolle. Die

Pech gehabt

Kraft wirkt im Trotz! Aus dieser Kulisse heraus betrachten wir die Außenwelt. Und prompt können wir, statt zu sehen, was ist, nur wahrnehmen, was nicht ist. Über die Chancen, die wir nicht haben, wird stundenlang geredet.

Oft verwechseln wir Tiefzeiten mit Chancenlosigkeit. Wie war das noch bei der deutschen Wiedervereinigung als Höhepunkt deutscher Geschichte? Jubel, Trubel, Heiterkeit, und jetzt das? Auch in der sexuellen Vereinigung gibt es nur ein kurzes Hoch. Weitere Höhepunkte müssen immer wieder neu erarbeitet werden. Der Dauerorgasmus ist noch nicht erfunden. Bei einer Hoch-Zeit wird nicht bedacht, dass eine Tief-Zeit folgen wird. So funktioniert jede Welle. (Lebens-)Surfer kennen das Auf und Ab. Auch unsere Herzfrequenz ist eine Welle. Würde die Welle nur nach oben schießen: tot. Oder nur nach unten: ebenfalls tot. Ohne Welle, nur ein gleichbleibender Strich: gleichfalls tot. Auch die Wirtschaft folgt der Gesetzmäßigkeit der Welle. Grenzenloses Wachstum ist eine gigantische Illusion, der viele Menschen anhängen, daher kommen die lang gezogenen Gesichter im Wohlstandsland par excellence. Bei Menschen in einer Einkaufsstraße kommen noch lang gezogene Arme hinzu, dank der vollen Einkaufstüten. Paradox erscheint dagegen das breite Lachen eines indischen Kindes. Hoch und tief relativiert sich.

Negativ eingestellt?

Mit einer negativen Einstellung gegenüber der Welt halten wir uns selbst im Negativen gefangen und springen in diesem Kulissenkäfig hin und her. Materielle Wertvorstellungen *beuteln* uns, weil der persönliche Wert vom *Beutel*, vom *Geldbeutel*, von der eingefahrenen *Beute* abhängig gemacht wird. Der sinnlose Kampf um das Materielle wird deutlich im Bild von der Ziege, der eine Möhre vor das Maul gebunden wurde. Sie ist chancenlos im Nahkampf um das Möhrenglück.

Zwischen uns und unseren Möglichkeiten steht ein Damm

Wir haben unseren Denkapparat auf *negativ* eingestellt und können jetzt alles Negative sofort ausmachen. Oder, anders ausgedrückt: Alles Negative macht uns jetzt sofort an. Und da wir als Mensch auf Wachstum programmiert sind, schaffen wir weiteres Negatives. Auch dem Wachstum ist es egal, wo es hinwächst: Richtung Reife oder wucherndes Geschwür.

Negativ leitet sich vom lateinischen *negare* ab, was für *verleugnen* steht. Die eigenen Möglichkeiten werden verleugnet. Die christliche Philosophie vom Jammertal Erde leistet diesem Verleugnen Vorschub: Mit der Idee der ewigen *Verdammnis* wird ein *Damm* zwischen uns und unsere Möglichkeiten geschoben. Zum Jammern verdammt – trotz *verdammt* vieler Möglichkeiten.

Im Negativen verbirgt sich das Positive

Dabei ist negativ gar nicht so negativ. So wie im Fotolabor ein Negativ ein nicht entwickeltes Positiv ist, geht es um Entwicklung, um Licht, das wir ins Dunkel bringen können. Dunkelheit gibt es nicht.

„Dunkelheit ist die Abwesenheit von Licht", sagt uns eine alte philosophische Weisheit. Es kann also nicht darum gehen, das Negative zu löschen. Sonst gäbe es ja nichts mehr zu entwickeln!

Unsere Einstellungen schaffen unsere Welt. Wollen wir eine neue Einstellung, damit wir wieder eine Perspektive in unserem Leben haben, so müssen wir uns neu positionieren. Von einem neuen Standpunkt aus können wir Neues sehen, betrachten und danach trachten. In negativen Einstellungen trachten wir nach Prügel: „Richtig toll soll es mich frieren …" Der Job des Opfers ist es, Opfer zu bringen. An die Arbeit! Opfer sehen schwarz. So ist der Pechvogel ein schwarzer Rabe und kein weißer Schwan. Schwant Ihnen, dass Sie als Schwarzmaler nicht hellsehen können?

Dunkelheit ist die Abwesenheit von Licht

Pechvögel können nicht fliegen

Menschen, die mit ihrem Pech verkleben wie ölverschmierte Möven nach Tankerunfällen, können nicht fliegen. Insbesondere wenn das Pech erkaltet und verhärtet ist. Eine Lebensschwere ist die Folge. Das macht einsam und schwer. Eine Bühne mit negativer Hintergrundkulisse ist nicht einladend. So kommt es, dass viele als Alleinunterhalter unterwegs sind. Negatives braucht Raum, den es von anderen Menschen bekommen muss. Andere müssen Platz machen.

Was verklebt ist, kann nicht *lose* sein. *Los geht's* gibt's nicht. Verklebte lassen nicht los. Aber Glück

Geht es los?

4. Von Möglichkeiten und Unmöglichkeiten

ohne Loslassen ist nicht möglich. *Los* steht für Schicksal und Leben schlechthin. Doch Vorsicht! Wer loslässt, fällt. Auch solche mit verklebter Kulisse fallen, meist unfreiwillig. Und sie fallen schwer! Zu fallen ist Teil des Lebens und hängt nicht von unserer Entscheidung ab. Fallen müssen wir so oder so. Am Lebensanfang fallen wir auf die Erde. Im Christentum sind wir aus dem Paradies gefallen. Auch dieser Fall war nicht zu vermeiden. Der Philosoph Martin Heidegger spricht vom *Geworfensein* des Menschen. So wie auch bei Tiergeburten von einem Wurf gesprochen wird. Vielleicht sind Würfelspiele deshalb so beliebt. „Alea iacta est" – „Der Würfel ist gefallen", sagte schon Julius Cäsar. Würfel sind kantig wie das Leben. Aber wie bekommen wir es rund, sodass das Leben rollt? Die Sprache hat eine Lösungsidee als Ausgleich für das Geworfensein parat. Wenn Sie Ihr Geworfensein entwerfen wollen, so brauchen Sie einen *Entwurf*.

Der Mensch ist ein Fall für sich

Wenn wir schon nicht entscheiden können, ob wir fallen oder nicht, so können wir dennoch lernen, schwer oder leicht zu fallen. Einem Schüler, der leicht aufnimmt, fällt es leicht und er hat Gefallen am Fallen. Einem Schüler mit Blockaden fällt es schwer. Er fällt ohne Gefallen und ohne zu gefallen. Blockiert er total, so ist er ein Durchgefallener. Gesellschaftlich Durchgefallene nennen wir Sozialfälle. Nur wenn es genug „Soze" gibt, fühlt sich der Gefallene zumindest materiell wieder aufgehoben.

Ein unmöglich schweres Leben

Menschen ohne Mission beginnen sinnentleert und schwer zu wirken. Menschen ohne klaren Auftrag ermüden schnell und werden schließlich träge, weil sie das, was ihnen auf der Erde aufgetragen ist, nicht tragen wollen. Sie finden es unerträglich. Jeder kennt das: Manchmal kommt man schwer aus dem Bett und schon gar nicht in die Stiefel. An manchen Tagen ist alles zäh, was man anpackt. Man hat nur Pech. Man geht aus dem Haus und tritt in die nächste Pfütze. Die braune Brühe läuft in die Schuhe. Umziehen ist nicht, man ist sowieso schon zu spät dran ... Und so geht es weiter, bis man abends hundemüde und wie erschlagen ins Bett fällt.

Zu viel Trägheit führt in die Tragödie

Problematisch wird dieser Zustand nur als Dauerkleber. Der Pechvogel ist des Hüpfens müde und bleibt von nun an einfach kleben. Der Gefühlsschwere folgt oft eine körperliche Schwere. Zu viele Kilos auf den Hüften? Aus Schwere wird Trägheit und dann richtige Faulheit. Wer sich ständig angeschlagen fühlt wie Fallobst, beginnt zu faulen und zu gammeln. Fäulnis ist ein Verwesungsprozess. Ein *Gammler* ist ein fauler Nichtstuer, der von seinem Wesen, seinem *Wesentlichen* abgekommen ist. Zu viele untragbare Zustände sind unerträglich und tragisch. Die Tragik endet schließlich in einer Tragödie.

Wenn wir im Gefühl der *Unerträglichkeit* kleben bleiben, wird der *Ertrag* dürftig ausfallen. Wir werden bedürftig. Verantwortlich sind wir keinesfalls.

Verantwortung will keiner haben, weil unser Bewusstsein oft Verantwortung und Schuld verklebt, besonders in deutschen Landen. Und Schuld will auch keiner haben. Also sind die anderen schuld – oder das Wetter, gegen das wir dann wettern können. Die Beschwerden über Gott und die Welt, über Nachbarn und Freunde, Partner und Kollegen werden zu chronischen Dauerbeschwerden.

Das Beschwerdespiel

Aus der Last kann das Laster werden

Im Beschwerdespiel versuchen Menschen, belastende Gefühle loszuwerden. Zur eigenen Entlastung und um selbst erleichtert wieder aufsteigen zu können. Im (Schuld)Vorwurf – Psychologen sprechen von Projektion – wird Ballast auf andere Menschen, über die wir uns beschweren, abgeworfen und der Gegner wie in einem Völkerballspiel „abgeschossen". Aus der unerträglichen eigenen *Last* wird entweder ein *Laster*, dem wir frönen, oder ein *Lästern* über andere. Diese fühlen sich bei erfolgreicher *Belästigung* schuldbeladen, schwer und heruntergezogen. Wir bauen uns künstlich vor anderen auf, wir spielen und führen uns auf. Wir gehen hoch, um dann über andere herzuziehen und sie herunterzumachen. Wir *empören* uns und gehen auf die *Empore*. Hauptsache, oben! Von da aus *kanzeln* wir andere ab. Doch wer ist schon gerne unten? Meist ist das Rückspiel, die Retourkutsche, vorprogrammiert. Der soeben Abgeworfene lässt sich den Fall nicht gefallen und geht ebenfalls in die Luft, um dann seinerseits von oben herab andere Menschen – es können bisher unbeteiligte Menschen sein – herunterzuputzen. Das Beschwerdespiel funktioniert wie eine Schiffsschaukel: mal oben, mal unten. Oben bleibt keiner und unten auch nicht, es sei denn, das Spiel ist zu Ende. Last macht müde und träge. Das Beschwerdespiel ebenfalls. Das Resultat ist wiederum Trägheit und Fäulnis.

Wir Deutsche sind übrigens dafür bekannt, dass wir uns in einem fort beschweren. *Sich beschweren* ist ein Teil unserer Mentalität geworden. Sich beschweren ist *sich selbst schwer machen*. Wir beschweren uns wie ein Briefbeschwerer, der Briefe am Wegfliegen hindert.

> Wer ist schon gerne schwer?

4. Von Möglichkeiten und Unmöglichkeiten

Das Beschwerdespiel als Energieschaukel

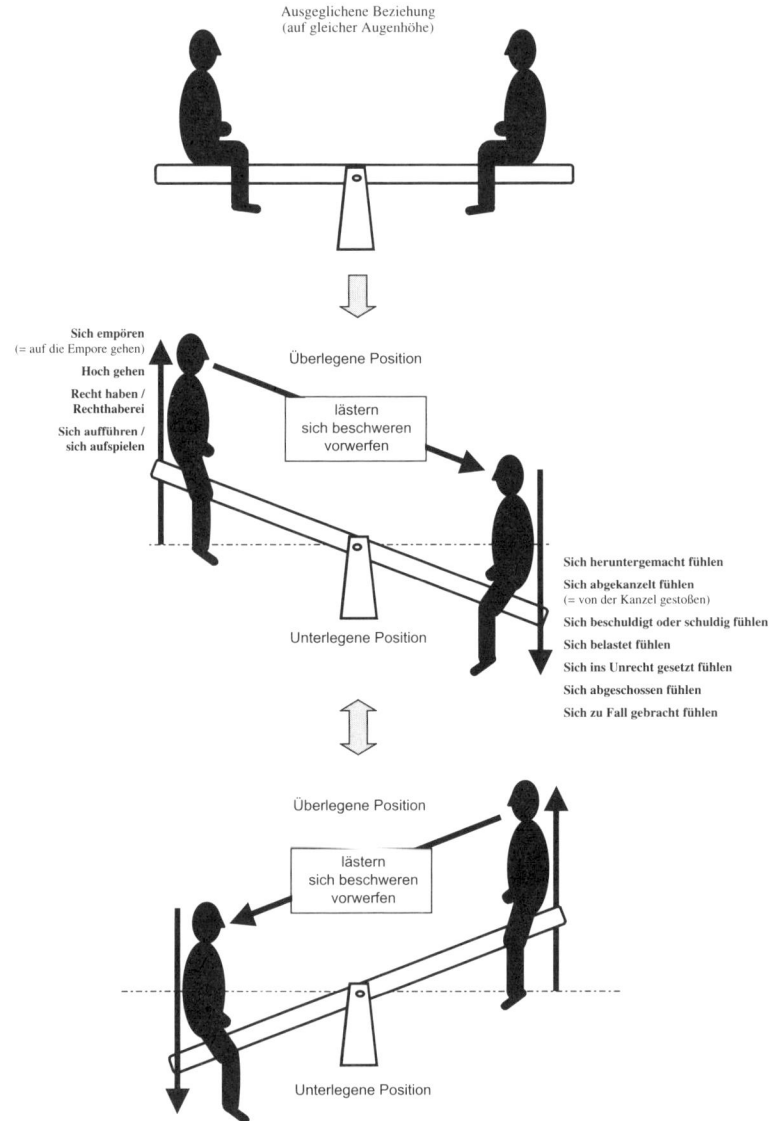

Das Beschwerdespiel

Im Prinzip ist dieses – in Paarbeziehungen besonders beliebte – Beschwerdespiel ein Energiespiel. Es kommt zu einem Kampf um Energie. Beobachten Sie sich selbst! Sie finden Ihren Autoschlüssel nicht. Plötzlich fehlt etwas Wichtiges. Ein Loch entsteht. Sie fallen hinein. Sie und Ihre Energie sind im Keller. An diesem Ort wollen Sie keine Sekunde verweilen. Außerdem fühlen Sie sich unschuldig. Also versuchen Sie den wirklich Schuldigen auszumachen und bauen sich dann groß und mächtig vor dem mutmaßlichen Täter auf: Meist werden Anklage und Schuldspruch in einen Satz gepackt. Eine Anhörung ist nicht vorgesehen. Das niederschmetternde Urteil, Kerker, wird sofort vollstreckt. Jetzt ist ein Stellvertreter für Sie im Gefühlskeller. Wer eignet sich als Stellvertreter? Natürlich Ihr Partner: „Du bist als Letzter gefahren!" Und wenn der Partner nicht da ist, dann müssen die Kinder herhalten, auch wenn die noch gar keinen Führerschein besitzen. Einzelkinder haben es da besonders schwer. Die Wahrscheinlichkeit, getroffen zu werden, ist ziemlich groß. Meist ist wahllos schuld, wer am nächsten steht oder eben greifbar ist. So mancher lebt deshalb lieber in Fernbeziehungen und genießt seinen Beruf als Fernfahrer oder Montageleiter. Frontale Zusammenstöße werden so reduziert. Arbeit als Fronturlaub. Das Beschwerdespiel ist als Mobbing in allen Firmen weit verbreitet.

Auch gibt es Ereignisse im Außen, die unsere Energie plötzlich sinken lassen. Es reicht vielleicht aus, wenn wir einem Menschen mit arrogantem Gehabe begegnen. Dieser Mensch klickt bei uns ein

In der Empörung gehen wir auf die Empore

Andere Menschen lösen alte Reflexe in uns aus

Gefühl von Ohnmacht an. Inhaltlich muss das gar nichts mit dem Menschen zu tun haben. Schließlich hat er uns nichts getan. Nicht der Inhalt ist der auslösende Reiz, sondern die Form: Ein Merkmal, das dieser Mensch trägt, lässt uns Gemerktes wieder erinnern. Der Verhaltensreflex Arroganz – Ohnmacht *schlägt zu* und wir fühlen uns *niedergeschlagen*, schlecht behandelt, minderwertig, handlungsunfähig. Wenn wir nicht erkennen, dass das ein alter Reflex ist, dann können wir auch nicht reflektieren. Wir reagieren und bäumen uns auf, und schon sind wir im Beschwerdespiel und kämpfen um Energie.

Das Energiemanagement in Beschwerde und Mangel

Wer Mangel hat, gerät leicht in die Mangel!

Der Begriff *Mangel* wird auch für *Fehlen* und *Fehler* verwendet. Ein Mangelgefühl kann durch *Befehlen* seinen Ausdruck finden. Mangel ist aber keineswegs identisch mit Fehlen, sondern ein Gefühl, das auf ein Fehlen folgt. Ein Prüfling, der von seinen Wissenslücken und seiner Angst, Fehler zu machen, geplagt ist, fühlt sich von seinem Prüfer unter Umständen richtig in die Mangel genommen. Wenn die Prüfung *glatt* geht, so war der Mangelprozess zumindest erfolgreich. Mangeln bedeutet Glätten durch Pressen, wie beim Wäschemangeln. Mangel ist aber auch ein Werkzeug der Folter. Statt Wäsche werden Geständnisse erpresst. Auch ein Prüfling fühlt sich zuweilen gefoltert, aber freiwillig wollte er sein Wissen nicht preisgeben. Was bleibt einem guten Prüfer übrig, als das Wissen seines Schülers herauszuzwingen. So mancher Mensch braucht geradezu die Mangelsituation, um sein Bestes geben zu können.

Oft nimmt uns der Kampf um Energie in Beschlag. Streit stellt viel Energie bereit. Mit aufgeladenen Akkus ziehen wir in den Kampf, um *Recht* zu haben und um *echt* sein zu wollen. Der Begriff *echt* ist in *Recht* gleich mit enthalten. Wer im Recht ist, bekommt Energie, zum Beispiel vor Gericht in Form von Geld. Der *Rechte* ist *aufrecht*. Aufgerichtet kann er *gesehen* werden und *Ansehen* genießen. Erinnern Sie sich an Ihren ersten Auftritt vor einer Gruppe? Vielleicht mussten Sie eine Rede halten oder etwas Wesentliches präsentieren? Wer es nicht gewohnt ist, vor vielen Menschen zu stehen und von diesen angesehen zu werden, beginnt unter Umständen zu zittern. Zittern ist ein energetischer Ausgleich auf körperlicher Ebene.

Menschen, die sich *rechtfertigen* wollen, richten sich künstlich auf, denn bei der Rechtfertigung wird *Recht* im Nachhinein *gefertigt*. Auch beim *Begründen* vor der Hintergrundkulisse eines schlechten Gewissens wird ein fester *Grund* im Nachhinein gezimmert.

> Beim Rechtfertigen wird Recht gefertigt

Es gibt die unterschiedlichsten Varianten, sich Energie zu besorgen. Jemand, der sich nicht *spitze* fühlt, neigt zum Spitzenverteilen und gaukelt seinen Mitmenschen vor, dass er selbst spitze ist. Mit spitzer, scharfer Zunge verschießt er seine giftigen Pfeile. Der „Feind", meist ein Freund oder Bekann-

4. Von Möglichkeiten und Unmöglichkeiten

ter, weil bei diesem die Gegenreaktion abzuschätzen ist, wird angeschossen. Die Pfeilspitzen haben eine lähmende Wirkung. Die Lähmung des Gesprächspartners manifestiert das eigene Ansehen. Der Angreifer holt sich wie ein Vampir Energie vom Getroffenen.

Ironische Bemerkungen können verletzen

Eine Variante ist die Ironie: kleine piesackende Nadelstiche, die meist unvermutet von hinten kommen. Der Begriff Ironie ist von dem griechischen *eironeia* abgeleitet und bedeutet *erheuchelte Unwissenheit, Verstellung*. Die Verstellung besteht darin, dass der Angreifer vorne so tut als ob, um dann sicher von hinten kommen zu können. Oft geschieht das völlig unbewusst. Ironie verletzt besonders, weil der Angreifer eine vertrauensvolle Botschaft sendet. Der Angegriffene wendet sich dem Angreifer ahnungslos zu und öffnet sich vielleicht sogar, um dann mit einer gegenteiligen verletzenden Botschaft konfrontiert zu sein. Verletzend ist Ironie speziell gegenüber anvertrauten Personen, die den feinen Attacken oft machtlos ausgeliefert sind. „Das hast du wieder schön hingekriegt", sagt der Lehrer zum Schüler, der eine schlechte Arbeit geschrieben hat. In der Schule verwenden Lehrer oft ironische Bemerkungen, um ihre eigenen Verletzungen zu kompensieren. Sie projizieren Resignationen auf Schüler, oder sie „rächen" sich für die fehlende Achtung ihrer Arbeit.

Wer Ironie übertreibt, landet bei Sarkasmus, Zynismus und schließlich Spott. Der Begriff *Sarkasmus* kommt von griechisch *sarkazein*, das heißt *zerfleischen*. Auf eigene Zerrissenheit folgt das

Zerfleischen anderer. Zynismus kommt von griechisch *kyon*, *Hund*. Kyniker ist auch der Name einer griechischen Philosophenschule. Deren Anhänger waren laut Duden „... in ihrer Haltung in gewissem Sinne ‚hündisch‘ ..., und zwar einerseits in ihrer Bedürfnislosigkeit und gewollten Armut, andererseits hinsichtlich ihrer bissigen und schamlosen Art, mit der sie über geltende Vorstellungen und Lebensformen herfielen."

Die verletzendste Sprachtechnik ist der *Spott*. Dieser Begriff ist mit *speien* und *speuzen* verwandt. Physiologisch gesehen wird beim Spucken Unreines abgesondert. Der eigene Dreck wird nach draußen geschleudert. Beißender Spott wirkt ätzend. Im Spott können wir deutlich sehen, dass das Negative aus einem selbst kommt. Ein ätzendes Mangelmanagement, das gar nicht so selten angewendet wird. Wer den Schaden hat, braucht für den Spott nicht zu sorgen!

> Beim Spott speien wir das eigene Negative auf andere

COACHEN SIE SICH SELBST

Wenn wir uns beschweren, machen wir uns selbst schwer.
Obwohl wir Leichtigkeit wünschen, beschweren wir uns dennoch, und das meist automatisch ohne zu überlegen.

Wie heißen Ihre drei gewichtigsten Beschwerden? Über was und über wen beschweren Sie sich regelmäßig? Formulieren Sie diese Beschwerden schriftlich und fragen Sie anschließend nach dem Gewinn, den Sie mit diesen Beschwerden erzielen.
Wie heißen die Opfer Ihres Mangelmanagements? Über welche Menschen lästern Sie am liebsten? Oder ziehen Sie lieber über Institutionen her? In Deutschland stehen beispielsweise die Deutsche Bundesbahn und die Agentur für Arbeit zur Projektion von Mangelgefühlen zur Verfügung. Eine ungewollte Dienstleistung besonderer Art. Oder wettern Sie, um niemanden schuldig zu machen, lieber über das Wetter? Wann, wo und mit wem neigen Sie zu ironischen Bemerkungen?

Essenzielles, das Sie nicht angehen, verwandelt sich in Schwere.

Schreiben Sie Situationen auf, um die Sie sich herummogeln! Das können Gespräche mit wichtigen Personen sein, aber auch ein Bericht, den es zu schreiben gilt und über den Sie sich den Kopf zerbrechen. Wie lange tanzen Sie schon um den heißen Brei? Was würde ein wesentlicher Schritt in Ihrem Leben sein? Schreiben Sie auf, was es zu tun gilt, und legen Sie jetzt fest, wann Sie es tun! Wo ist der Terminkalender?

Den Mangel verdecken

Wenn Menschen nicht direkt um Energie kämpfen, so sind sie häufig damit beschäftigt, einen Energieverlust zu vermeiden. In diese Kategorie fällt das Verdecken des eigenen Mangels. Unabhängig davon, ob der Mangel tatsächlich existiert oder ob wir ihn als Fantasieprodukt in unser Leben hineinprojizieren. Was läuft im Kopf ab, wenn wir einen Mangel verdecken oder einen Fehler nicht eingestehen? Was passiert, wenn wir einen Mangel preisgeben? Wenn wir zum Beispiel einen Geschäftspartner fragen: „Mir geht es wirtschaftlich ziemlich schlecht. Willst du nicht mit mir fusionieren?" Das wird nicht funktionieren. Also zeigen wir uns von der besten Seite. Das ist anstrengend, denn wir müssen ständig vermeiden, dass Schattenseiten aufgedeckt werden. Das Denken, dass Mangel etwas Schlechtes ist, sitzt tief in uns. Den Mangel zu verdecken ist eine Notstrategie und öffnet das Tor zu Enttäuschungen in Partnerschaften. Am Anfang ist alles ganz toll. Er ist der Stärkste und sie die Schönste. Doch bald tauchen die ersten schwarzen Löcher auf. In diese tappen beide Partner hinein. Der eine ist verletzt, weil er sich vielleicht „reingelegt" fühlt – in das Loch. Der andere ist verletzt, weil er ertappt wurde, *erwischt* mit seinen Mängeln. Doch *wegwischen* geht nicht mehr. Dank Loch aber fühlen sich beide nicht mehr gehalten. Die Beziehung fällt im Kurs.

Das Muster, Mängel zu verdecken und keine Fehler machen zu dürfen, zeigt sich am gravierends-

> Das Leben ist wie ein Golfplatz: voller Löcher

ten in der Kriegs- und Nachkriegsgeneration. *Gravierend*, weil in der Tat eine *Gravur* im Gehirn erfolgt ist. Fehler zu machen kann im Krieg tödlich sein. Also stellt sich der Mensch darauf ein, keine Fehler machen zu dürfen. Geschehen trotzdem Fehler, so werden diese nicht eingestanden. Ein Folgemuster ist Perfektionismus. Ein Perfektionist will immer gut dastehen.

Das Verdecken von Fehlern ist Teil des christlichen Religionskonzeptes. Adam und Eva schämten sich, weil sie vom Baum der Erkenntnis aßen und Gott sie entdeckte. Von nun an gab es, zumindest für Christen, kein „unverschämt echt" mehr. Die Hintergrundkulisse Schuld, schlechtes Gewissen und Mangel war geschaffen. Das Drama war vorprogrammiert. Es folgt die Mühsal des Lebens: „Im Schweiße deines Angesichts sollst du dein Brot verdienen." Was ist denn schlecht am Schwitzen? Sehen Sie einmal die vielen Freiwilligen in der Sauna! Physiologisch gesehen ventiliert der Körper beim Schwitzen. Schwitzen ist ein Reinigungsprozess. In der Sauna sitzen ja keine Masochisten.

Zum „Jammertal Leben" gehört auch das „Unter Schmerzen sollst du gebären". In den *Wehen* steckt die Drohung *Wehe, wehe!* Dabei kommt der Begriff von *wehen*, so wie der Wind. *Wehe* hat ursprünglich mit Schmerzen nichts zu tun. Doch das heißt nicht, dass eine Geburt ein Spaziergang ist. Der wehende Wind kann durchaus zu einem Orkan werden.

Auch Sünde heißt ursprünglich nicht, dass wir etwas Schlechtes getan haben, sondern *Einschnitt*.

Den Mangel verdecken

Am Anfang war *ein Schnitt*. Der Einheit, der Eins, folgte mathematisch logisch die Zwei. Sonst wäre Adam an Einsamkeit gestorben. Entzweiung heißt im Griechischen *dia-ballein*. Dieses Wort finden wir wieder im Begriff *Diabolo*, das für Teufel steht. *Diabolo* heißt übrigens auch das Spiel mit zwei Stäben, die mit einem Faden verbunden sind und zwei zusammengefügte Halbschalen rollen, springen und in die Luft fliegen lassen, um sie dann wieder mit dem Faden zwischen den Stäben zu fangen. Interessant ist die Symbolik der verbundenen Stäbe. Das Geteilte bleibt unsichtbar wie Marionetten über Fäden miteinander verbunden, so wie wir oft unsichtbar mit dem Großen Ganzen verbunden sind, obwohl wir uns getrennt und fallen gelassen fühlen.

Der Zwei folgte die Drei, sonst wäre die Erde kinderlos. Drei steht für Wachstum und Vermehrung: „Wachset und vermehret euch!" Der Vertreibung aus dem Paradies folgte das Wachstum der Menschheit. Ein Spiel, das sich bis heute fortsetzt: Noch immer werden ganze Völker vertrieben, nicht nur ein Paar. Dem Wurf aus dem Paradies – hier haben wir schon wieder das Geworfensein – folgte die Trennung. Nach einer Trennung fehlt uns etwas. Nach dem *Trennen* das *Rennen*. Das Rennen um das, was einem nach der Scheidung fehlt. Es ist also doch nicht alles da im Dasein. Ist die These, dass alles da ist, eine Illusion? Was sind die wirklichen Illusionen des Lebens?

Die Illusion der Angst

Eine chinesische Weisheit entlarvt das Phänomen Angst: „Angst klopfte an die Tür, Vertrauen öffnete, und niemand war draußen."

Mit der Angst täuschen wir uns selbst

Kürzer können wir die Illusion der Angst nicht beschreiben. Der Begriff Illusion kommt vom lateinischen *illudere* und heißt *sein Spiel treiben, täuschen*. Sind wir identifiziert mit der Angst, treibt sie ihr Spiel mit uns. Wir täuschen uns selbst, weil wir oft auf die Angst hören. Wo wir doch wissen, dass Angst ein schlechter Ratgeber ist! Und dann sind wir wieder *ent-täuscht*.

Prentice Mulford verdeutlicht in seinem Buch „Meisterschaft des Lebens", wie sinnlos Angst ist: „Würde die Rose mit ihrer beschränkten Intelligenz von der Furcht beunruhigt und geplagt, die Sonne könnte morgen nicht mehr scheinen oder es gäbe kein Wasser mehr oder kein Geld im Haus oder keine Kartoffeln im Keller – sie wäre gewiss eine niedergeschlagene, hilflos und verlassen dreinblickende Blume. Sie würde die Kraft, die sie zum Einsammeln und Aufnehmen jener Elemente verbraucht, die ihr nötig sind, um eine Rose zu werden, in Angst und Ängstlichkeit verbrauchen. Die Bedürfnisse der Stunde sind die einzig wahren Bedürfnisse. Wie nun die unbeschwerte, ungeängstigte und sorglose Rose die Kraft aufnimmt, um zu wachsen und sich aus den Elementen um sich herum in Schönheit zu kleiden, so nimmt auch der sorglose, ungeängstigte Menschengeist tausendfach mehr davon auf, was ihm zur Ausführung seiner

Pläne nötig ist und ihm zu seinem Glück verhilft."[15]

Auch Nelson Mandela entlarvte die Angst: „Unsere tiefgreifendste Angst ist nicht, dass wir ungenügend sind. Unsere tiefgreifendste Angst ist, über das Messbare hinaus kraftvoll zu sein. Es ist unser Licht, nicht unsere Dunkelheit, die uns am meisten Angst macht. Wir fragen uns, wer bin ich, mich brillant, großartig, talentiert, fantastisch zu nennen? Aber wer bist du, dich nicht so zu nennen? Du bist ein Kind Gottes. Dich selbst klein zu halten dient nicht der Welt. Es ist nichts Erleuchtetes daran, sich so klein zu machen, dass andere sich um dich herum nicht sicher fühlen. Wir sind alle bestimmt zu leuchten, wie es Kinder tun. Wir sind geboren worden, um den Glanz Gottes, der in uns ist, zu manifestieren. Er ist nicht nur in einigen von uns, er ist in jedem Einzelnen. Und wenn wir unser eigenes Licht erscheinen lassen, geben wir unbewusst anderen Menschen die Erlaubnis, dasselbe zu tun. Wenn wir von unserer eigenen Angst befreit sind, befreit unsere Gegenwart automatisch andere."[16]

Das Licht der Schöpfung scheint in jedem Menschen

---

[15] Prentice Mulford: Meisterschaft des Lebens. Heyne 1991.
[16] Nelson Mandela sagte dies in seiner Antrittsrede 1994 als Staatspräsident von Südafrika. Ursprünglich stammt der Text von Marianne Williamson (Rückkehr zur Liebe. Goldmann 1995).

Die Illusion, dass die Außenwelt sich ändern muss

Lassen Sie Ihren Partner in Ruhe!

Statt Wolken ziehen zu lassen, greifen wir in das Geschehen ein und wollen Negatives verändern. Im Nahkampf geübt, stürzen wir uns mit Vorliebe auf unseren Nächsten, den Partner. Wir sehen ganz klar und deutlich, dass dieser sich ändern muss. Wir wissen sogar, was er ändern muss, damit alles wieder gut, nein besser ist. Aber er tut es nicht! Weiterhin verstreut er seine schmutzige Wäsche in der Wohnung, bringt zu wenig Geld nach Hause, liegt träge auf dem Sofa, sieht das neue Kleid nicht, geschweige denn die teure Frisur. Es ist eine Illusion, an die Veränderung des anderen zu glauben. Im Gegenteil: Je häufiger ich den Rasen mähe, desto schneller wächst er. Also lassen Sie Ihren *Partner*, der wörtlich Ihr *Teilhaber* ist, in Ruhe, schon deswegen weil er ein *Part* von Ihnen ist. Partner ähneln sich. *I like you*: ich wie du. Wie steht doch im Neuen Testament (Matthäus 7, 3) geschrieben: „Was siehst du aber den Splitter in deines Bruders Auge und nimmst nicht wahr den Balken in deinem Auge?"

In der Natur wächst ausnahmslos alles von innen nach außen. Auch Veränderung im Sinn von Wachstum beginnt immer in uns selbst.

Die Illusion von Wenn und Dann

„Wenn mein Partner verständnisvoller wäre, dann …" „Wenn ich Geld hätte, dann …" Erkennen Sie sich in dieser Illusion? Erinnern Sie sich an den Ja-aber- und Wenn-dann-Charakter. Zwischen *wenn* und *dann* verstreicht die Zeit, ohne dass stattfinden kann, was stattfinden *könnte*. Das Tun bleibt im Konditional stecken. Es werden Bedingungen an das Leben gestellt: Erst brauchen wir das oder jenes, und dann können wir beginnen. Unser Tun wird von einer *Bedingung*, von einem *Ding* abhängig gemacht. Besonders weit verbreitet ist *bedingte* Liebe und Anerkennung. Sie wird mit einer Leistung verknüpft. Ohne Leistung sind wir dann ein Nichts. Das ist ein Grund, warum am Ende ihres Arbeitslebens Rentner und Pensionäre häufig in ein sinnloses Nichts fallen. Auch eine Erziehung in bedingter Liebe ist dramatisch. Diese beginnt ganz harmlos mit Sprüchen wie: „Wenn du deine Karotten aufisst, hat Mama dich ganz doll lieb!" Und es steigert sich mit dem Satz: „Trau dich nicht mit einer Fünf in Mathe nach Hause, und mit einem dicken Bauch schon gar nicht!" Allmählich verklebt die Liebe, das Sein mit dem Tun, also mit dem Haben. Liebe wird an Erwartung und Leistung geknüpft. Potenzprobleme sind vorprogrammiert. Ruediger Dahlke berichtete in einem Gespräch von sich mehrenden Potenzproblemen männlicher Jugendlicher. „Kein Wunder", sagte er sinngemäß, „auf der einen Seite sollen die Jungs echt cool sein. Andererseits aber sind sie heiß. Wie sollen sie das denn geregelt bekommen?"

Zwischen wenn und dann verstreicht die Zeit

4. Von Möglichkeiten und Unmöglichkeiten

Die Illusion der Zeit

Das Hoffen auf eine bessere Zeit ist ein Garant, die schlechte Zeit zu wiederholen. Vergangenheit wiederholt sich in der Zukunft, es sei denn, wir säen Neues. Säen ist Handeln. Wenn wir in der Vergangenheit leben, schönen Zeiten nachtrauern oder auf eine bessere Zukunft hoffen, ist Zeit eine Illusion.

Erleben und Handeln ist nur im Hier und Jetzt möglich

Die Essenz der Vergangenheit zeigt sich in der Gegenwart. Alle wichtigen Informationen sind im Geist oder im Körper abgespeichert. Mit diesen Abspeicherungen arbeitet die Kinesiologie in der Stressablösung. Menschen sagen manchmal: „Das habe ich hinter mir." Der Sprecher meint, dass es damit vorbei ist. Doch stressbeladene Geschichten sind als Information im Rückenbereich abgespeichert, also hinten. Der Rücken steht für Vergangenheit. Vielleicht treten deshalb in einem gewissem Alter, wenn sich genügend unbewältigte Vergangenheitserlebnisse abgelagert haben, gehäuft Rückenprobleme auf.

Illusionen haben Folgen. Sie binden Energie und schaffen Scheinwelten. Es kommt zu einem Schattenboxen mit der momentanen Lebenswelt à la Don Quichotte in seinem Kampf gegen die Windmühlen. Der Blick durch rosarote Brillen und Hoffnungen, die wie Seifenblasen zerplatzen, sind purer Alltag. „Der Bau von Luftschlössern kostet nichts, aber ihre Zerstörung ist sehr teuer."[17] Illusionen manifestieren sich in Gewohnheiten und

---

[17] Zitat von François Mauriac.

Mustern. Und da wird es dann bei der Auflösung etwas problematisch. Mark Twain sagte einmal: „Eine Gewohnheit kann man nicht einfach zum Fenster hinauswerfen! Man muss sie Stufe für Stufe die Treppe hinunterlocken."

> **COACHEN SIE SICH SELBST**
>
> **Mit der Pflege von Illusionen managen wir unsere Mangelgefühle.**
>
> *Angst als Illusion:* An welche Ängste haben Sie sich gewöhnt, als seien sie ganz selbstverständlich? Ist es das Gespenst der Arbeitslosigkeit oder die Höhenangst oder gleich die Angst vor dem Fall? Für welche Selbsttäuschungen haben Sie eine Vorliebe entwickelt? Von welchen „Hoffnungen" leben Sie? Unter welchen Bedingungen wird für Sie alles besser? Auf was oder auf welche besseren Zeiten warten Sie?
>
> *Die Veränderung der anderen als Illusion:* Welche Menschen möchten Sie ändern und wie schrauben Sie an diesen Menschen herum? Wie erfolgreich sind Sie dabei? Verändert sich wirklich etwas oder verdreht es sich nur?
>
> *Die Veränderung des Außen als Illusion:* Welche starren Situationen und Gegebenheiten versuchen Sie schon seit langem und erfolglos zu ändern, statt ohne zu resignieren anzunehmen, was ist?

4. Von Möglichkeiten und Unmöglichkeiten

Siechen, Sucht und Suchen – die Illusionswelt der Süchte

Süchtige sind auf der Suche

Wer sucht, der findet. Süchtige sind im Grunde genommen Suchende. Doch *Sucht* geht auf das Wort *Siechen* zurück, erst später wurde der Begriff mit *suchen* in Verbindung gebracht. Mehr oder minder sind wir alle auf der „Suche nach dem verlorenen Glück"[18]. Wer *sucht*, hat sich *aufgemacht*, auf den Weg gemacht. Wer aber *süchtet*, ist zu. Trotzdem will er schnell und viel *emp-finden*. Der Süchtige sucht Liebe und Verbundensein. Denn Liebesmangel, körperlich, geistig und seelisch, ist Humus für die Entstehung von Suchtproblemen. Auf dem *Suchtweg* wird vieles mitgenommen, was sich als Trostpflaster so anbietet. Aber nur Straßenpflaster halten lange. Süchtige verwechseln Suchen und Finden. Sie glauben zuweilen die *Lösung* gefunden zu haben, eine *natürliche Lösung*, zum Beispiel Alkohol oder Marihuana, oder eine *chemische Lösung* wie Heroin. Doch letztlich entsteht Verklebung und Abhängigkeit. Der Katzenjammer danach ist groß. Das Gefühl der Zerrissenheit und des Getrenntseins von sich, seinen Gefühlen und von anderen Menschen dominiert. Mit der Droge wurde eine „neue" Verbindung eingegangen, die vielleicht ein schnelles, *fixes* Ergebnis verspricht. Doch Fixen und anderer Drogenkonsum sind eine Selbsttäuschung. So wie wir unseren heißhungrigen

---

[18] Jean Liedloff: Auf der Suche nach dem verlorenen Glück. Beck 1991.

Körper bei Liebesmangel mit Süßigkeiten foppen können: Das Loch, das wir mit Süßigkeiten stopfen, reißt kurze Zeit später wieder auf.

Die Palette von Süchten ist breit: So viele Menschen sind mehr oder weniger verzweifelt auf der Suche, viele sind sich ihrer Sucht gar nicht bewusst. Oft sind die Partner und Freunde ebenso verzweifelt. Der Workaholic findet tausend Begründungen für die Notwendigkeit seines Dauerstresses. Meist vertröstet er seine Partner: „Wenn dieses Projekt abgeschlossen ist, dann wird alles besser." Aber das hatten wir ja schon. Meist erwartet der Workaholic als Dank für seine „Opferbereitschaft" eine Daueranerkennung gerade von seinem Partner. Der Begriff *Anerkennungsjunkie* für diesen Typus trifft ins Schwarze.

> Süchte offenbaren sich oft erst auf den zweiten Blick

Ein Eifersüchtiger auf Trip ist kaum zu bremsen. Er zieht sein Ding durch wie der Flower-Power-Typ seinen Joint. Der Herrschsüchtige ist in seiner Selbstherrlichkeit, *selbst der Herr* zu sein, gefangen. Eine Selbstbeobachtung ist ihm nicht möglich, weil er „Selbst" mit „Herr" verwechselt. Und Magersüchtige sind im Grunde genommen Mögen-Süchtige. Liebe geht bekanntlich durch den Magen. Magersüchtige fühlen sich nicht geliebt. Ein wesentliches Merkmal von Liebe ist Wachsen und Vermehren, also Zunehmen. Bei Magersüchtigen *sucht* der *Magen*, bekommt aber nichts. Das Wenige, was er aufnimmt, kann er nicht behalten. Erfüllung ist in diesem Programm nicht vorgesehen.

> Magersüchtige wollen gemocht werden

Den Fresssüchtigen ergeht es nicht besser. Magersüchtige und Fresssüchtige wollen eigentlich,

> Durch Dick und Dünn gehen

dass man mit ihnen durch Dick und Dünn geht. Doch Magersüchtige „gehen ein", hungern sich weg. Fresssüchtige gehen auseinander. Oft werden sie gehänselt und bekommen so ihr Fett ab.

Eine weitere Wohlstandssucht ist der Alkoholismus. Bei Trinkern geht es ums Fließen. Sie bevorzugen flüssige Suchtstoffe. Liebe ist Fluss. Jede Flüssigkeit ist eine Lösung. Aber sie löst keine Probleme!

Den physikalischen Aggregatzuständen „fest" und „flüssig" fehlt noch der Dritte im Bunde: „gasförmig" – Schnüffeln oder Rauchen. Schnüffeln ist allerdings nicht so salonfähig. Rauchen war ursprünglich der „Upperclass" vorbehalten, die sich elegant in blauen Dunst hüllte, blaues Blut allein genügte nicht. Es war einfach *spitze*, mit Spitze zu rauchen. Für das Smoken nach dem Mahl gab es einen Extraanzug, den Smoking, und man rauchte in einem besonders dafür eingerichteten Rauchersalon. Damit war es salonfähig. Smoken und Smog im Kopf gehören zusammen. Beim ersten Zug wird es einem schwindelig. Und dann beginnt der ganze Schwindel mit der Freiheit, dem Abenteuer und dem „come together".

Beim Schwindeln wird es uns schwindelig

Schwindel tritt symptomatisch auch in anderen pathologischen Zusammenhängen auf, nicht nur bei Kreislaufbeschwerden, sondern auch bei Schädigungen des Innenohrs, in welchem der Gleichgewichtssinn gesteuert wird. Der Begriff *Schwindel* birgt neben dem *sich anschwindeln* eine Fülle von weiteren Sprachbildern, die als Hintergrundkulissen wirken. In *Schwindeln* ist das Wort *schwinden* enthalten. Beim Rauchen vergiften wir unseren Körper. Wir schwächen uns. Unsere Kräfte *schwinden*, weil ein beachtlicher Teil mit der Verarbeitung der Gifte beschäftigt ist. Im Sch*winden* ist auch *winden*. Bevor Raucher Wichtiges anpacken, stecken sie sich erst einmal eine Zigarette an. Notfalls auch noch eine. Hier haben wir das Sich-Winden um das *Eigentliche*. Im Begriff *Schwindeln* steckt auch die *Windel*. Diese sind bekanntlich windelweich. Wenn wir uns winden, bevor wir eine Sache angehen, dann sind wir zu weich, lassen uns ablenken und entscheiden zögerlich. Das Eigentliche wird in *Windeln* gepackt. Geschichten über Geschichten werden erzählt. Jetzt mag einer sagen: In dem Wort *weich* ist auch das *eich*. Ja, stimmt. Aber *eich* – siehe Eiche – die für Standhaftigkeit steht, die Eiche ist geeicht – wird mit dem *w* vor dem *eich* wieder weich. Als Letztes ist im Begriff *Schwindel* auch der *Wind*. Hiermit sind wir wieder beim „blauen Dunst", dem einnebelnden Wind. Es wird Wind gemacht um nichts. Das ist der Schwindel und das Schwindeln.

Die Welt der Drogen

Kommen wir zum Drogenschwindel, aber lassen Sie uns die Arzneimittel ausnehmen, die ein Extrabuch verdienen. Manche gehören nicht unter Schwindel abgehandelt, sondern erfüllen den Tatbestand des Betrugs. Der Drogensüchtige weiß nicht, was ihn treibt, und vor allem nicht, wohin.

Mittels Drogen, besonders mit harten Drogen, werden Türen zu *Lichtwelten* aufgestoßen. Türen, die sich schwer wieder schließen lassen. Der Geist ist fortan getrieben, immer wieder in dieses *Licht* zu gehen. Wirkliche Ausgeglichenheit im Geiste kann aber erst wieder entstehen, wenn Licht im Original, also ohne Drogen, erzeugt wird. Auch in künstlich geschaffenen Welten verraten Begriffe die Hintergrundkulissen.

Das Ziel des *Kiffers* lautet Bewusstseinserweiterung, also Öffnung des Bewusstseins. Warum aber heißt es dann in der Drogensprache *sich zukiffen* und nicht: „Mein Gott, war ich gestern Nacht wieder *aufgekifft!*" Ein weites Bewusstsein macht leicht. Den total Bekifften nennt man aber *stoned*. Das englische *stone* heißt *Stein*. Dieser ist von Natur aus hart, schwer und von dichter Konsistenz, im Gegensatz zu weich im Sinne von sensibel, leicht und offen.

Ein *Joint* ist eine aus Tabak und Marihuana zusammengebaute Zigarette. Das Wort *Joint* kommt vom englischen *adjoint: verbinden, vereinigen, verzapfen* – aber keinen Blödsinn! Der Kiffende sucht in seiner Kulisse des Sich-getrennt-Fühlens und der Einsamkeit Verbindung und Gemeinschaft. Die Illusion des Verbundenseins im Drogenrausch entlarvt sich im Hungergefühl, das meist entsteht: Statt zu verbinden, reißt die Droge ein regelrechtes Loch in den Magen. Und dieser ist, wie bereits erwähnt, ein Organ der Liebe. Er besorgt sich sozusagen das Gefühl der *Zugehörigkeit*. Langfristig sind *gehörige* Probleme wie zum Beispiel Antriebsschwäche die Folge. So passt der Kifferwitz: Der Therapeut warnt: ‚Kiffen macht gleichgültig.' „Der Patient antwortet: ‚Ist mir doch egal!'" Gemeinschaftliches Engagement der Drogenabhängigen reduziert sich im Laufe der Zeit auf die gemeinsame Suche nach neuem Stoff: dem Stoff, aus dem die Träume sind. Das Gemeinschaftsgefühl bleibt illusionär.

Der Kiffer will nur ein *Piece*, auf Deutsch: ein Stück, ein Stück Leben – so wie *die Szene* nur ein Stück, eben eine Szene aus einem großen Film ist. Wählen kann er bestenfalls zwischen grünem, schwarzem oder braunem *Piece*. Immer nur ein Stück vom Leben zu bekommen ist *Scheiße*, einfach *shit*, so wie Kiffende ihren Stoff selbst benennen. Erstaunlich, dass sich Menschen freiwillig Scheiße „reinziehen". Doch S*hit* ist der Hit! Das englische *to hit* bedeutet im Deutschen *schlagen*. Dem Kiffen folgt ein geschlagenes Leben. Die Schlacht ist vorüber. Sind Kiffende deshalb meist friedfertige Menschen? *Piece*, das Stück, und *peace*, der Friede, klingen gleich. Sonst haben sie nichts gemein. Allerdings fehlt eventuell nach langem Drogenmissbrauch der Antrieb für kriegerische Handlungen. Hätte George Bush sein Problem nicht auf diese Art lösen können?

Wenn Kiffen *stoned* macht, obwohl es zu den weichen Drogen gehört, was passiert dann erst mit den harten Drogen wie LSD, Ecstasy, Kokain, Heroin und wie sie alle heißen mögen. Der Superdrogenmarkt ist reich bestückt. Jeder Schuss, den sich Abhängige setzen, reißt ein Loch in die Seele des Menschen. Fixen, das heißt, es muss schnell

Mit dem Fixer geht es fix bergab

gehen. Vor allem geht es fix bergab. Das englische *to fix* bedeutet *befestigen*. Die Kulisse des Fixers ist somit klar: Er fühlt sich ungefestigt und ungehalten. Der Fixer bringt alles auf einen Punkt, und da sticht er hinein. Der Drogenabhängige ist psychisch „zu", sodass er immer neue Öffnungen schaffen muss. Die vielen *Flashs* brennen den Fixer seelisch aus. *Flash of lightning* bedeutet *Blitz*. Der *Flash* erzeugt ersehnte, aber künstliche Helligkeit. Ein anderes Wort für fixen ist *drücken*. Nicht nur dass Fixer sich selbst Gewalt antun, sich *unterdrücken*, indem sie sich einen Schuss setzen, sie *drücken sich* auch vor der Verantwortung zu leben und laufen immer Gefahr, *auf dem letzten Drücker zu sein*.

Von harten Drogen weichgeklopft

Den Gebrauch von Kokain nennt man *Koksen*. Koks stammt aus einer dunklen Welt. Auch wird es im Keller gelagert. Gefühlsmäßig ist der Kokser sicher im Keller. Andererseits bezeichnet man den Stoff Kokain – farblich genau entgegengesetzt zur Kohle – auch als Schnee, was Reinheit und Frische suggeriert. Am nächsten Tag allerdings, nach der Schneeschmelze, ist Matsch in der Birne angesagt. Das Einzige, was assoziativ zu Schnee wirklich passt, ist das kühle Verhalten von Koksern, die im Rausch *über den Dingen stehen*. Mit einem LSD-Trip gehen Menschen auf einen *Trip*, also auf die Reise. Wer es bei sich nicht aushält, muss auf Reisen gehen. Immerhin belasten diese *Trips* nicht die Umwelt. Die Modedroge Ecstasy verspricht *Ekstase*, Verzückung. Das (kirchen)lateinische *ecstasis* heißt auf Deutsch *aus sich heraustreten*. Seit der Zeugung sind wir an unseren Körper gebunden.

Obwohl wir oft aus der Haut fahren möchten, ist ein wirkliches Heraustreten, die außerkörperliche Erfahrung, erst am Ende des Lebens möglich. Im Tod sind wir endgültig *aus dem Häuschen*. Gedulden Sie sich also!

Krankheiten

Essenz, also das Wesentliche, lässt sich nicht eliminieren. Aus den Augen, aus dem Sinn, aber weg ist es dennoch nicht. Energie geht nicht verloren, heißt ein physikalisches Gesetz. Das scheinbar Verschwindende transformiert in einen anderen Zustand. So verwandelt sich auch unser irdischer *Auftrag* in eine Last, wenn wir uns weigern, ihn zu *tragen*, ihn zu erfüllen. Wer ist bereit, in einer *unerträglichen* Belastung einen *Auftrag*, vielleicht sogar eine *Vision* zu erkennen? Allenfalls ein Coach bei der Arbeit. Aber nur bei anderen! Last und Auftrag werden als Bürde aufgefasst. Der Begriff *Bürde* hat das Wort *gebären* als Wurzel. Auch im Lebensauftrag geht es darum, mit unseren inneren Qualitäten etwas Materielles hervorzubringen.

Interessant wird es, wenn sich Wesentliches auf unterschiedlichen Seinsebenen ausdrückt, zum Beispiel Geistiges auf körperlicher Ebene. Ein *Sichbeschweren* in geistiger Form drückt sich mit der Zeit auch in körperlichen *Beschwerden* aus. Wenn beispielsweise Illusions- und Kompensationswelten nicht mehr genügen, so geht die Energie in körperliche Symptome.

Das Wesentliche ist immer da

Das Kreuz mit dem Rücken

Die Last zeigt sich zum Beispiel in Rückenschmerzen: Wenn wir nicht mehr vorwärts rücken, bekommen wir es ruckzuck im Rücken. Irgendwo muss es sich ausdrücken. Auch geistige Haltungen manifestieren sich im Rückenbereich. So manche Arroganz endete im Bückling. Manche „hochgestellte" Persönlichkeiten werfen in ihrer Arroganz den Oberkörper nach hinten. Nicht nur sprachlich, auch körperlich brüsten sie sich gerne. Sie setzen die Brust komplett für ein sich Brüsten ein. Wer dann im Alter an Morbus Bechterew leidet, macht einen Dauerdiener.

Die Nase vorne

Andere können die Nase nicht mehr vorne haben und den guten Riecher, den Spürsinn einsetzen, weil sie die Nase voll haben oder gar verschnupft über jemanden sind. Im Geistigen steht die Nase für Zukunft.

Der Mensch und sein guter Riecher

Die Nase ist ein *Vorsprung*. Menschen mit häufigem Schnupfen springen vielleicht nicht gern hervor und halten sich lieber in der zweiten Reihe auf. Die Nase symbolisiert auch Leichtigkeit, würden wir sonst von *Nasenflügeln* sprechen? Die Nase steht zudem für Lebensfluss, denn sie läuft, wenn es nicht läuft.

Entzündungen oder: Das Feuer ist aus

Im Stillstand können wir nur schwer auf dem Laufenden sein. Stagnation führt leicht zu entzündlichen Prozessen. Normalerweise braucht man zum *Entzünden* Feuer. Dieses steht symbolisch für Begeisterung. Wir brennen darauf, einen Blick unserer Heißgeliebten, die noch keine Ahnung zu haben scheint, zu ergattern. Erfüllt sich unsere Sehnsucht nicht, so drohen wir unter Umständen zu verbrennen. In der Vorhölle schmachten wir vor Schmach, bis wir schließlich aufs Neue entzünden wollen: Menschen, Ideen und Projekte. In unseren Körperzellen verbrennen wir ständig Nahrung. Deshalb brennen wir darauf, zu essen und zu trinken. Wir wollen nicht *verschmachten*. Der *Schmächtige* ist nicht der *Mächtige* – der Machende. Wer die Begeisterung für sein Leben nicht immer wieder entfachen kann, läuft Gefahr, dass sich stellvertretend der Körper entzündet. Wir fiebern beispielsweise aus Liebeshunger, statt Zielen entgegenzufiebern. Fieber wird gerne unterdrückt. Haben wir Angst, verkohlt, also enttäuscht zu werden und dumm dazustehen mit unserer Schmach?

Der Schmächtige ist nicht der Mächtige

Wenn sich die Haut ausdrückt

Fehlt der persönliche Ausdruck, drückt es unter Umständen die Haut aus. Unsere Energie verlangt eine Richtung und bahnt sich, wenn wir diese nicht selbst bestimmen, ihren eigenen Weg. Es gehört zum Menschsein, sich auszudrücken: zu *handeln*, Dinge in die *Hand* zu nehmen, zu gestalten und auch sich selbst gut zu *behandeln*. Pubertätspickel sind äußere Zeichen für eine Zeit, in der die Betroffenen keinen persönlichen Ausdruck für sich finden, obwohl sie voller Energie stecken. Was verschlossen ist, wird *aufgepickelt*. Ist der Druck weg, verwelken auch die im Gesicht sprießenden (Neu)Rosen.

Zähne, mit denen wir uns durchbeißen

<small>Auf dem Zahnfleisch gehen</small>

Mit bestimmten Redewendungen bestellen wir etwas im Universum, das wir gar nicht wollen. Wer von Jugend an in Stresssituationen den Spruch brachte: „Da gehe ich auf dem Zahnfleisch", muss sich über den Verlust seiner Zähne nicht wundern. Stress bedeutet hohen Energieverbrauch. Mineralien, die der Körper dazu benötigt, holt er sich wie befohlen aus den Zähnen, wenn die Aufmerksamkeit des Körpers in diese Richtung gelenkt wird. Die Folge sind Zahnfleischentzündungen. Aus dem Dauerstress wird eine Dauerentzündung. Statt den Stress und die Gedanken, die ihn verursachen, loszulassen und locker zu werden, lockern sich die Zähne. Mangelndes Urvertrauen geht an die Wurzel, an die Zahnwurzel. Das Übel wird an der Wurzel gepackt!

<small>An die Wurzel gehen</small>

Der Arzt und Psychotherapeut Ruediger Dahlke hat wie kein anderer die sprachliche Symbolkraft von Krankheiten erforscht. In seinem Buch

„Krankheit als Symbol"[19] analysiert er auch Zahnprobleme und Redensarten über Zähne: „Wer sich gut durchbeißt, hat einen Affenzahn drauf." Zähne stehen also auch für Leistung und Geschwindigkeit im Vorwärtskommen. Eine weitere Redensart finden wir im „Zähnezusammenbeißen" – auf keinen Fall weinen! Lieber „sich die Zähne ausbeißen". Wenn wir das schließlich geschafft haben, können wir nur noch Brei essen. Interessanterweise wiederholen sich mit der Zahnlosigkeit frühkindliche Themen wie Angenommensein oder Sicherheit. Wenn Ihr Partner bleibt, obwohl Sie Ihre Zähne verloren haben, dann ist es Liebe. So gesehen ist Zahnverlust ein Beziehungstest.

Unten 'rum

Wer sich in Stresssituationen den Spruch angewöhnt hatte: „Das geht mir so auf die Eier!" oder: „Das geht mir auf den Sack!", der sollte auf seine Hoden aufpassen. Ein Coaching-Klient mit dieser Angewohnheit berichtete tatsächlich von einem bereits verdickten und entzündlichen Hoden.

Wenn wir schon einmal unten sind: Die mentale Angst, in einer Prüfung durchzufallen, geht oft mit dem körperlichen Symptom Durchfall einher. Extremer Durchfall zwingt uns loszulassen und zeigt uns obendrein, dass es ums Fließen geht. Im Volksmund wird ein Angstcharakter auch als *Schisser* bezeichnet. Meist verläuft die Prüfung ebenso be-

---

[19] Ruediger Dahlke: Krankheit als Symbol. Bertelsmann 2002.

schissen. Das gegenteilige Phänomen ist Verstopfung. Nichts läuft mehr. Alles wird zurückgehalten. Darmverschluss ist der letzte Ausdruck des Sich-nicht-mehr-ausdrücken-Könnens. Die analoge geistige Komponente zu Verstopfung ist nach Ruediger Dahlke der Geiz. Also Vorsicht bei „Geiz ist geil"!

Unterdrückte Energien suchen die schwächste Stelle

Unsere unterdrückten Energien suchen sich den Weg des geringsten Widerstands. Das sind unsere Schwachstellen. Ein Coaching-Klient klagte über einen Sporn in der Ferse. Die intuitive Frage, wo ihm denn der *Ansporn* fehle, traf den Nagel auf den Kopf: Er lebte im Grundgefühl der Antriebsschwäche. Seine Schwachstelle waren die Füße. Dem einen gehen die Zähne, dem anderen die Haare und wieder einem anderen bedauerlicherweise die Raucherbeine aus. Vielleicht durfte in diesem Leben vieles nicht laufen. Besser, wir gehen selbst aus uns heraus und drücken uns aus!

Die Kausalität von Symbolen

Krankheit und Kranker sind wie Schloss und Schlüssel

Krankheit und Kranker verhalten sich wie Schloss und Schlüssel. Der Kranke muss aufmachen, damit die Krankheit auch in den Körper hinein kann. Dennoch ist Vorsicht geboten. Zwar ist Leben als Prinzip im Grunde genommen einfach, aber nicht plump kausal: Wer keinen Einfluss im Leben hat, bekommt noch lange keinen Ausfluss! Es kann so sein, muss aber nicht. Und wenn Sie nicht vorwärtsgehen in Ihrem Leben, bekommen Sie noch lange keinen Krebs. Auch kriegen Sie, wenn es in Ihrem

Leben nicht läuft, noch lange keine Schweißfüße, damit überhaupt etwas läuft. Aber die Wahrscheinlichkeit, dass Ihnen die Füße stinken, wenn Sie sich nicht vorwärts bewegen, ist durchaus hoch! Krankheit zwingt uns umzukehren, wenn wir in die falsche Richtung unterwegs sind. So sagte Dr. Edward Bach treffend: „Krankheit ist der erste Schritt zur Heilung und Krankheit ist ein Korrektiv."[20]

Die Ehrlichkeit der Sprache im Krankheitsfall

Obwohl sich viele Menschen in einem Dauerzustand von Krankheit befinden, ist Kranksein eine extreme Situation. Extrem bedeutet, dass wir am Ende eines Weges angekommen sind. Wenn es irgendwo nicht mehr weitergeht, leuchtet ein Signalsystem auf. Zum Beispiel sagt ein hochroter Fieberkopf: Stopp! Hier nicht weiter!

Extreme Situationen drücken sich natürlich auch sprachlich aus. Deshalb sind gerade Krankheiten sehr interessant für die Spurensuche unseres Menschseins in der Sprache. Wenn wir die Haltesignale, die unser Körper aussendet, fortlaufend überrennen, werden wir krank. Ist es sinnvoll, die Haltesignale zu entfernen? Wohl kaum. Trotzdem gibt es viele *Aufschneider* unter den Ärzten. Wenn

---

[20] Geflügelte Worte von Dr. Edward Bach. Sein Hauptwerk: Heile dich selbst mit den Bach-Blüten. Droemer Knaur 1988.

die Ölkontrollleuchte unseres Fahrzeuges blinkt, drehen wir auch nicht die Birne heraus. Ein schmerzender Blinddarm? Der ist eh blind, zählt nicht – weg damit! Wir müssen den Dingen nur den entsprechenden Namen geben, um das „Bösartige" bekämpfen und abschaffen zu dürfen. Schließlich sieht der Patient angegriffen aus. Angriff ist die beste Verteidigung. Dass der Kranke sich letztlich selbst angegriffen und seine Krankheit verursacht hat, wird bedauerlicherweise übersehen. Wir schütten das Kind mit dem Bade aus!

Die Sprache verrät uns, was zu tun ist, wenn wir uns erfolgreich angegriffen haben. Der *Patient* muss sich tatsächlich in Geduld üben – *patient = geduldig*. Der Begriff *dulden* geht zurück auf die indogermanische Wurzel *tel-* und bedeutet *aufheben, wägen, tragen*, was wir auch im lateinischen *tolerare* und im deutschen *tolerieren* finden. Aufheben passt zum *Krankheits-Fall* und im Wägen wird ein neues Gleichgewicht geschaffen. Nur wer mit sich im Gleichgewicht ist, kann Aufgetragenes tragen. Ohne dieses sind wir mit Ausloten beschäftigt. Das Gegenteil von Dulden ist Klagen, Jammern, Beschweren. Die Krankheitsbeschwerde ist das Beschwerdespiel mit uns selbst.

Wenn Gelassenheit und Ruhe vernachlässigt werden

Geduld, Gelassenheit und Ruhe werden gerade in unserer Leistungsgesellschaft sträflich vernachlässigt. Auf das Nonstopp-in-Aktion-Sein folgt Krankheit als *Strafe*. Die Strafe ist aber nicht von Gott geschickt, sondern von uns selbst provoziert worden. *Strafen* kommt von *straffen*, so wie die alten Zimmermannsleute Holz *straffen*, also gewelltes Holz *strafften* und *ausrichteten*. In der Krankheitsstrafe wird das, was außer Rand und Band ist, neu, aber langsam wieder (ein)gespannt. Wie spannend! Krankheit ist eine Auszeit. Entspannung und Spannung kommen ins Gleichgewicht.

Ähnlich funktioniert die Schaltzentrale des emotionalen Gehirns. Dieses hat zwei Stränge, den Sympathikus und den Parasympathikus. Der Sympathikus steuert Kampf, Flucht und beschleunigt unser Herz. Der Parasympathikus verlangsamt und entspannt. „Beides muss im harmonischen Wechselspiel funktionieren … Diese wunderbare Anpassungsfähigkeit geht dem modernen Menschen mehr und mehr verloren … doch um die unvorhersehbaren Kurven des Lebens zu nehmen, braucht man eine Bremse und ein Gaspedal! Beide müssen in tadellosem Zustand sein, und beide müssen gleich leistungsfähig sein, um sich gegenseitig auszugleichen."[21] Dem Topmanager, der glaubt immer „on top" sein zu müssen, der höher und höher will, geht es wie der steil steigenden Aktie, die anschließend in den Keller fällt. Zu nah der Sonne schmelzen bekanntlich die Flügel. Ikarus lässt grüßen. So hat sich Gott vor den Menschen mit der Managerkrankheit geschützt.

---

[21] Dr. Servan-Schreiber: Die Medizin der Emotionen, in: Natur und Heilen, Oktober 2004, S. 16.

Vom unmöglichen Umgang mit der Unmöglichkeit

Statt den Patienten aber auf die Zeit des Aktivseins vorzubereiten, wird er meist mit Präparaten präpariert. „Die meisten Menschen sterben nicht an ihren Krankheiten, sondern an den Medikamenten."[22] Statt *für* etwas zu sein, *für* Ruhe und *für* zukünftige Begeisterung, wird etwas *dagegen* eingenommen. So werden wir uns selbst zum Gegner und ziehen Gegner an. Im Dagegen haben wir keine Aufmerksamkeit für das Dafür. Gute Begegnungen können nicht stattfinden.

Von der Behandlung ohne Hand

Der die *Arzneimittel* verabreichende Mediziner ist im Grunde genommen ein *Mittler* zwischen den Welten. Sie gehen zum Arzt, wenn Ihnen etwas fehlt. Der sollte Ihnen nun ein Mittel, also ein Werkzeug, in die Hand geben, mit welchem Sie in Ihre *Mitte* zurückfinden. Wenn Ihnen etwas fehlt, dann ist es das *Mittelstück*. Nicht in der *Mitte* sind Sie, wenn Gas und Bremse nicht in Harmonie sind. Nur wenige Ärzte verstehen sich als Mittelsperson, die den Patienten in der Tiefe seiner Seele berühren können. Wenige nehmen wirklichen Kontakt zu dem Kranken auf. *Kontakt* kommt von *taktil* und heißt *berührend*. Meist ist Stillstand beim Patienten, nichts *rührt sich mehr*. Dieser ist auch von keiner Sehnsucht mehr *berührt*. Innere Lebensimpulse sind verschüttet.

---

[22] Zitat von Jean-Baptiste Molière.

In einer guten *Behandlung handelt* der Arzt, *Behandlung* heißt, den Patienten *mit der Hand zu berühren* und eventuell *Hand aufzulegen*. Über die Berührung gehen Lebensimpulse auf den Patienten über – ohne viele Worte. Im ärztlichen *Ein-Satz* müssten nicht viele Sätze gesprochen werden. Und so bedeutet *Kon-Takt* gleichzeitig, dass der aus dem Takt geratene Patient wieder seine Impulse spürt, wieder *in Takt* kommt, er wieder intakt sein kann.

Ein „Rezept" gibt es nicht!

Das *Sprechzimmer* des Arztes müsste im Grunde genommen ein *Besprechungszimmer* sein, in welchem Krankheiten *besprochen* werden. Wer hat dort das Sagen? Der Patient oder der Arzt? Meist redet der Arzt auf den Patient ein, der sich nicht gefragt fühlt. Oft gibt es Parallelen zum Privat- oder Berufsleben: Der Partner oder Kollege redet den anderen zu. Nicht gefragt sein aber macht krank. Ärztliches Behandeln reduziert sich oft auf Schnelldiagnose und Rezeptur. Diagnose heißt eigentlich Erkennen. Wer fühlt sich nach einem Arztbesuch *erkannt?* Nicht erkannt sein macht auch krank!

Der Begriff „Rezeptur" kommt von lateinisch *recipere* und heißt aufnehmen. Die Daten wurden aufgenommen. Werden aber auch die Patienten als Person *aufgenommen* und *angenommen?* Die Rezeptur, das Rezept ist sprachlich direkt verwandt

Nicht gefragt sein macht krank

mit dem *Empfang*, der Rezeption, die wir vom Hotel her kennen.

Zur Philosophie der Vorbeugung und Vorsorge

Gegen Krebs, so wird uns suggeriert, helfen vorbeugende respektive vorsorgende Maßnahmen. *Vorbeugung* meint bildlich etwas vollkommen anderes: dass wir uns dienend nach *vorne beugen*. So wie wir uns in der Zuneigung bildlich jemandem zuneigen. Die wirkliche *Zuneigung* zu Mensch, Natur und kosmischen Kräften ist eine tatsächliche *Vorbeugung* gegen alle Krankheiten.

Äußerst aussagereich sind im Bezug auf Krebs die Bezeichnungen Vorsorge und Nachsorge: Dazwischen liegt logischerweise die Hauptsorge – das ist dann der Krebs selbst. Die Nachsorge ist so gesehen im Prinzip wieder eine Vorsorge. Der Teufelskreis schließt sich.

No-body is perfect

Wenn im Körper etwas kaputt geht, ist in der klassischen Medizin *Reparieren* angesagt: *Reparieren* heißt *wieder parieren*. So wie auf einer Parade: links, zwo, drei, vier. Aber gerade davon sind wir krank geworden: vom ewigen Parieren und Dressieren, immer Männchen machen und Weibchen spielen. Wirklich reparieren lassen sich nur Maschinen. Wenn hier ein Teil kaputt geht, muss es ersetzt werden. Menschen brauchen Originale, mit Ersatzbefriedigungen geht es auf Dauer nicht voran. Das englische Wort für *Reparieren* ist *repair*, das bedeutet wörtlich übersetzt *wieder ein Paar sein*. Das heißt im übertragenen Sinn, zwei voneinander getrennte Teile wieder zu einem Paar verbinden: das verbinden, was zusammengehört.

Spieglein, Spieglein an der Wand ...

Die Schöpfung bekommt mit dem Menschen und durch den Menschen ihren krönenden Abschluss. Der Mensch als *Krönung der Schöpfung* kann indes nicht mittellos sein. In der *Schöpfung* ist das stärkste Mittel eines Menschen seine eigene Schöpfungskraft. Geschöpft, auch Energie *geschöpft*, wird mit der positiven Vorstellung. Unser Energiepegel steigt mit positiven Bildern. Mit negativer Vorstellung hingegen wird Energie *geschröpft*.

Die Vorstellungskraft eines Menschen verlangt Reize, Innenreize wie Sehnsüchte oder visionäre Bilder und Außenreize, zum Beispiel Ihren Partner, der Sie ständig reizt. Wie reizend! Können Sie sich einen Partner ohne Reize vorstellen? Kann man sich eine Wirtschaft ohne Reize, sprich ohne Werbemittel vorstellen? Wer würde noch Reizwäsche kaufen? Reizlos! Dieser Begriff steht für schwach, energielos und sinnlos.

„Und sie erkannten sich", steht in der Bibel geschrieben. Das hebräische Wort für Erkenntnis bedeutet Beischlaf. Wir erkennen uns im Partner. Ohne Spiegel können wir uns selbst nicht erkennen. Nun erblicken wir oft auch Negatives im Spiegel, erkennen es aber nicht als zu uns gehörig an. Streit

Wir erkennen uns im Partner

ist angesagt und wir bekämpfen unser Negatives im anderen. Dieser wehrt sich selbstverständlich. Negative Gefühle und Ängste werden oft unbewusst – einem Reflex gleich – in andere Menschen hineinprojiziert. Sie werden als unverarbeitete Gefühlsbilder vom Diaprojektor des Unterbewusstseins nach außen geworfen. Nicht auf eine Wand wie bei einem Projektor üblich, sondern auf unsere Nächsten. Das ist der so oft wiederkehrende Vorwurf.

Inwieweit das Unmögliche, das sich im Außen *ereignet*, unser *Eigenes* ist, können wir an unserer emotionalen Ladung erkennen. Sind wir geladen, dann schießen wir los wie ein Gewehr und mähen nieder, was unangenehm ist.

Der Mensch geht den Weg vom Reflex über das Reflektieren zur Reflexion. Am Anfang kommt das reflexartige Reagieren des Menschen aus einem Zustand des Getriebenseins und mit dem Ziel, *notwendige* Grundbedürfnisse zu befriedigen. Wenn erkannt wird, dass *die Not gewendet* ist, beginnt die Kraft des Reflektierens zu wirken. Der Außenspiegel arbeitet in uns. Ohne Außenspiegel gibt es keine Rücksicht. Was in uns ist, Gutes wie Schlechtes, spiegelt sich im Außen. Wenn wir lachen, strahlen andere Menschen zurück. Reflektieren hat zwei Bedeutungen: erstens *widerspiegeln* und zweitens *sich auf sich zurückbesinnen*. Da beginnt die Reflexion und der Sinn des Ganzen: Wir kommen zur Besinnung. Aufgeweckte und aufgewachte Menschen sind den Weg von der getriebenen Projektion zum Projektieren des eigenen Lebens gegangen. Sie formen aus dem Positiven der inneren und äußeren Gegebenheiten Projekte und *planen*. Sie machen also *plan*, was uneben ist, und nehmen Hürden, die nicht plan gemacht werden können. Reflexion ist der erste Schritt zur Möglichkeit.

COACHEN SIE SICH SELBST

„Krankheit ist der erste Schritt zur Heilung."[23] Vorausgesetzt, Sie fühlen sich ursächlich verantwortlich und entwickeln eine Ahnung, *wie* Sie *es* gemacht haben.

Welche Krankheitssymptome tauchen bei Ihnen immer wieder auf? Unter welchen chronischen Krankheiten leiden Sie? Benennen Sie Ihre Krankheiten und versuchen Sie zu entschlüsseln, welche negativen Einstellungen und Gefühle tatsächlich dahinter stehen! Was ist symptomatisch für Sie?
Bei Rückenproblemen können Sie sich fragen: Was belastet mich? Was ist unerträglich? Für was und gegenüber welchen Menschen nehme ich keine gute Haltung ein? Was halte ich nicht aus? Wann verbiege ich mich? In welchen Bereichen meines Lebens rücke ich nicht vorwärts? Auf wen oder was projiziere ich meine Last?

---

[23] Zitat von Dr. Edward Bach.

5. Der Schatz im Silbersee
Im Dasein ist alles da

> Man kann einem Menschen nichts lehren.
> Man kann ihm nur helfen, es in sich selbst zu entdecken!
> *Galileo Galilei*

Unsere gedachten und gefühlten Kulissen bestimmen, wie wir die Welt wahrnehmen. Und unsere Wahrnehmung bestimmt, wie wir unsere Welt gestalten, unabhängig davon, ob wir bewusst oder unbewusst denken und fühlen. Unsere Energie folgt der Absicht, aber sie folgt auch unabsichtlich jeder anderen Sicht, also auch der unbewussten Sicht. Energie ist äußerst folgsam.

Energie folgt unserer Sicht

Innehalten, damit wir unseren Inhalt, der von innen hält, erkennen können, ist die Grundvoraussetzung für bewusstes Wahrnehmen. Sich mit Ruhe und Abstand von außen betrachten ist der zweite Schritt in der Bewusstmachung eigener Kulissen. Wer sich nachhaltig verändert, also auch im Nachhinein die Veränderung noch hält, begreift sich und die Welt mit neuem Selbstverständnis und sieht beides im Licht wohlwollender Selbstverständlichkeiten statt im Schatten des Argwohns, statt das, was im Argen ist, in sich wohnen zu lassen.

Wenn wir unsere Aufmerksamkeit auf den Mangel richten, können wir nicht gleichzeitig Fülle erblicken. Aber wir können allmählich eine Haltung für die existierende Fülle in uns und um uns herum entwickeln. Wer lange geknickt war über die

Unmöglichkeiten der Welt, wird vielleicht Schmerzen beim Aufrichten empfinden, vielleicht sogar empört aufschreien: „Nein, das geht nicht, so einfach kann das nicht sein!" Der Schmerz aber kommt nicht vom Aufrichten, sondern vom Geknicktsein. Erst durch den Blick auf die Fülle wird der Schmerz spürbar. Ähnlich verhält es sich bei dem Missverständnis von der Schwere. Schon Seneca erkannte: „Nicht weil es schwer ist, wagen wir es nicht, sondern weil wir es nicht wagen, ist es schwer." Auch Fülle ist gewöhnungsbedürftig. Es braucht Zeit, bis wir die Schätze im Dasein zu schätzen wissen und uns glücklich schätzen können. Also lassen Sie sich ruhig Zeit bei der Schatzsuche nach Ihrer eigenen Fülle an Gaben und Möglichkeiten. Goldgräberstimmung richtet nur Schaden an.

Die größte Kraft des Universums

Das Märchen von den drei Göttern

Ein altes Märchen erzählt von den Göttern, die zu entscheiden hatten, wo sie die größte Kraft des Universums verstecken sollten, damit der Mensch sie nicht finden könne, bevor er reif dazu sei, sie verantwortungsbewusst zu gebrauchen. Ein Gott schlug vor, sie auf der Spitze der höchsten Berge zu verstecken, aber sie erkannten, dass der Mensch den höchsten Berg ersteigen und die größte Kraft des Universums finden würde, bevor er dazu reif sei. Ein anderer Gott sagte: „Lasst uns diese Kraft auf den tiefsten Grund des Meeres verstecken!" Aber wieder erkannten sie, dass der Mensch auch diese Region erforschen und die größte Kraft des Universums finden würde, bevor er dazu reif sei. Schließlich sagte der weiseste Gott: „Ich weiß, was zu tun ist! Lasst uns die größte Kraft des Universums im Menschen selbst verstecken. Es wird niemand dort danach suchen, bevor er reif genug ist, den Weg nach innen zu gehen." So versteckten die Götter die größte Kraft des Universums im Menschen selbst. Und dort ist sie immer noch und wartet darauf, dass wir sie in Besitz nehmen und weisen Gebrauch davon machen.[24]

Wachstum erfolgt von innen nach außen

Natürliches Wachstum erfolgt von innen nach außen. Das weiß das Weizenkorn und die Steckrübe, sonst hätte jeder Landwirt ein Problem. Stellen Sie sich vor, er müsste vor der Aussaat alle seine Samen erst einmal über die Wachstumsrichtung informieren? Wie der Landwirt den Acker bereitet, hängt davon ab, was das Saatgut braucht. Am Anfang steht das Saatkorn als Keimzelle der Entwicklung.

Im Saatgut ist alles Wesentliche enthalten

Also nehmen wir als Erstes die Saat aufs Korn. Das Maiskorn beispielsweise trägt 97 von 100 notwendigen Teilen der unglaublich viel größeren ausgewachsenen Pflanze bereits in sich. Es braucht lediglich Nährstoffe, Wasser und Sonnenenergie. Alle fördernden Maßnahmen des Bauern richten sich prinzipiell nach dem Potenzial, nach der jewei-

---

[24] Quelle unbekannt, vielleicht direkt von Gott.

ligen Information im Saatgut. Der Bauer muss das *Gute* im *Saatgut* kennen, sonst wäre jeder Handgriff sinnlos. Will er Kakteenschnaps, so darf er die Kaktuspflanze, die wenig Wasser braucht, nicht aus Überliebe ertränken. Wenig Wasser ist die gute Erbgutinformation des Kaktussamens, und so wächst sie in regenarmen Gegenden und nicht im Sumpfgebiet. Ein Reiskorn würde neben der Kaktee eingehen, weil es für diesen Ort falsch informiert ist. Und auch wenn der Bauer hundertmal die Weizenkörner wie Mais behandelt, so würde daraus dennoch kein Maisfeld entstehen.

Warum sollte im Wesentlichen der Mensch anders als ein Maiskorn funktionieren? Auch der Mensch trägt die Information zu wachsen in sich. Auch sein Leben beginnt mit Samen und Keimzelle. Auch er wächst von innen nach außen. Auch seine Gaben und Möglichkeiten sind im Erbgut bereits angelegt und warten auf den richtigen Zeitpunkt der Entfaltung. So manche Körner gehen ungeöffnet zurück. Sie sind bis zum Lebensende nicht zur Entfaltung und Blüte gekommen. Die Lernpsychologie spricht heute von Zeitfenstern, die aufgehen. Bestimmte Potenziale können, wenn die Fenster offen sind, besonders gefördert werden. Für andere Potenziale wiederum ist es noch zu früh. *Potenziell* heißt *möglich* und *denkbar*. Doch *möglich* alleine reicht nicht für geistigen Reichtum. Wir müssen auch noch *denken* und uns unsere Möglichkeit aus der Fülle von Möglichkeiten heraussuchen. Potenziale sind noch verborgene, aber existente Möglichkeiten, *verborgen* zum Schutz vor Räubern und vor Raubbau.

Betrachten Sie einmal zu früh entdeckte Talente im Showgeschäft. Wie diese Menschen in alter Goldgräbermentalität schamlos verheizt werden.

Auch Samen haben einen Schutzmantel. Er ist nicht dazu da, weil die Samen etwas zu verbergen hätten, sondern er verleiht Geborgenheit. Wenn wir als Menschen genügend Geborgenheit erfahren und Urvertrauen entwickelt haben, können wir beginnen unsere inneren Schätze zu bergen. Wenn wir uns selbst behütet fühlen, können wir behutsam mit unserem Saatgut umgehen. So steht uns das Potenzial *zur Verfügung*. Die *Fügung*, unser Programm, für welches wir und unser Erbgut bestimmt sind, kann seinen Lauf nehmen, wenn wir uns *zur Verfügung stellen* und *uns fügen*. Verweigern wir unsere *Ent-wicklung*, so entstehen Risse – wir fühlen uns *zerrissen*. Lücken tun sich auf und wir fühlen uns leer und sinnlos. Es kommt zu Fugen zwischen unseren Bausteinen, die unsere Statik gefährden, wenn wir sie nicht verfugen.

Ein *Potenzial* ist zum *Potenzieren* da, zum Hervorbringen und zur Aussaat bestimmt. Wenn wir uns unserem Wachstum von innen nach außen dauerhaft entgegenstellen, beginnen dieselben großen Kräfte sich gegen uns selbst zu richten.

Wenn wir damit beginnen, uns und andere behutsam und mit wohlwollendem Blick zu betrachten, können wir den Schatz im Silbersee erahnen. Und wenn es kein Silbersee ist, sondern ein trüber Tümpel? Mal ehrlich, würden Sie einen Schatz in klares Wasser versenken, sodass jeder ihn sehen kann …?

Der Schuster hat die schlechtesten Schuhe

In Körpersprache, Stimme, Satzbau und Wortwahl zeigen sich die Kulissen eines Menschen. Die Arbeit mit Sprache im Coaching ist so wertvoll und auch einfach, weil die Kulissen das verborgene wahre Potenzial erahnen lassen. So kann ein Mensch, der die Kulisse *Ich werde nicht verstanden* vor sich herschiebt, gerade aufgrund dieser Kulisse ermutigt werden, ein richtig guter Psychologe zu sein. Und ein zerstreuter Professor ist ein Mensch mit besonders hoher Konzentrationsfähigkeit. Frei nach dem Motto: „You teach what you most have to learn." Seien Sie also nicht betrübt über Ihre unmöglichen Seiten und Schatten oder über die Schattenseiten Ihres Partners. Hier gilt die Redensart: „Wo viel Schatten ist, ist auch viel Licht." Große Ereignisse werfen ihre Schatten voraus.

Sprache ist Erinnern an das wirkliche Menschsein

Der Mensch ist phänomenal

Der Philosoph Martin Heidegger hat sich intensiv mit der Phänomenologie der Sprache befasst. Er sagte in seinem Werk „Sein und Zeit" sinngemäß: „Dinge und Menschen sind nicht so, wie sie uns erscheinen[25]." Der Begriff *Phänomen* heißt übersetzt *Erscheinen* und *Erscheinung*. Erscheinungen haben zwar mit Licht zu tun, sind aber weit weg von der Erleuchtung. Auch ein *Geldschein scheint*

---

[25] Martin Heidegger: Sein und Zeit. Niemeyer 2001.

5. Der Schatz im Silbersee

ein Wert zu sein. Weit gefehlt – er ist kein Wert, sondern ein Stück Papier, das einen Wert *hat*. Spätestens bei der nächsten Inflation können wir den Unterschied erleben. Dinge scheinen hervor. Und so bedeutet Phänomen auch *sichtbar werden*. Wie durch Sprache Kulissen sichtbar werden. Der Begriff *Phänomen* ist verwandt mit dem Wort *Phantom*. Aus den Krimis kennen wir Phantomzeichnungen von Tätern. Aus bruchstückhaften Informationen verdichtet der Zeichner ein Bild des Unholds.

Der Begriff *Phänomen* ist auch mit dem Wort *Fantasie* verwandt. Die Welt, die Kulissen und die Menschen sind fantastisch und phänomenal. In der fantastischen Welt des Lebenstheaters führen wir uns selbst auf, was sich besonders in extremen Situationen zeigt. Wenn wir zu sehr in unserem Drama versinken, ermahnen uns andere Menschen: „Führ dich nicht so auf!" Oder: „Spiel dich nicht so auf!" Oder sie sagen ganz deutlich: „Lass das Theater!" Eindeutig, wir sind in einem großen Theater, mit großartigen Kulissen, tollen Schauspielern und, nicht zu vergessen, mit fantastischen Masken. Was wäre ein gutes Theater ohne Masken?

> Möglichkeit ist alles, was dem Menschen gegeben ist

Wussten Sie, dass der Begriff *Person* an sich schon *Maske* bedeutet? Das lateinische *persona* steht laut Duden für „… die Maske des Schauspielers und die Charakterrolle, die durch diese Maske dargestellt wird". Masken überzeichnen die Wesenszüge eines Menschen und machen damit Inhalte des Theaterstücks sichtbar. Die Maske verweist auf das Wesentliche. Spätestens wenn der Schauspieler eine Gasmaske aufsetzt, wissen wir, dass Krieg gespielt wird. Mit der Maske ist sozusagen die Maske gefallen. Wir verbergen uns nicht nur hinter Masken, sondern Maske steht in rein positivem Sinn für Möglichkeiten, besonders für persönliche Möglichkeiten. Wir werden alle nackt geboren, Möglichkeit ist unser Geburtsrecht. Nach Ortega y Gasset ist „… Möglichkeit alles, was dem Menschen gegeben ist, das eine oder andere aus sich zu machen". Vorsicht! Möglichkeit ist alles, doch nicht alles ist möglich! Masken und Rollen sind unsere Bekleidung. *Bekleidung* und *Kleid* kommen von *Klei*. Die *Kleie* kennen wir als eine klebrige Masse, was wiederum daran erinnert, dass der Begriff *Leben* mit *Leim* verwandt ist. Weshalb wir auch Gefahr laufen, an Kulissen und Masken kleben zu bleiben. *Kleben* und *leben* sind sprachlich miteinander verwandt. Auch *Adam*, der in der christlichen Mythologie aus Lehm geschaffen wurde, bedeutet als Begriff ursprünglich *Lehmboden*. *Klei* ist der Ausdruck für *fette, zähe Tonerde*, woraus ursprünglich Masken, auch Ganzkörpermasken, hergestellt wurden. Manche Naturvölker verwenden heute noch Tonerde für ihre Körperbemalung. Diese Körpermasken sind eine Naturbekleidung. Für *bekleiden* und *einkleiden* steht auch das lateinische *in-vestire*. So können wir wichtige Ämter bekleiden und in unsere Gaben und Möglichkeiten investieren.

5. Der Schatz im Silbersee

Ach, wie gut, dass niemand weiß ...

Natürlich kann man sich hinter Masken auch verstecken wie hinter dem Make-up. Wer sich ängstlich versteckt, muss damit rechnen, nicht gefunden und nicht entdeckt zu werden. Und er läuft Gefahr, in seinem Versteck festzustecken. Doch auch Verstecken ist nicht in sich falsch. Kinder spielen Verstecken mit Spaß und kreischen vor Vergnügen, wenn sie entdeckt werden oder es nicht mehr zum rettenden Abklatschpunkt schaffen. Das Versteckspiel – ein Relikt aus der Menschheitsgeschichte? Adam und Eva als mit Gott spielende Kinder, die sich freuen, wenn sie nicht entdeckt werden, weil sie sich ein fantastisches Versteck ausgedacht haben, das Gott diesmal mit Sicherheit nicht finden wird? Und Adam und Eva, die sich freuen, wenn sie entdeckt werden, weil sie einfach Spaß mit Gott haben?

Entdecken macht Spaß

Entdecken und Entdecktwerden ist schlichtweg schön. Warum sich nicht schöne Gedanken über die Paradiesgeschichte machen! Und vor allem Gedanken, welche das Drama aus der Schuldgeschichte ziehen, wie ein Arzt dicke Krampfadern aus den Beinen. Ist die christliche Geschichte von der Vertreibung aus dem Paradies nur eine *Story*, die uns belagert, die Wesentliches zudeckt und versteckt? So wie das englische *store*, verwandt mit *Story*, auch *Lagerhaus* bedeutet. Die Schichten von unschönen *Geschichten* können bedrückend sein. Also wenn schon Geschichten, dann denken Sie sich schöne Geschichten aus. Und welche Storys haben Sie so auf Lager?

Kinder lieben Geschichten und sie maskieren und verkleiden sich gerne. Auch weil das Wechseln der Rollen, der Masken und Perücken Spaß macht, egal ob es sich um Purzelbäume oder wechselnde Verhaltensrollen handelt. Erwachsene dagegen *versteifen* sich oft auf wenige *Rollen*; Muster haben sie meist wenige und Perücke ohnedies nur eine. *Steif rollt* es sich nicht gut. Erwachsene stecken schnell, und das manchmal für Jahre, in Masken des bitteren Ernstes oder armen Opfers fest. Erwachsene vergessen, dass Masken nicht festgewachsen und dass auch Er*wachsen*e noch im *Wachsen* sind. Es gibt keinen Grund zur Resignation. Entwicklung ist immer möglich. Aufgesetzte Masken lassen sich abnehmen. Rollen und Eingerolltes lässt sich wieder entrollen. Eingepacktes kann wieder *ent-wickelt* werden.

> **COACHEN SIE SICH SELBST**
>
> **Sprachmasken können unsere Persönlichkeit verhüllen.**
>
> Welche Sprachmasken tragen Sie und was verbirgt sich dahinter? Welche Formulierungen verwenden Sie, wenn Sie sich nicht festlegen oder einem Problem aus dem Weg gehen wollen? Sagen Sie dann beispielsweise ständig *irgendwie* und *irgendwo* oder *vielleicht* und *kann sein*? Beobachten Sie sich und schreiben Sie Ihre Formulierungen auf!

Probieren Sie neue Formulierungen aus. Reden Sie kurz, gehaltvoll und kommen Sie auf den Punkt. Achten Sie darauf, wie Ihre Mitmenschen jetzt mit Ihnen umgehen.

Wechseln Sie Ihre Maske!

Betrachten Sie sich am Morgen im Spiegel. Welche Rolle spielen Sie gerade? Was strahlen Sie aus? Müdigkeit und Lustlosigkeit? Oder strahlen Sie Freude aus, weil Sie gespannt auf den Tag blicken, der vor Ihnen liegt?

Setzen Sie ein leichtes und lebensbejahendes Lächeln auf und beobachten Sie sich dabei im Spiegel. Vor allem spüren Sie bei dieser Übung, dass sich tatsächlich Freude in Ihnen ausbreitet, wenn Sie sich auf Freude einstellen. Sich richtig einstellen ist das Mindeste, was Sie ab heute jeden Morgen für sich tun können.

Üben Sie das Maskenwechseln auch im Außen: Schenken Sie anderen Ihr Lächeln und freuen Sie sich, wie leicht Menschen bereit sind, ihre Maske zu wechseln.

Wenn es einmal ganz mies um Sie bestellt ist, dann setzen Sie sich eine Clownsnase auf und sprechen Sie laut und deutlich den Text Ihres Dramas – so lange, bis der Clown wieder lachen kann. Aber kaufen Sie sich sofort eine Clownsnase und legen sie griffbereit ins Bad. Wenn Ihnen das Drama bereits ins Gesicht geschrieben steht, ist es zu spät für den Kauf! Sie werden sich nicht einmal erinnern, dass es möglich ist, sich mit einer Clownsnase neu einzustellen.

Es ist alles da

Natürlich mag es vorkommen, dass das, was Sie gerade jetzt brauchen, nicht greifbar ist. Nichtsdestotrotz ist es da! Nur manchmal scheint es nicht da zu sein, weil es versteckt oder verdeckt ist oder weil wir abwegig sind, die Hauptstraße verlassen haben. Auf Nebenwegen können wir Hauptsächliches nicht finden. Also kehren Sie zurück in die Fundgrube Ihrer persönlichen Hauptsraße.

Es ist immer da, was gerade gebraucht wird

Es ist zwar nicht alles auf einmal da. Das stimmt. Wenn Sie beispielsweise ein Haus bauen, wird auch nicht alles auf einmal geliefert: Steine, Mörtel, Tapeten und Gardinen. Bis zum Richtfest wären die Tapeten längst aufgeweicht und die Gardinen zerrissen. Es kommen die Sachen, die gerade gebraucht werden, um das Haus Stein auf Stein zu bauen. So wie Teil für Teil das Puzzle zusammengesetzt wird. Stellen Sie sich vor, der Maurer wollte mit dem beginnen, was fehlt, zum Beispiel mit Steinen, die noch nicht geliefert sind. Oft haben wir nicht den Überblick, was wir für den nächsten Schritt wirklich brauchen.

Auch bei uns selbst scheint manches anders, als es ist. Die Unterscheidung von *Sein* und *Schein* ist die wesentlichste Aufgabe im Coaching wie in der Persönlichkeitsentfaltung. Ohne geistiges Handwerkszeug werden Sie sich vom *Dasein* auf den Arm genommen fühlen, aber ohne aufgehoben und aus Ihrer Not *geborgen* zu sein. Ohne diese Unterscheidung *borgen* Sie sich einen anderen Lebenssinn, vielleicht einen materialistischen Sinn wie

Sein und Schein unterscheiden

5. Der Schatz im Silbersee

Dagobert Duck, damit Ihr Gefühl von Geborgenheit ab und zu sichergestellt ist. Halt – nicht ist, sondern zu sein scheint! Alles nur scheinbar, aber Hauptsache etwas hell. Und nun direkt zu Ihnen: Unter welchen Erscheinungen leiden Sie? Richtig heißt es: Unter welchen Erscheinungen leiden Sie *scheinbar?* Mit dieser Formulierung sind die Schrauben der Kulisse schon etwas gelockert. Sie leiden nur scheinbar, so wie Sie auch nur scheinbar Mangel haben!

Hatte Gott eine Wahl?

Warum ist das so? Vermutlich begann das Dilemma mit der Vertreibung aus dem Paradies. Mal ehrlich, wer ginge da freiwillig raus? Die Erde wäre dünn besiedelt, hätte die Entscheidung bei den Menschen selbst gelegen. Hatte Gott eine Alternative, als uns hinauszuwerfen? Wie oft werden wir heute noch aus unseren kleinen Paradiesen und Komfortzonen vertrieben, weil Freiwilligkeit und Einsicht fehlen? Zum Beispiel beim Muttersöhnchen in Vollpension mit Wäscherei, aber genauso bei Eltern, die ihre Kinder an sich binden. Das Raus-aus-dem-Paradies-Thema ist auch bei Insolvenzfirmen zu finden, wo die inneren Kündigungen so mancher Mitarbeiter endlich auch außen vollzogen werden. Alles kleine Paradiese, die zerstört werden müssen. Oder stellen Sie sich vor, Gott hätte Leben so geschaffen, dass nur Wunschkinder zur Welt kommen. Schon wieder wäre der Planet dünn besiedelt. Wann passt es schon, ein Kind zu bekommen? Jetzt noch Abitur und dann Studium und dann, nein, noch nicht, sonst verpasse ich den beruflichen Anschluss, und dann droht schon die

Menopause, oder der Mann ist impotent und unfruchtbar geworden, weil er seine ganze Power in der Karriere verschossen hat. Ruediger Dahlke verweist hier auf ein Phänomen der Neuzeit: Spermien haben an Kampfgeist und Geschwindigkeit verloren, so dass selbst eine künstliche Befruchtung zu einem schwierigen Unterfangen wird.

Mit dem *Dasein* werden Lebensinhalt, -sinn und -ziel gleich mitgeliefert. Die Vertreibung aus dem Paradies war also wahrlich kein Fehler – auch wenn uns ständig etwas zu fehlen scheint. Aber statt *da zu sein*, sind wir die meiste Zeit in Gedanken versunken und weg. Entweder schweifen wir gedanklich in die Vergangenheit oder springen in die Zukunft. Oder wir betreiben das Spiel im Wechselbad zwischen „Wäre ich doch nicht ..." und „Könnt ich nur ...". *Wir* müssen kommen, und nicht das Dasein. Doch meist sind wir nur körperlich da. Aber *Kommen*, reduziert auf Sex, führt nicht in *Vollkommenheit*. Nach dem sexuellen *Kommen* sind wir oft vollkommen fertig und voll am Ende statt vollendet, wie in der Vollkommenheit vorgesehen.

Geistiges Ankommen bei sich hieße in seinem Wesen sein und Wesentliches erkennen, statt von Unwesentlichem abgetrieben zu werden. Im Wesen, im Wesentlichen ist alles da. „... bei allem, um was ihr bittet in eurem Gebet, glaubt, dass ihr's empfangen habt, und es wird euch zuteil werden." Das sind weise Worte des Apostels Markus (Markus 11, 24) aus dem Neuen Testament. Und nehmen wir dieses *Vermächtnis* an? Ein Testament können wir auch anfechten oder ablehnen. Die meisten Menschen haben wohl dankend oder belächelnd abgelehnt. Zu einfach ist ihnen die Vorstellung, dass alles da ist, wenn sie nur bitten und dann danken, dass sie es bereits bekommen haben. Zu einfach! So wählen viele Menschen den komplizierten Weg, indem sie mit dem beginnen wollen, was nicht da ist.

Mit dem beginnen, was da ist

Nehmen wir ein ganz einfaches Beispiel: Wer beim Puzzeln mit den Teilen beginnt, bei welchen er sicher ist, dass er *nicht* weiß, wo diese hingehören, wäre von vorneherein zum Scheitern verurteilt: Das erwünschte Bild könnte nicht entstehen. Kinder puzzeln automatisch so, dass sie mit den Teilen, die sie erkannt haben, beginnen und dann ein Teil an das andere fügen. Das Bild entsteht.

Leider arbeitet auch das traditionelle deutsche Schulsystem mit dem Fehlermodell. Es wird mit dem begonnen, was das Kind nicht weiß, statt mit dem, was da ist, anzufangen und auf Vorhandenem aufzubauen. Der Erfolg der Fehlermethode ist in der PISA-Studie dokumentiert worden. Kinder mit der Hintergrundkulisse, nichts zu wissen oder sogar dumm zu sein, quälen sich durch die Jahrgangsstufen. Wenn es gut läuft, werden sie Lehrer von Beruf, gehen aber immer noch mit ihrer Angst *schwanger*, zu wenig zu wissen und es vielleicht heute im Unterricht nicht zu bringen. Und wieder werden bangende Kinder in dieser *Schwangerschaft* ausgetragen.

Wenn wir nicht bekommen, was wir wollen!

Die Generalausrede, nicht ins Leben zu starten, ist oft das fehlende Geld. Aber auch Geld fehlt nur scheinbar. Geld ist da, die Geldmenge bleibt gleich – es sei denn das Finanzministerium druckt heimlich nach. Die Frage ist nur: Sind wir an den Geldfluss angeschlossen oder fließt das Geld an uns vorbei – so wie dicke Luxuskarossen an uns vorbeifahren, ohne Notiz von uns zu nehmen?

Fehlt es wirklich an Geld?

Wie Geld als materieller Schatz immer da ist, so ist auch Liebe als geistiger Schatz und seelisches Gut immer reichlich vorhanden. Doch viele Menschen sind nicht an die Quelle angeschlossen, oder besser, an *ihre* Quelle. Ihre eigene Liebe fließt nicht, weil sie sich nicht schätzen, und auch von der Liebe der anderen Menschen sind sie ungeschätzt erfolgreich abgeschirmt. Nichts läuft! „Rien ne va plus", sagt der Croupier am Spieltisch des Lebens. Haben wir vergessen zu setzen, zu geben – so dass nichts mehr läuft? Kennen Sie ähnliche Sätze wie: Hätte ich Geld, dann könnte ich dieses Projekt machen oder mir jenen Traum vom Glück erfüllen. Wer ständig haben will, gehört *zum Stamme Nimm*. Erst kommt die Ursache, also das Geben, und dann die Wirkung, das Nehmen, die Ernte. Gott erhalte uns die Bauern, damit diese einfachen Binsenweisheiten nicht in die Binsen gehen!

Nach einer guten Idee kommt nicht automatisch Geld wie aus dem Geldautomat oder taucht flugs ein Investor auf. Wenn Sie aber nach der Idee ein

Konzept mit guten Zielsetzungen entwickeln und nach dem Konzept einen klaren Plan erstellen, auch einen Zeitplan, dann blickt Ihr Bankdirektor oder ein Investor schon etwas freundlicher. Ohne Ziel gibt es keinen Zielbahnhof und ohne Terminplan erreichen Sie den Terminal nicht. Damit Geld für Sie nicht fehlt, braucht es in der Tat Taten, ein Vorgehen Schritt für Schritt. Dann sind Sie ein *Pionier*, ein *Wegbereiter*, ein *Bahnbrecher* – das könnte die Deutsche Bahn gebrauchen. Tatsächlich kommt *Pionier* aus dem Lateinischen: von *pes (pedis)*, was *Fuß* bedeutet. Siehe auch die *Pedale*, in welche Sie kräftig treten müssen, wenn Sie vorankommen wollen. Wirkliche Pioniere sind also mit Power zu Fuß und langsam unterwegs. So wie auch Wachstum, das eine große Kraft in sich entfaltet, langsam Schritt für Schritt und Stufe für Stufe erfolgt.

Wegsein im Dasein?

Nichts ist weg!

Im Kosmos geht nichts verloren! Das sehen wir an der Doppeldeutigkeit des Wortes *Weg* als Substantiv und *weg* als Adverb. Der Weg ist weg bedeutet also, dass wir immer noch auf dem Weg sind. Es gibt eben große und kleine Wege. *Weg sein* heißt im Englischen *to be a-way* – *auf dem Weg sein*. Gott sei Dank, auch in England können wir nicht verloren gehen! Das englische *to lose* – *verlieren* – ist mit dem deutschen Wort *lose* verwandt. Das heißt, einfach nur lose, also nicht fest verbunden mit jemanden oder etwas zu sein. Wenn Sie sagen: „Ich habe meinen Schlüssel verloren, er ist weg", dann ist er natürlich immer noch da. Er *befindet* sich vielleicht auf dem Weg vom Auto zum Haus, ist aber nicht in Ihrem Blickfeld. Der Schlüssel *verschwindet*, weil Sie eine *schwindend geringe* Aufmerksamkeit für ihn hatten. Hätte er sonst unbemerkt aus der Hand fallen können?

Viele Eltern, denen ein Kind gestorben ist, sprechen davon, dass sie ein Kind *verloren* haben. Das ist auch ein allgemein gebräuchlicher Terminus für den Tod eines Embryos. Mit dieser Sprache stellen die betroffenen Eltern ihr Bewusstsein auf Verlust. Das heißt, sie bleiben mental fixiert auf eine Suche nach dem *verlorenen* Kind. Es gibt Paare, die noch nach zwanzig Jahren das Kinderzimmer ihres tödlich verunglückten Kindes so belassen, wie es einst war, weil sie die schmerzliche Trennung nicht ertragen. Sie leben in der Dauerillusion des noch anwesenden Kindes.

Doch selbst wenn wir sterben, sind wir nicht weg. Wir sind nur *verschieden*, also einfach *anders*, *anderswo* auf dem Weg. Der schlechteste Weg kann es nicht sein, betrachten wir das Kreuz als Zeichen des Todes. Manche mögen denken, es ist ein Kreuz mit dem Tod. Aber das Kreuz als mathematisches Symbol ist das Zeichen für Plus, für das Positive. Wäre das Kreuz kein Gewinn, dann hätte das rettende Rote Kreuz sicherlich ein anderes Zeichen gewählt.

Dass nichts im Kosmos verloren geht, sehen wir an unseren Problemen, die immer wieder auftauchen. Den Begriff *Problem*, der *Vorgelegtes* bedeutet, haben wir bereits ausgiebig erläutert. Etwas vergessen Geglaubtes taucht zur neuen Bearbeitung wieder auf, wie ein Antrag, den Sie vergessen haben, vollständig auszufüllen und vor allem zu unterschreiben, also die Verantwortung für das Problem zu übernehmen.

Wolken verdunkeln die Sonne

Auch wenn wir die Sonne nicht sehen, ist sie nicht weg, es haben sich nur Wolken davor geschoben. Wir Menschen denken zuweilen, dass die Sonne nicht mehr kommt, wenn einmal nichts Schönes passiert. Zumindest nicht mehr in unsere Beziehung, und vor allem nicht nach diesem Krach. Wir beginnen vieles im düsteren Licht zu sehen. Beruflich ist ebenfalls alles vorbei. Finsternis legt sich auf das Gemüt. Ein Unglück kommt selten allein. Auch am Himmel bleibt es selten bei einer einzigen Wolke. Es zieht sich zu. Im Coaching stehen die Wolken symbolisch für unsere Schatten. Im *Trübsinn* haben wir sozusagen *einen Schatten weg*. Schatten sind Schichten aus negativen *Geschichten*, Storys, die wir über das böse Leben, die schlechten Menschen und das schmutzige Geld erfinden. In anderem Kontext haben wir statt von negativen Geschichten von Kulissen gesprochen, die sich über unsere Heiterkeit schieben. Dann ist es bewölkt und wir richten unsere Aufmerksamkeit auf die Wolken. Wir laufen so unter diesen mit und wundern uns, dass es nicht hell wird. Statt die düsteren Wolken einfach *passieren* zu lassen.

Sehnsucht ist stärker als Angst

Getrenntsein löst Sehnsüchte aus, vorausgesetzt, eine Erinnerung an das Gefühl des Verbundenseins ist vorhanden. In der *Sehnsucht* suchen wir nach dem *roten Faden*, der das Ganze durchzieht. Das Wort *Sehnen* ist mit dem Begriff *Seil* verwandt. Mit einem Seil haben wir Halt und mit rotem Faden sehen und wissen wir, wo es lang geht. Ohne Erinnerung, ohne Sehnsucht oder zumindest ohne eine Ahnung von dieser Sehnsucht gibt es keinen Grund, sich zu erheben und sich auf den Weg zu machen. Warum auch? Und wohin auch? Sehnsucht ist Kraft und Treibstoff, wie es in dem Film „So weit die Füße tragen" beeindruckend dokumentiert wird. Von Rainer Maria Rilke stammt der weise Spruch: „Wenn die Sehnsucht größer ist als die Angst, wird der Mut geboren." Antoine de Saint-Exupéry ergänzt: „Wenn du ein Schiff bauen willst, dann trommle nicht die Männer zusammen, um Holz zu beschaffen, Aufgaben zu vergeben und die Arbeit einzuteilen, sondern lehre die Männer die Sehnsucht nach dem weiten endlosen Meer."

COACHEN SIE SICH SELBST

Im Dasein ist da, was Sie für den nächsten Schritt benötigen.

In welchem Lebensprojekt kommen Sie nicht voran, weil Sie glauben, dass Ihnen etwas Wesentliches fehlt? Was scheint weg zu sein auf Ihrem Weg? Was steht Ihnen tatsächlich in Ihrem Dasein zur Verfügung, sodass Sie sofort zur Tat schreiten können? Stellen Sie sich diese Frage besonders, wenn Mangelgefühle Ihren Alltag dominieren. Machen Sie ein Brainstorming und schreiben Sie die wichtigsten Gedanken auf.

5. Der Schatz im Silbersee

Ohne Sehnsucht machen wir uns nicht auf die Suche.

Erinnern Sie sich an Ihre größte Sehnsucht und schreiben Sie diese auf. Worin besteht Ihre Lebensbegeisterung? Was begeistert Sie an anderen Menschen, in der Natur und überhaupt im Leben? Wo hat sich Geistlosigkeit in Ihrem Leben breit gemacht? Mit was haben Sie Ihre Sehnsucht und Ihre Begeisterung zugeschüttet? Wie machen Sie das immer noch in der Gegenwart? Wie können Sie Ihre Sehnsucht wieder ausbuddeln, bevor Sie selbst verbuddelt werden?

Wenn Ihr roter Faden gerissen und Ihre Sehnsucht verschwunden ist, dann erinnern Sie sich an schöne Momente in Ihrem Leben und schreiben hierzu Stichworte auf. In all diesen kleinen und großen Perlen ist Ihre Sehnsucht enthalten. Immer wenn Ihnen danach ist, können Sie eine Perle öffnen, sich an die darin enthaltene Geschichte erinnern und vielleicht einem nahen Menschen davon erzählen. Spüren Sie, wie Sie damit sich und andere mit Energie auftanken.

Wagen und genießen Sie voller Energie einen (neuen) Blick in Ihre Zukunft! Schreiben Sie auf, was Sie sehen, und denken Sie daran: Wenn der Tank voll ist, wissen Sie, dass Sie mit dem Auto über den Berg kommen! Mit leerem Tank brauchen Sie sich nicht zu wundern, wenn Sie nicht wissen, wie es weiter gehen soll.

Wenn wir nicht wissen, was uns fehlt, suchen wir den Arzt auf. Wenn es noch schlimmer kommt und wir vergessen, dass uns etwas fehlt, dann erwartet uns der Therapeut. Wenn es aber ganz schlimm kommt und wir nicht einmal mehr wissen, wer wir sind, dann warten wir darauf, dass wir abgeholt werden. Ahnen wir aber zumindest oder wissen wir sogar, was uns fehlt, dann machen wir uns auf die Suche. Das Gefühl, dass uns etwas fehlt, gehört zum Menschsein wie der Deckel auf den Topf. Dass uns etwas fehlt, ist aber noch lange kein Fehler oder Mangel. Das Einzige, was wirklich fehlt, ist gelebte Möglichkeit. Aber hierfür haben wir schließlich das Leben geschenkt bekommen und wir haben lebenslänglich die Zeit, uns zu entdecken, uns zu *er-finden* und uns zu leben.

Anerkennen, was ist: das Leben als Geschenk

Manchmal möchten wir sagen: Na, vielen Dank – hätte es nicht ein anderes Präsent sein können? Eines, das mich glücklich macht? Ist das ein kosmischer Witz, dass ich ein Geschenk bekomme, mit welchem ich mich dann selbst glücklich machen muss? Was aber ist das Leben für ein Präsent? Stellen Sie sich vor, Sie bekommen Farben, Pinsel und Malblock geschenkt – Freude entsteht erst, wenn Sie sich vorstellen können, dieses Werkzeug auch zu nutzen, um ein fantastisches Bild zu malen. Diese Vorstellung können Sie aber nur hervorbringen, wenn Sie nicht nur das *Malwerkzeug* besitzen, sondern in sich auch *das Zeug zu malen* entdeckt haben. Und das genügt immer noch nicht. Wenn Ihnen kein Motiv in den Sinn kommt, kommt Sinnlosigkeit auf, und mit ihr schwindet dann die Freude über Farbe, Pinsel und Malblock. Bis die Freude schließlich verschwunden ist – nein, zu sein scheint. Sie schwindet und wird schwindend klein. So ein Schwund ist oft unser Leben. Dem Leben als größtem Geschenk wird wenig Aufmerksamkeit geschenkt. Wo doch schon eine *kleine Aufmerksamkeit* wiederum *Geschenk* bedeutet. In Sinnlosigkeit versunken, werfen viele Menschen das Geschenk einfach weg. Alleine in Deutschland nehmen sich jährlich 3 000 Menschen – die Dunkelziffer unberücksichtigt – das Leben, weil Sie nicht wissen, was sie geschenkt bekommen haben beziehungsweise was sie damit anfangen können.

Der Mensch in seiner Einzigartigkeit

Einzigartigkeit leben

Das Auspacken des Geschenkes, sein *Ent-wickeln*, und das Erkennen des Inhaltes hat Priorität. Vorausgesetzt, Sie wollen sich als *Prior* erkennen und als solcher hervorgehen. Priorität bedeutet nicht nur zeitlich vorziehen, sondern heißt überhaupt hervorziehen. Sie müssen, wenn Sie nicht ein Leben lang darauf warten wollen, *ent-deckt* zu werden, sich selbst *hervorziehen*, um *vorzüglich* zu sein. Kennen Sie Ihre Vorzüge? Schätzen Sie Ihre Vorzüge? Da jeder Mensch unverwechselbar und einzigartig ist, eben der Einzige in seiner Art, so ist jeder Mensch ein Prior für sich und *in* der Einzigartigkeit ebenso für die anderen Menschen.

Auch Ihr Partner liebt Sie in Ihrer Einzigartigkeit, die sich in Ihrem einzigartigen Fingerabdruck unter Milliarden von Menschen zeigt. Sie sind unverkennbar abgestempelt, nicht nur wenn ein Beamter Ihren Daumen ins Stempelkissen drückt. Für jeden Menschen existiert ein einziger genetischer Code. Sicher, auch andere haben genetische Codes. Die bestehen sogar aus denselben Bausteinen, aber in ihrer Kombination sind Sie nun mal einmalig. Die Geometrie Ihrer Hände, die Iris Ihrer Augen, Ihre Stimme – all das ist einmalig, also nur einmal vorhanden. Was für unseren Körper und unsere körperlichen Fähigkeiten gilt, trifft genauso auf unsere geistig-seelischen Qualitäten zu: auf unsere Gefühle, Gedanken und auf unseren Intellekt. Der Begriff *Qualität* kommt nicht von Qual, sondern von lateinisch *qualis*, was *(wie) beschaffen* bedeutet. So wie wir beschaffen sind. Doch auch wenn wir so beschaffen sind, müssen wir es uns dennoch immer wieder erneut beschaffen, unsere Qualitäten aus uns hervorholen. Sonst wird Leben wirklich zur Qual.

Das Wort *Fähigkeit* kommt von *fangen*. So wie wir uns Qualität beschaffen, müssen wir unsere eigenen Fähigkeiten *fangen*, damit wir *an-fangen* können. Fähig bedeutet ursprünglich auch „*imstande sein, etwas zu emp-fangen oder aufzunehmen*". Also wieder einmal *auf-hören*: Schluss mit der geistigen Empfängnisverhütung und Start in die Selbstbefähigung.

Was produzieren Ihre Anlagen?

Kennen Sie Ihre Qualitäten und Fähigkeiten, die als Samen in Ihnen angelegt sind? Können Sie Ihren Schatz auf dem Grund des Sees erkennen? Kennen Sie Ihre *Anlagen*? Wenn Sie, geschätzte Leser und Leserinnen, jetzt denken: „Was soll ich denn für besondere Anlagen haben?", sind Sie schon einer Ihrer empfängnisverhütenden Kulissen auf der Spur. Anlagen beruhigen. Deshalb haben Städte zum Energietanken *Parkanlagen* geschaffen. Die *Anlagen* in der Industrie sind neben den Mitarbeitern das produktive Kapital eines Unternehmens. Auch für den Unternehmer ist es vorteilhaft, seine Anlagen und besonderen Qualitäten zu kennen. Sie sind Ihr eigener Unternehmer. Wollen Sie etwas unternehmen?

Anlagen werden nicht immer gepflegt. Es gibt Parkanlagen, die verwildern, Industrieanlagen, die verrotten, und Menschen, die ihre Anlagen nicht pflegen – und entsprechend auch nicht die Anlagen ihrer Kinder pflegen können. Im Gegensatz zu Industrieanlagen, die irgendwann weggerostet sind, bleiben menschliche Anlagen als Möglichkeit erhalten. Ihre Einzigartigkeit bleibt bestehen. Sie hat Bestand und gehört zu Ihrem Bestand, zu Ihrem Inventar.

Wenn Sie immer noch behaupten, nichts zu haben, dann machen Sie Inventur! Nehmen Sie sich Zeit für diese Bestandsaufnahme, für das Erkennen und Anerkennen Ihrer Ressourcen. Behandeln Sie sich sozusagen *„erkennungsdienstlich"*. Lassen Sie sich von guten Freunden oder einem professionellen Coach unterstützen. Am Ende sollten Sie einen *Persönlichkeits-Pass* haben, der nur auf Sie passt. Zukünftig mögen Sie sich mit niemandem mehr verwechseln, weil Sie lernen, sich zu mögen. Liebe beginnt bei sich selbst. Wenn Sie erst die anderen lieben wollen, kommen Sie nicht mehr zu sich. Wenn Sie aber bei sich sind, fühlen Sie sich gut, und ein Vergleich mit anderen Menschen ergibt keinen Sinn mehr, schon alleine deswegen nicht, weil Ihr Reichtum ein Leben lang reicht und Sie mit Ihren Ressourcen vollauf beschäftigt sind.

COACHEN SIE SICH SELBST

Machen Sie eine Bestandsaufnahme Ihrer Ressourcen.

Mentale Ressourcen

Schreiben Sie auf, welche Ihrer größten Stärken präsent sind, spätestens wenn es *not-wendig* ist! Erinnern Sie sich an Situationen, in denen Sie sich auf Ihre Stärken verlassen konnten, damit Sie auf dieses Erfolgsmuster jederzeit zurückgreifen können. Setzen Sie vor allem Ihre Stärken ein, wenn keine Not herrscht. So entsteht Lebensqualität.

Soziale Ressourcen

Malen Sie eine große Spirale und schreiben Sie von innen nach außen die Namen der Menschen, die zu Ihrem sozialen Netz gehören. Ganz innen stehen diejenigen, die Ihnen sehr nahe sind, wie Lebenspartner, Kinder, Eltern, Geschwister und sehr gute

Freunde. Ganz außen stehen Menschen, mit denen Sie nur am Rande zu tun haben, die Ihnen aber noch wichtig sind oder die Sie gerne näher bei sich haben möchten. Was können Sie tun, damit diese Menschen zu Ihnen kommen? Oder wie können Sie zu ihnen gehen? Welche Menschen, die Sie lieben, haben Sie vergessen? Pflegen Sie Ihr Beziehungsnetz! Es schenkt Ihnen die Gewissheit, reich an sozialen Ressourcen zu sein.

Materielle Ressourcen

Machen Sie eine Liste, was Ihnen materiell zur Verfügung steht: Einkünfte (Gehalt und sonstige Einnahmen wie Miete oder Zinsen), Sparkonten, Grundbesitz. Sind Kühlschrank und Speisekammer voll?
Um was sorgen Sie sich? Dass Sie vielleicht in zehn Jahren arbeitslos werden? Sollte das tatsächlich eintreffen, dann haben Sie sich zehn Jahre zu viel Sorgen gemacht! Wenn es nicht eintrifft, erst recht.

Zurück zur Quelle

Die Quelle ist zum Sprudeln da

Wir sprechen heute oft von Ressourcenproblemen und Ressourcenknapphcit. Ressource steht für Rohstoff und Energie. *Ressourcen* sind Schätze, beispielsweise *Bodenschätze*. Ressource heißt ursprünglich: zurück zur Quelle (aus französisch *source* = *Quelle* und lateinisch *re* = *zurück*). Die größte Ressource ist im Menschen selbst. Hier gibt es keine Ressourcenknappheit. Im Selbst sprudelt die Quelle und reichlich Energie fließt. Das sind erfrischende Aussichten! Der scheinbare Mangel an eigenen inneren Schätzen führt automatisch zum Kampf um äußere Schätze. Doch in unserer Persönlichkeit ruhen unschätzbare Schätze, welche nicht versiegen können.

Unsere Quelle ist zum Sprudeln da. Mindestens aber sollte sie fließen. Menschen an der Quelle sprudeln beispielsweise vor Begeisterung. Sie haben so viel davon, dass sie diese sogar versprühen können. Und trotzdem droht keine Gefahr, dass ihre Quelle versiegt. Erinnern Sie sich daran, wie Sie geglüht und gesprüht haben, als Sie sich das erste Mal verliebten? Sie verfügen über heiße und heilende Quellen. Was hat Sie erkalten lassen? Wo ist die Liebe hin? Hat Ihr Schatz längst das Weite gesucht? Liebe vergeht nicht, aber auch sie kann hinter den Wolken verschwinden. Sind Sie, wenn schon nicht mehr in den Partner, zumindest in Ihren Beruf verliebt? Holen Sie Ihre alten Träume vom Leben wieder hervor! Mit Träumen beginnt *Vision*, und diese ist ihr *Visum* ins Leben.

Liebe und Begeisterung als Kraftquellen

Der Begriff *Visum* ist tatsächlich mit Vision verwandt. Ursprünglich kommt das Wort *Vision* vom lateinischen *visio (= Sehen)* und ist mit *Wissen* verwandt. So wie es ein inneres und äußeres Sehen gibt, so existiert auch ein inneres und äußeres Wissen. Das französische Wort für *Erkenntnis* ist *connaissance* und heißt wörtlich übersetzt *von Geburt*. Es spielt also auf ein Urwissen über Sie selbst an. Aus diesem Vorkommen sprudelt Ihre Quelle – so Sie sie nicht zuschütten. Erinnern Sie sich an die Möglichkeit als Ihr Geburtsrecht! Erinnern Sie sich, wann Sie das letzte Mal spritzig, witzig, ausgelassen waren! Das vertreibt Ihre Wolken. Sie haben keinen Grund, ausgelassen zu sein? Den Grund können und müssen Sie sich oft selbst beschaffen. Das englische *spring* für *Quelle* bedeutet gleichzeitig auch *Frühling* und *Sprungfeder*. Raus aus den Federn und wieder vor Begeisterung springen! So ausgelassen wie unsere Kinder *ursprünglich* springen. In der Bibel steht geschrieben: „Wenn ihr nicht umkehrt und werdet wie die Kinder, so werdet ihr nicht ins Himmelreich kommen" (Matthäus 18, 3). Vernünftige, ernste Erwachsene kommen da nicht rein. Es geht also nicht um ein ständiges Weiter und Weiter, sondern darum, nach Hause zu gehen, zurück zur eigenen Quelle.

Wie originell!

Ohne Freiwilligkeit gibt es keine Begeisterung

Menschen sind Originale. Kennen Sie Originale in Ihrer Verwandtschaft und Bekanntschaft? Das sind Charaktertypen, die sich ihre Originalität erhalten haben, besonderes witzig sind oder ausgefallene Sachen machen. Einfach ihre Spontaneität leben. *Spontan* heißt wörtlich *von selbst*. Diese kommt also direkt aus Ihrem Selbst. Spontane Handlungen sind deshalb auch voller Energie. Wenn Sie aber mit der erwachsenen Vernünftigkeit Ihre spontanen Impulse ersticken, dann können Sie Ihre ursprüngliche Originalität nicht leben. Wenn Sie Dinge nicht *von selbst* tun, von wem aus tun Sie diese dann?

Leben Sie für die Erwartungen anderer? *Spontan* heißt so auch *freiwillig*. Begeisterung ist ohne Freiwilligkeit nicht möglich. Sie können niemanden in die Begeisterung zwingen.

Be-Geisterung entsteht, wenn Ihr *Geist* in Dinge und andere Menschen geht. Wenn Sie Projekte ins Leben rufen und diese durch Ihren Geist weiterleben. Gott schuf den Menschen nach seinem Ebenbild. So wie Gott uns das Leben eingehaucht hat, so können auch wir schöpfen und lebendig machen: *Jede Ressource* – zurück zur Quelle – ist ein *Reanimationsprogramm*, ein Wiederbelebungsversuch. Und wir können andere Menschen mit unserer Begeisterung anstecken. Dagegen gibt es keinen Impfstoff.

Moment mal!

Der Geist der Begeisterung liegt im Moment. Moment mal!, sagen wir, wenn das Leben zu schnell geworden ist. Also halten Sie den Zug an. Spontaneität bringt unvergessliche Momente. Das Leben besteht aus vielen kleinen und auch großen Momenten, die sich wie Perlen auf eine Kette ziehen lassen: das erste Lächeln Ihres Kindes, tollpatschige Momente, bei welchen Sie lachen mussten, oder einfach nur der intensive Blick eines Menschen oder ein gutes, berührendes Gespräch. Es sind Momente, die täglich geschehen und die wir stündlich herstellen können. Durch ein freundliches anerkennendes

Im Moment entsteht Kraft und Energie

Wort beispielsweise. Momente erzeugen Sie auch, wenn Sie *annehmen*, was im Moment ist.

Coaching selbst lebt von Momenten tiefer Berührung im Gespräch. Auch in der Transzendentalen Meditation geht es um den kurzen Moment in der Stille, in dem kein Gedanke mehr kreist und der Körper richtig spürbar nach unten fällt. Der Körper weiß nicht, was passiert, und zuckt, weil er versucht sich festzuhalten. In diesen Momenten der Leere und Stille tanken wir Energie. Ein kurzer Moment der „Berührung" mit der Stille, und wir sind für Stunden wieder voller Energie. Sie können also konkrete Techniken anwenden, um Ihre Momente zu erzeugen. Die vielen kleinen und großen Momente sind der rote Faden unseres Lebens, das Seil, das hält.

Der Moment ist im Sein, aus unserer Mitte heraus. Wir sind auf dem *Punkt*. Das ist die *Pointe* des Lebens und kein Witz. Das englische *point* bedeutet *Punkt*, und *disappointment* (= Enttäuschung) heißt *weg vom Punkt*. Was ist ein Leben ohne Pointierung? Der Moment auf dem Punkt ist ein kurzer Moment von Zeitlosigkeit und sich ausdehnendem Raumgefühl, Konzentration mit Gelassenheit, ohne Anstrengung. *Kon-zentriert* sind Sie *mit* Ihrem *Zentrum*.

<small>Zur rechten Zeit am rechten Ort</small>

Statt „im Moment" sagen wir auch „im Hier und Jetzt". Oder: „zur rechten Zeit am rechten Ort". Der Frosch auf der Straße im Berufsverkehr ist beispielsweise zur falschen Zeit am falschen Ort. Oder Ihr Zug kommt nicht und „zufällig" läuft ein Freund vorbei, der ohnedies in Ihre Richtung fährt.

Das ist zur rechten Zeit am rechten Ort. Das ist auch eine philosophische Definition von Erfolg. Im rechten Moment treffen Sie beispielsweise die Menschen, die Ihnen beruflich Türen öffnen können. Auch in der Wirtschaft spricht man schon lange von *Momenten der Wahrheit* oder sogar von *Flow*, wenn *es passt*. Manchmal hängen Verkaufsgespräche an einem dünnen Faden. Irgendetwas scheint noch zu fehlen. Das richtige Wort zur rechten Zeit, und das Geschäft läuft, der Kunde greift zu, weil es jetzt stimmig und rund für ihn ist.

Moment aus lateinisch *momentum, movimentum* heißt wörtlich *bewegende Kraft*. Denken Sie an das Wort *Movie* für Film. Im *Movie* allerdings bewegt sich nur scheinbar etwas, auch wenn Sie sich bewegt fühlen. Der Moment ist eine große Energiequelle. Im Moment entsteht Energie, mit welcher wir „Berge versetzen" können. Man spricht auch vom Drehmoment. Das heißt, mit dieser Kraft können Sie drehen und wenden und in einer Situation *den Ausschlag geben*. *Ausschlag* ist eine weitere Bedeutung des Wortes *Moment*. In der Gegenwart, im Jetzt, ist alles vorhanden, was Sie brauchen, um *momentan* loszulegen. *Jetzt* heißt im Französischen *maintenant*. *Main* ist die *Hand* und *tenant* heißt *haltend*. Wenn Ihnen etwas zu fehlen scheint, machen Sie die Hand auf! Sie haben es in der Hand, auch Ihren Erfolg! Sie können jetzt und sofort durchstarten! Sofort bedeutet: *So geht es fort!*

Bereits Johann Wolfgang von Goethe entdeckte die Kraft des Momentes und schrieb in „Das Göttliche":

5. Der Schatz im Silbersee

> Nach ewigen ehernen großen Gesetzen
> müssen wir alle
> unseres Daseins
> Kreise vollenden.
> Nur allein der Mensch
> vermag das Unmögliche:
> Er unterscheidet,
> wählt und richtet.
> Er kann dem Augenblick
> Dauer verleihen.

Aufgabe, Auftrag – Mission und Vision sind kein Kaugummi

Unsere Aufgaben sind uns gegeben und aufgegeben

Pinsel, Farbe und Malblock genügen nicht zum Glück. Sie brauchen ein *Motiv,* das Sie bewegt, eine Aufgabe zu erfüllen. Auch ein Kriminologe macht sich zuallererst auf *Motivsuche.* Ohne *Motiv* bewegt uns nichts, weder im Negativen noch im Positiven. Es fehlt die *Motivation* für die *Lebensaufgabe.* Uns wurden die *Gaben mitgegeben*, diese Aufgabe zu erfüllen und zu *bewältigen. Bewältigung* ist mit dem Wort *Gewalt* verwandt. Nicht dass wir gewalttätig werden sollten! Die Kräfte, die uns mitgegeben wurden, sind Gewalten, und die Aufgaben, die es zu bewältigen gilt, sind zuweilen gewaltig. Im Duden steht unter bewältigen: „... sich einer Sache gewaltig zeigen". Mit der *Aufgabe* haben wir auch die Macht, die *Gabe* erhalten, diese zu erfüllen. Wir sind ermächtigt. Ohne Aufgabe und ohne Auftrag erscheint unser Leben nutzlos und sinnlos. Das Leben ergibt *Sinn*, wenn wir unsere *Sinne* einsetzen, wahrnehmen und fühlen. Ohne diese *Besinnung* führen wir ein *besinnungsloses* Leben.

Aufgabe, Auftrag – Mission und Vision sind kein Kaugummi

Die Aufgabe ist das Fundament des Lebensgebäudes. Die Vision stellt das Dach dar, die große Sicht der Möglichkeiten – aber auch die Fenster, durch welche Licht hineinfällt und wir hinaussehen können. Denn die Vision von unserem Leben steht natürlich in Beziehung zu anderen Menschen und deren Vision, auch in Beziehung zu einer kollektiven Vision. In ihr geht es stets um die ethische Grundhaltung, um ein würdevolles Leben und um Würde schlechthin. So wie *würde* rein grammatikalisch eine Möglichkeitsform darstellt, so ist auch die menschliche *Würde* eine Möglichkeitsform.

Wenn alles so funktioniert wie beschrieben, dann sind wir bestimmt in unserer Bestimmung. „Stimme dich ein, finde deinen eigenen Ton und lass ihn laut und klar ertönen, denn du bist Teil des großen Lebensorchesters. Du hast deinen ganz bestimmten Part zu spielen, versuche deshalb nicht, irgendjemand anderes Part zu spielen. Suche und finde deinen eigenen und halte dich daran. Wenn du das tun lernst, wird alles sehr, sehr gut für dich sein. Es sind die Seelen, die versuchen, eines anderen Part zu spielen, die nicht in Harmonie mit dem Ganzen sind. Versuche nie, wie jemand anderes zu sein, oder zu tun, was jemand anders tut. ICH will nicht, dass ihr alle einander gleicht wie ein Ei dem andern. ICH brauche euch alle verschieden, mit euren eigenen individuellen Talenten und Qualitäten. Ein aus lauter gleichen Instrumenten bestehendes Orchester wäre sehr langweilig. Je mehr Instrumente im Orchester sich in vollkommener Harmonie

Jeder finde seinen eigenen Ton

5. Der Schatz im Silbersee

miteinander verbinden, desto voller und wunderbarer ist der Klang, der daraus entsteht."[26]

Mit der Zeit statt gegen die Zeit

Wenn wir uns in dieser Art finden und positionieren, entsteht aus vielen einzelnen Positionen eine *Kom-Position*, eine *Gesamtkomposition*. Wenn Sie sich Ihre Qualitäten bewusst machen, beginnt Ihre Zeit. Früher behaupteten Sie noch, Sie hätten keine Zeit und waren felsenfest davon überzeugt. In Ihrer Aufgabe und Mission können Sie ein neues *Zeitgefühl* entwickeln und ein neues *Raumgefühl*. Beides zusammengenommen ist der *Zeit-Raum*. Zeit und Raum ist ähnlich wie zur rechten Zeit am rechten Ort. Nur Zeit alleine genügt nicht, wenn Sie keinen (Gestaltungs)Raum haben, die Zeit zu nutzen. Zeit ist eine der wichtigsten Ressourcen, die uns zur Verfügung steht. Deshalb ist ein weiser Umgang mit der Zeit so wichtig. Sie können lernen, entsprechend Ihrer Persönlichkeitsstruktur Ihre optimale Geschwindigkeit zu erfahren und in dieser Geschwindigkeit zu leben. Und Sie können lernen, Ihr zeitliches Geschwindigkeitsgefühl zu regulieren und auf Ihren Erfolg zu optimieren. Ohne im Einklang mit der Ressource Zeit zu sein, fühlen wir uns gestresst, manchmal sogar von Terminen zerrissen. *Zeit* heißt ursprünglich *Geteiltes*. Daher das Gefühl der Zerrissenheit. In der Zeit und mit seiner Zeit wandelt sich das Geteilte in ein positives Bild. Das Geteilte wird zu einem Rahmen, in welchem

---

[26] Eileen Caddy: Herzenstüren öffnen. Greuthof-Verlag, D-79261 Gutach i. Br., 1989, Text zum 3. Juli.

Wachstum stattfinden kann. Das ist der Zeitrahmen oder der Zeitraum.

COACHEN SIE SICH SELBST

Die Energie folgt unserer Sicht.

Auf was richten Sie Ihre Aufmerksamkeit?

Die Energie folgt auch der Unmöglichkeit.

Wie oft und wie lange halten Sie sich in negativen Gedanken über unannehmbare Situationen und Menschen auf? Oder wie lange verharren Sie in Unmöglichkeiten?

Die Energie folgt der Möglichkeit.

Kennen Sie die drei größten Stärken Ihrer Persönlichkeit? Fragen Sie Menschen, die Sie schätzen, nach Ihrem Potenzial. Schreiben Sie auf, wann und in welchen Situationen Sie diese Stärken bereits gelebt haben.
Was machen Sie mit Ihren Stärken? Was davon leben Sie täglich? Was können Sie tun? Machen Sie hierzu ein schriftliches Brainstorming und vergegenwärtigen Sie sich jeden Abend vor dem Einschlafen, was Sie an diesem Tag von Ihrer Kraft gelebt haben.

Wichtig: Richten Sie keine Aufmerksamkeit auf das, was Sie *nicht* gelebt haben! Rechtfertigen Sie sich nicht, wenn Sie Ihre Stärke an einem Tag nicht gezeigt und hervorgebracht haben und tauchen Sie nicht in Selbstvorwürfen ab.

6. Apocalypse Now: It's Showtime!
Sich selbst kraftvoll präsentieren

> Ein Schiff ist im Hafen sicherer.
> Aber dafür wurde es nicht gebaut.
>
> *Paolo Coelho*

Sind Sie auf der Suche nach Ihrer Größe und Ihren Schätzen fündig geworden? Je mehr Sie an Reichtum in sich erkannt und anerkannt und als Ihre Ressource schätzen gelernt haben, desto größer Ihr Fundus und desto stabiler Ihr Fundament für das eigene Auftreten im Leben. Das Fundament, das Ihnen Halt verleiht, zeigt sich in Ihrer Haltung und Stellung im Außen.

Tiefe und Höhe

Wurzeln geben Halt

Aus einem Saatkorn entwickeln sich zunächst Wurzeln. Diese Wurzeln sind es, die einen festen Stand ermöglichen und die den Keimling aus der Tiefe nähren können. Das gilt für den Roggenhalm wie für die Eiche. Eine prächtig aussehende Eiche mit flachem Wurzelwerk wird stürmischen Zeiten nicht standhalten und eignet sich trotz des edlen Holzes bestenfalls als Brennholz. Einem Menschen mit schwachen Wurzeln ergeht es nicht besser. Lebenskrisen und Schicksalsschläge werfen ihn um. Schnell wird auch er verheizt, trotz seiner Güte. Es genügt nicht, gut sein zu wollen. Das Wollen verhindert den Blick auf das Sein, auf das, was gut ist. Das ist die Wurzel. Auch ein Mensch, der zwar groß und kräftig erscheint, aber seine Größe mit starrer Haltung erzwingt, läuft Gefahr, in Turbulenzen zu knicken und zu zerbrechen. Irgendwie muss er schließlich wieder herunterkommen. Das trifft auf Menschen zu, die sich künstlich groß halten, weil sie Angst haben, klein zu sein. Künstlich selbstbewusstes Auftreten, ohne sich seiner selbst tatsächlich bewusst zu sein, erkennen Sie an einer Hintergrundkulisse, die fehlende Lebendigkeit und mangelnde Lebensfreude ausdrückt. Dies führt zu der beschriebenen Starre. Ein gut gewachsener Baum ist in sich dynamisch und wiegt sich sogar gerne im Wind. Er ist nicht mit seinem Halt oder mit seiner Haltlosigkeit beschäftigt.

Bitte nicht füttern!

Ein gut gewachsener Mensch lebt aus seiner *Selbstverständlichkeit* heraus. Er *versteht sich von selbst* und ist sich selbst genug. Das Entdecken Ihres Selbst geht einher mit dem Verstehen Ihres Selbst. Selbstverständlichkeit ist ein Prozess. Auch Selbstverständlichkeit wächst von innen nach außen. Sie gibt es nicht zu kaufen! Selbst wenn da noch so viel versprechende und teure Seminare angeboten werden. Sie können aufrechtes Gehen trainieren, nicht aber inneres Aufrichten und Aufrichtigkeit.

Selbstbewusstsein entsteht im Innen

Als Entwickler Ihres Selbstbewusstseins sind Sie Entdecker in eigener Sache. Die Bewusstheit wächst

6. Apocalypse Now: It's Showtime!

mit der Erhellung unbewusster dunkler Kulissen. Bis Sie sich helle und aufgeweckt genug fühlen, Ihre Kulisse frei zu wählen und selbst zu kreieren. Haben Sie keine Angst vor der Masse alter Kulissen, die im Hintergrund wirken, auch wenn Sie glauben diese nicht zu fassen zu kriegen. Finger weg von negativen Kulissen, es sei denn, Sie wollen sie behalten! Viele dieser Kulissen lösen sich in nichts auf, wenn Sie Ihr Augenmerk auf das Auspacken Ihrer Gaben und Schätze richten. Negative Kulissen verschwinden, wenn sie keine Energie mehr bekommen – sie verhungern! Auch Sie würden verschwinden, wenn Sie nichts mehr zu essen erhalten. Also füttern Sie Ihre alten Kulissen nicht mit kleinen Aufmerksamkeiten. Versuchen Sie nicht, diese zu fassen zu kriegen, indem Sie beispielsweise zum hundertsten Male ergründen wollen, wo der Schatten eigentlich herkommt, und sich damit noch tiefer eingraben und zuschaufeln.

Verlieben Sie sich nicht in die Analyse Ihrer Kulissen!

Verlieben Sie sich aber nicht in die Analyse der Kulisse, sobald Sie sie erkannt haben! Ein Trick, auf den man schnell hereinfallen kann. Füttern Sie Ihre Kulisse auch nicht, indem Sie versuchen, sie wegzubekommen. Weghabenwollen und Festhalten führen zum gleichen Ergebnis: Die Kulisse gewinnt an Festigkeit. Also: Alte Kulissen nicht wegschieben, sondern neue Kulissen aufziehen! Es ist wichtig, sich bezüglich seiner eigenen Kulissen neu einzustellen, um einen klaren Blick auf die eigene Negativität zu bekommen und weise damit umzugehen.

„Ein verspannter Mensch ist ein entspannter Mensch, der sich verspannt. Ein ineffektiver Mensch ist ein effektiver Mensch, der sich selbst im Weg ist. Wir müssen uns also nicht öffnen, sondern nur damit aufhören, uns zu verschließen. Es ist unsinnig, Stärke anzustreben, wenn wir nicht damit aufhören, uns selbst zu schwächen, sonst ist unser Handeln wie Schwimmen gegen den Strom. Diese Widersprüchlichkeit ist jedoch weitgehend unsichtbar, weil sie normal ist."[27]

Haben wir diese Grundeinstellung, so versuchen wir nicht, eine Verspannung wegzubekommen, indem wir uns einem Schmerzmittel anvertrauen, sondern wir erinnern uns an unseren ursprünglichen entspannten Zustand und können so mit Vertrauen in diese Einstellung, in diese Grundstellung zurückkehren. Deshalb ist die Erinnerung an Ihr Originalprogramm wichtig, damit Sie sich nach dieser Vorstellung einrichten, also einstellen und neu ausrichten können. Vorausgesetzt, Sie wollen im Leben etwas ausrichten.

Sich zeigen

Unser Job als Mensch ist es, *hervorzutreten*. *Existenz* bedeutet *hervortreten* und *zum Vorschein kommen*. Je mehr Sie hervortreten in Ihrem Leben, desto mehr werden alte Kulissen spürbar und vielleicht auch sichtbar: „Wer sich nicht bewegt, spürt seine Fesseln nicht." Freiheit tut erst einmal weh, weil wir in diesem Moment unsere Unfreiheit

---

[27] Aus einem Informationsblatt von Gerhard Walter, einem der bekanntesten Aikido-Lehrer des Westens.

6. Apocalypse Now: It's Showtime!

spüren. Mit Ihrer Freiheit decken Sie gleichzeitig Ihre eigene Unfreiheit auf. Hieraus resultiert das Phänomen der Erstverschlimmerung, das viele aus der Homöopathie kennen: Sie nehmen einige Globuli, und dann geht es Ihnen erst einmal richtig schlecht. Ihr Homöopath aber freut sich, weil die Medizin angeschlagen hat. An dem Punkt setzt allerdings manchmal unser Fluchtreflex ein: Schwanz einziehen, nicht wedeln, so tun, als ob alles in Ordnung ist.

Angst vor der eigenen Courage?

Viele Menschen kehren tatsächlich um, weil sie Angst vor ihrer eigenen Courage bekommen. Wer aufsteht, wird gesehen und läuft natürlich Gefahr angegriffen zu werden. Diese Tatsache kommentierte Wolf Biermann einst deutlich in einem Lied. Er war sich zu DDR-Zeiten dieser Gefahr bewusst, wusste aber auch, was mit ihm persönlich passieren würde, wenn er geduckt bliebe. Er sagte: „Wer sich nicht in Gefahr begibt, kommt darin um." Wolf Biermann wusste rechtzeitig, dass seine Showtime begonnen hatte, und er zeigte sich, weil ihm das repressive System schon lange auf den Zeiger gegangen ist. Hätte er sich nur ein *bisschen* gezeigt, mit nur *ein wenig Biss*, wäre er im Gefängnis gelandet.

Es ist wichtig, ganz aufzustehen und es nicht nur zu versuchen. Oft jammern Kunden, wie anstrengend es sei, sich zu zeigen. Das liegt aber nicht am Zeigen, sondern am Versuch aufzustehen. In halber Hocke verschwenden Sie Ihre Energie mit der Suche nach Halt. Also stehen Sie auf oder bleiben Sie sitzen! Im Versuchen liegt die Versuchung. Viele

Menschen versuchen glücklich zu sein. Aber es fehlt ihnen die Kraft. Zögern verzögert das Glück. *Zögern* bedeutet auch *hin und her ziehen* und *hin und her bewegen*. Diese Bewegung können Sie bei lang eingesperrten Wildkatzen im Käfig beobachten. Nur können diese, im Gegensatz zu Ihnen, sich nicht selbst *ent-schließen*.

Die Hüllen fallen lassen

Ist Ihnen aufgefallen, wie viele Menschen heutzutage auf Entdeckungsreise gehen? Sie entdecken plötzlich ihre Begabung zu malen, zu töpfern, zu singen oder Theater zu spielen. Ihr bisher schlummerndes kreatives Potenzial wird freigelegt. In erstaunlicher Geschwindigkeit und mit genauso erstaunlichen Erfolgen malen heute Menschen fantastische Bilder, obwohl sie seit Jahren keinen Pinsel mehr in die Hand genommen haben. Ihr Bild von sich, ihre alte Kulisse hieß: *Ich kann nicht malen.* Schön malen konnten in ihren Augen bisher nur die anderen und nur *begnadete* Menschen. Endlich sind auch sie *begnadigt* und können begnadet kreativ sein. Begabungen galten als kosmische Ausnahme und nicht als natürlicher Regelfall.

Gibt man Coaching-Kunden die Aufgabe, sich Malwerkzeuge zu beschaffen und das Loslassen im Malprozess zu trainieren, geht es darum, sich zu zeigen, unzensiert herauszulassen und hervorzubringen, was im Innen schlummert. Und vor allem nicht zu bewerten, was herauskommt. Die Kunden

Wir leben im Zeitalter der Entdeckung und Enthüllung

6. Apocalypse Now: It's Showtime!

lernen Fließenlassen und zum rechten Zeitpunkt aktiv und gestaltend den Malprozess zu steuern, um sich dann wieder zurückzuziehen und dem Wunder des Fließens nicht im Wege zu stehen. Mancher wird so zum „sich frei schaffenden" Künstler!

Auch beim Malen geschehen die großartigen Dinge von selbst und nicht, weil wir wollen. Schönes Malen ist kein Wunschkonzert. Der große Erfolg des kreativen Prozesses hängt einerseits von der Bereitschaft des Menschen ab, sich zu öffnen und sich zu zeigen. Mit Spaß bereit zu sein, Neues zu wagen und geschehen zu lassen, ist die persönliche Zeitqualität. Die allgemeine Zeit beginnt zur persönlichen Zeit zu werden. Andererseits ist das gute Ergebnis an eine bestimmte kollektive Zeitqualität gebunden. Und da stehen die Zeichen auf Start: Es kann *los*gehen, was lange Zeit gebunden schien oder tatsächlich gebunden war.

Das offene Geheimnis der geheimen Offenbarung

Wir leben im Zeitalter der Apokalypse. Die Apokalypse ist im Neuen Testament in der „Geheimen Offenbarung" beschrieben. *Geheim* hatten wir bereits im letzten Kapitel entschlüsselt. Es heißt *Heimisches* wird offenbart, ein Urwissen kommt wieder ans Licht und zum Tragen. Die „Geheime Offenbarung" ist also ein offenes Geheimnis. In der christlichen Lehre prophezeien die *apokalyptischen Reiter* ein Schreckensszenarium für die Welt. Trotzdem, es gibt keinen Grund zu erschrecken, denn das mit religiösen Horrorfantasien geschwängerte Wort *Apokalypse* heißt im Grunde genommen *Enthüllung*. Die Hüllen fallen. Das bedeutet, bestimmte

Dinge, die bisher verdeckt waren, können jetzt enthüllt werden. Und sie werden enthüllt, ob wir wollen oder nicht.

Das ist der unangenehme Teil der Apokalypse, welcher durchaus zu größeren Turbulenzen führen kann. Zu den schönen Dingen, die sich jetzt zeigen, gehören unsere Begabungen. Hierzu zählen auch die vielen Entdeckungen und Innovationen in allen Lebensbereichen und wissenschaftlichen Sparten, auch wenn vieles dann wieder nicht zum Wohle des Menschen eingesetzt wird. Wir werden von Gott nicht gezwungen, mit dem Hammer ausschließlich Nägel in die Wand zu schlagen. Wissenschaftler sind im Geschwindigkeitsrausch der Enthüllungen erneuerungssüchtig geworden. Im Sog unendlicher Möglichkeiten fallen sie in den Alles-ist-möglich-Wahn, der wieder in die Bewusstlosigkeit zurückführt.

Unsere Zeit ist aber auch reif für ungewollte Enthüllungen. Viele Skandale dringen an die Öffentlichkeit. Drahtzieher und Hintermänner können den Deckel nicht mehr zuhalten, obwohl sie über eine große Macht verfügen. Der Deckel springt einfach auf, und es zeigt sich offen und öffentlich, was lange im Verborgenen gehalten wurde. Betrachten Sie nur die Spendenskandale deutscher Parteien. Sie ließen sich nicht mehr geheim halten. Der Spiegel schrieb, dass ihm die Finanzpraktiken und politischen Machenschaften schon in den siebziger Jahren bekannt waren. Aber es bestand kein öffentliches Interesse. Noch war die

Skandale fliegen auf

6. Apocalypse Now: It's Showtime!

Mehrheit vom Rausch des wirtschaftlichen Aufschwungs im Nachkriegsdeutschland geblendet.

Mit den Enthüllungen der Apokalypse sind wir im Zeitalter der Transparenz. Schon lange vor der tatsächlichen Enthüllung wurde bereits von den Achtundsechzigern auf *Transparenten Transparenz* gefordert. Mit *Parolen* wurde *Paroli* geboten. Günter Wallraff verkleidete und maskierte sich, um Übles in deutscher Politik und Wirtschaft zu demaskieren. *Durchsichtigkeit* bedeutete für ihn zu *sichten*, was aufgedeckt werden muss. Das waren die Vorboten der Apokalypse.

Die Transparenz und Durchsichtigkeit erstreckte sich auf alle Bereiche des Lebens. Gewerkschaften forderten transparente Unternehmen. Die Architekten konstruierten transparente Bauwerke. Diese wurden immer gläserner und lichter gestaltet. Gerne wurden Glaskuppeln als Dachkonstruktionen verwendet, und gläserne Wintergärten sind in neuen Häusern schon längst Standard. Die Zeit der voll gestopften und verkrusteten kleinen Tante-Emma-Läden war vorbei, und dunkle Trödelläden, in denen früher Menschen gerne auf Entdeckungsreise gingen, fielen dem Zeitgeist der Transparenz zum Opfer. Die Zeit, nach versteckten antiken Schätzen zu suchen, ging zur Neige. Sie wich dem Zeitgeist, gefundene Schätze zu zeigen und zu präsentieren.

Transparenz zeigt sich in der Architektur ...

Anfang der neunziger Jahre des letzen Jahrhunderts erlitten Antikhändler und Trödler Umsatzeinbrüche, gleichzeitig erlebten sie den sich vollziehenden Wandel von Dunkel nach Hell. Konnten in den sechziger und siebziger Jahren die antiken Möbelstücke nicht dunkel genug sein, so waren nach dem Abbeizboom der neunziger Jahre fast nur noch helle Möbelstücke gefragt. Was nicht hell war, wurde hell gestrichen. Ein Trend, den gerade Ikea schnell erkannte und sich zunutze machte. Auch hatte sich die Geschwindigkeit der Zeit verändert. Quantitativ bleibt Zeit natürlich gleich. Ein Tag hat immer noch vierundzwanzig Stunden. Doch qualitativ, vom Erleben, ändert sich die zeitliche Geschwindigkeit. In der Schnelllebigkeit auch von Produkten galt es, keine Zeit mehr zu *vertrödeln*. In Supermärkten und selbst in Tankstellen waren nunmehr helle großzügige Räume gefragt.

Die Entwicklung zur Transparenz zeigte sich auch in der Literatur. Betrachten Sie allein die Menge an Sachbüchern über den Menschen und seine Persönlichkeit! Wie Sie sich selbst erkennen! Wie Sie andere Menschen durchschauen können! Handschriften entschlüsseln leicht gemacht! Aus Mimik und Gestik eines Menschen lesen! Die Antlitzdiagnose in der Medizin, schon lange eine Selbstverständlichkeit östlicher Philosophie und Heilmedizin, fand Einzug in unsere Kultur. Jetzt war die Zeitqualität gegeben. Auch Aus-der-Hand-Lesen blieb nicht mehr die Domäne von Hellsehern und Zigeunerinnen. Horoskope und Sterndeutungen erfreuen sich heute großer Beliebtheit.

... und in der Literatur

Bei all diesen Methoden geht es um das Sehen, was offensichtlich ist. In rasanter Geschwindigkeit entwickelte sich die Kinesiologie, eine junge medizinische Heilweise. Sie wies beispielsweise nach, dass alle Informationen aus der Vergangenheit eines

Menschen im Körper präsent sind und durch Muskeltests abgefragt werden können. Wichtige Informationen, positive wie dramatische Schockerlebnisse, verschwinden nicht, sie sind tatsächlich nicht einmal im Verborgenen, sondern sie sind jederzeit sichtbar zu machen.

Auch vom Menschen selbst wird heute Transparenz abverlangt. In Bewerbungsverfahren ist es gang und gäbe, den Interessenten nach seinen Schwächen und nach seiner Einstellung zu seinen Schwächen zu befragen. Schwächen blieben früher in solchen Gesprächen unangetastet, im Verborgenen. Das Thema war tabu, obwohl jeder mit genügend Schwächen hätte aufwarten können. Authentisches Verhalten ist zu einem Schlagwort und Qualitätsmerkmal geworden. Wir sind hungrig nach authentischem, echtem Verhalten. Hungrig nach direktem und echtem Erleben. So boomen Liveshows, Talkshows, Realityshows und Containerpartys, in welchen serienweise Seelenstriptease feilgeboten wird. Das ist Gier nach wirklichem Leben, ohne wirklich ins Leben zu führen. Es ist Show um der Show willen. Der Inhalt interessiert nicht. Der Hunger nach authentischem Sein und Verhalten bleibt bestehen.

Erst *in*, dann *out*

Outen statt verheimlichen

Auch gute Schauspieler mit authentischem Verhalten oder Politiker, die sich outen und zu ihrer Homosexualität bekennen wie der Berliner Bürgermeister Wowereit, erleben durch diese selbstbewusste Positionierung öffentliche Wertschätzung. Ebenso hat sich der berühmte, nun auch berüchtigte Düsseldorfer Maler Immendorf, der mit einer beachtlichen Menge Kokain und mit sieben Prostituierten in einer Hotelsuite erwischt wurde, vor aller Welt von seiner sensitiven Seite gezeigt, indem er seine Krankheit und Betroffenheit „outete". Dadurch erfuhr er in gewissem Maße ebenfalls öffentliche Wertschätzung, zumindest von anerkannten Presseorganen. Vor zwanzig, dreißig Jahren wären beide Prominente nach derartigen Bekenntnissen am öffentlichen Pranger gelandet. Wir leben jetzt in einer anderen Zeitqualität: Outen ist inzwischen ein anerkanntes Werkzeug, öffentlich zu zeigen, wer man ist.

In unserer Gesellschaft gibt es auch einen Heißhunger nach Originalität von Menschen. Originalität und Authentizität hängen zusammen, auch sprachlich, weil authentisch *echt* bedeutet und ein Original sich durch seine *Echtheit* auszeichnet. Ein authentischer Mensch verhält sich oft auch *originell*. Authentizität und Originalität verleihen eine hohe Energie, wenn die Menschen nicht mit egozentrischen Geschichten verwässert werden. Authentisch ist abgeleitet aus dem griechischen *authentes* und bedeutet *Urheber* und *Ausführer*. Das griechische *autos*, unsere Straßen sind voll davon, heißt *selbst* und *eigen*. So manche Worte, die von einer Qualität zeugen, beginnen mit diesem *auto*, so wie *autogen, autodidaktisch, autark, autonom* und auch *Autor*. So ganz von *auto*, also von selbst, schreibt sich ein Buch allerdings nicht. Zuweilen müssen wir kräftig pressen, um uns authentisch auszudrücken.

Wenn Sie es allerdings müde sind, immer authentisch zu sein, dann beginnt wieder Ihr altes Automatendasein. Sie funktionieren ohne Sinn. Ohne *Auto* sind Sie jedenfalls auf fremde Führung angewiesen.

Die Urheber

Die eigene Authentizität und Originalität muss wie ein verborgener Schatz gehoben werden. Und obendrein sollen Sie auch noch der *Urheber und Ausführer* sein. Also bergen alleine genügt nicht. Es ist Ihre Aufgabe, Originales auch noch in die Welt zu setzen, so wie man ein Kind in die Welt setzt. Aber bitte dann nicht einfach sitzen lassen! Die Verantwortung endet erst, wenn das Kind erwachsen geworden ist.

Authentizität baut auf Originalität und Natürlichkeit

Es gibt viele Menschen, die Ideen in die Welt setzen und sich nicht mehr darum kümmern, aber sich schließlich wundern, dass sich die tolle Idee nicht durchgesetzt hat. Eine Idee kann sich nicht durchsetzen. Sie braucht den Urheber als Ausführer. Ein Mensch setzt sich mit seiner Idee am sichersten durch, wenn er echt ist. Und das ist er, wenn er sagt, was er denkt, und tut, was er sagt. Nur so kann er Menschen für sich gewinnen und nicht nur als Alleinunterhalter in die Show gehen.

Zum Echtsein gehört auch die entsprechende Maske. Wenn wir unseren Kindern etwas Ernstes zu sagen haben, dann ist es wichtig, die entsprechende Maske aufzusetzen. Mit einem lachenden Gesicht zum ernsten Gespräch würden wir unsere Kraft zurücknehmen. Dann dürfen wir uns nicht wundern, wenn das Gesagte keine Wirkung hat. Umgekehrt gilt, nicht finster dreinzublicken, sondern das Gesicht strahlen zu lassen, wenn wir etwas schön finden. Und wenn Sie gut finden, was ein Mensch gemacht hat, dann behalten Sie es nicht für sich, sondern sprechen Sie es aus. Es macht einen großen Unterschied, ob ein Mensch *gut* oder *ausgesprochen gut* ist!

Mit großzügiger Anerkennung erzeugen Sie Kraftwellen. Sie bewegen damit viel, in Menschen und in der Welt, weil Sie Positives säen. Das ist Positionierung im ursprünglichen Sinn, denn der Begriff *Position* ist verwandt mit *positiv*. Ein Mensch mit negativen Einstellungen ist nicht positioniert, weil er statt mit einem Ja mit vielen Neins beschäftigt ist. Wenn Sie positiv sind, können Sie keine *Null* sein. Denn in der Mathematik gilt das Positivzeichen als Symbol für größer als Null. Sie sehen, mit positivem Denken und Handeln geht es aufwärts.

Stellung beziehen

Positionieren bedeutet auch *Stellen*. Sie stellen sich. Nur wer sich stellt, kann gesehen werden und Ansehen erhalten. Und vor allem kann er mehr sehen, wenn er steht. Das heißt, mit der Positionierung beginnt der Optimismus. Diesen nämlich

Optimismus ist Zuversicht

können Sie nur entwickeln, wenn Sie eine Sicht haben. Optimismus ist eine Frage der Optik. Wie können Sie *Zuversicht* ohne *Sicht* entwickeln? Wie können Sie überhaupt Ihre Lebensumstände optimieren ohne Optimismus? Ohne Optimismus machen Ihre Lebensumstände Ihr Leben umständlich und schwer. Mit der Schwere beginnt wieder das Leiden.

Ein authentischer Mensch leitet. Ein Leiter bringt etwas zum Laufen. Ein authentischer Mensch ist voller Vorfreude, voller Genuss und durch und durch *leidenschaftlich* – er kann andere Menschen *gut leiden*. Der Begriff *Leidenschaft* hat nichts mit Leiden und Jammern zu tun. Das würde einen leidenschaftlichen Liebhaber nicht gerade interessant machen. Leidenschaft ist eine tiefe Gemütsbewegung. Im *Gemüt* ist auch der *Mut*. Und das Gemüt gilt als Ort tiefer Empfindungen. Mit dem *Gemüt* wird es *gemütlich*. Aus der Tiefe des Gemüts lässt sich tatsächlich viel bewegen. In der Leidenschaft, der tiefen Verbundenheit mit einem Menschen oder auch mit einem Tun, entsteht Synchronizität und bewegende Energie.

Vom Make-up zum Wake-up

„Echte" Menschen erlauben sich zu sein

Echtsein hat viel mit *unverschämt* im ursprünglichen Sinn zu tun. Ein echter Mensch ist nicht von der Angst gebannt, zu versagen, sich zu blamieren und sich dafür zu schämen. Sein Denken ist nicht vom Denken anderer abhängig. Deshalb verfügt dieser Mensch über einen klaren Verstand und hohe Energie. Trübsinnige Gedanken dagegen trüben die Sinne. Wir werden unklar und müssen im Trüben fischen. Ein authentischer Mensch hat verletzliche Teile seines Selbst nicht in Verlegenheiten gepackt und versteckt.

Statt von Verlegenheiten abgelenkt zu sein, liegt sein Augenmerk auf Gelegenheiten, die er förmlich riecht und beim Schopfe packt. Das ist Schöpfen. Ein echter Mensch erlaubt sich *zu sein*. Weil er in seiner Selbstschätzung und Selbstliebe ist, kann er es sich erlauben, denn *erlauben* stammt von dem Wort *lieb* ab. Die Erlaubnis, echt zu sein, müssen wir uns selbst erteilen, wir müssen uns selbst ermächtigen. Die meisten Menschen dagegen sind gewohnt zu warten, bis Sie aufgerufen werden: Der Nächste bitte. Den Schritt vom *Make-up* zum *Wake-up* müssen Sie aus eigenem Antrieb vollziehen. Und *voll ziehen* – nicht nur ein bisschen zerren und zupfen!

Im Selbst geht es wie von selbst

Den Daueraufstieg nach oben gibt es nicht. Höhe und Tiefe gehören zusammen, so wie eine Welle steigt und fällt. Doch gerade Fallen will gelernt sein. Sie können nur fallen, wenn Sie auch wirklich loslassen. Manchmal fällt es schwer, alle seine Bedenken fallen zu lassen. Wir fallen schwer, weil wir sie nicht fallen lassen. Bedenkenträger tragen schwer. Bedenken sind negative Gefühlsreflexe aus

Bedenkenträger machen es sich schwer

der Vergangenheit. Von Zeit zu Zeit rufen sie uns wieder. Und hörig, wie wir programmiert sind, drehen wir uns um und folgen dem Ruf.

Ähnlich funktionieren Überlegungen, *die wir anstellen* oder *mit denen wir uns anstellen*. Statt den Impulsen freien Lauf zu lassen, werden *Überlegungen darüber gelegt*. Manchmal fällt es schwer, sein Rechthaben aufzugeben. Auch wenn wir wissen, dass wir erst mit dem Aufgeben entkrampfen. Was nützt unser Bestehen auf dem Recht bei rechts vor links, wenn wir anschließend tot sind? Im wirklichen Fallenlassen entsteht die Kraft, die wir für unseren Aufstieg brauchen. So funktioniert eine Achterbahn. Stellen Sie sich vor, Sie würden bei der Talfahrt voll abbremsen. Sie kämen nicht über den nächsten Berg, weil Ihnen der Schwung fehlt. Das Leben gleicht einer Achterbahn: Unabhängig von Ihrem Willen geht es rauf und runter. In der Tiefe können Sie Energie tanken und in der Höhe die Aussicht genießen und neue Perspektiven entwickeln.

Mit dem Loslassen und der Akzeptanz des Auf und Abs im eigenen Lebenslauf taucht auch die verloren geglaubte Spontaneität wieder auf, diese Ausgelassenheit, die wir vielleicht noch aus der Kindheit kennen. Sie war nie weg, sie war lediglich, wie auch viele andere Qualitäten, verdeckt von Ängsten und Bedenken. *Spontan* heißt *aus eigenem inneren Antrieb, einer plötzlichen Eingebung folgend, freiwillig, von selbst*. *Spontaneität* bedeutete, besonders in der Fachsprache der Philosophie, ursprünglich auch *Selbstbestimmung*.

Spüren Sie die große Kraft der Spontaneität? Der eigene Antrieb funktioniert wieder. Weg ist die Antriebsschwäche. Auch die plötzlichen Eingebungen kommen wieder. Verschwunden ist die Einfallslähmung. Wie sollte es auch *ein-fallen*, wenn wir *zu* sind? In der Spontaneität ist auch die Impulsivität, die uns voller Energie pumpt. Und in der Spontaneität sind wir intuitiv. Wir haben den unmittelbaren Zugang zum *Wesentlichen*, weil wir in unserem *eigenen* *Wesen* angekommen sind.

Spontaneität spendet Kraft und Energie

Hier besteht auch die Kraft des Moments, der uns bewegt und mit welchem wir bewegen können. Der Moment ist eine große Energiequelle. Mit zunehmender Energie wächst die positive Vorstellungskraft und die Anzahl der schönen Momente. Im *Moment* ist der Mensch im *Präsens* und damit *präsent*. In der *Gegenwart* begreift er sein Leben als *Präsent*. Das große Geschenk besteht darin, aus der Fülle zu schöpfen und das Geschöpfte weiterzuschenken. Aus dem *Präsent* wird das *Präsentieren* und *Repräsentieren*. Das ist Schöpfung und zukünftige Schöpfungsgeschichte.

Die Kraft des Moments

Der Vorgang der Wesenserkennung und des essenziellen Handelns ist eine Definition von menschlicher Intelligenz: Der Begriff *Intelligenz* kommt vom lateinischen *interlegere* und bedeutet *charakteristische Merkmale erkennen* sowie *zwischen etwas wählen*. Ohne Unterscheidung gibt es keine Wahlmöglichkeit und ohne Wahl keine Freiheit. Aus *Freisein* würde ein *Besetztsein*, *Belagertsein* von Gedanken und Menschen, ein *Besessensein* von Dogmen, ein *Gebundensein* an Negatives.

Himmlische Zugaben

Im Augenblick verschmelzen Herkunft, sprich positives Vergangenheitsbild, und positive Zukunftsvorstellung des Menschen. Diese Synthese zeigt sich im Annehmen dessen, was hier und jetzt in der Gegenwart ist. Die nächste Folge ist Erfolg. Aus dem scheinbar Unerträglichen wird Ertrag. Es folgt das Erntedankfest. Wir ernten stets mehr, als wir gesät haben. Das ist die himmlische Zugabe. So wie in der Bibel geschrieben steht: Wer Wind sät, wird Sturm ernten. Etwas viel Größeres ist bei dieser Aussaat zurückgekommen. Doch wer außer einem (lebens)müden Segler käme auf die Idee, Wind zu säen. So wie Sie Wind säen können, ist es auch möglich, Wertschätzung zu säen und Liebe zu ernten.

Die größten und bedeutendsten Dinge im Leben bekommen wir geschenkt: Wunder sind ein Geschenk! Kinder sind ein Geschenk! Wachstum ist ein Geschenk! Wir können die Saat pflegen, aber für das eigentliche Wachstum sind wir nicht zuständig. Kleine und große Wunder können mühelos geschehen, weil Sie die Mühe endlich los sind und Sie den kosmischen Wundern nicht mehr im Wege stehen. Das Leben kommt wunderbar in Fluss. Eines ergibt sich nach dem anderen, weil wir ergeben sind. Ein schönes Ergebnis! Nicht wundern!

COACHEN SIE SICH SELBST

Ohne klare Lebensaufgabe geben wir negative Haltungen nicht auf.

Was erfüllt Sie zurzeit in Ihrem Leben? Was hat Sie früher erfüllt sein lassen? Was möchten Sie gerne von sich zeigen und trauen sich nicht so richtig? Machen Sie einen Plan, wie Sie sich schrittweise öffnen und wie Sie öffentlich und verantwortlich werden. Schreiben Sie Ihre Erfolge auf.

Vieles wird uns im Leben auf den Zeiger gehen, wenn wir uns nicht zeigen.

Mit welchen Ängsten und Rechtfertigungen halten Sie sich von Ihrer Aufgabe und Ihrer *Showtime* ab? Besprechen Sie solche wichtigen Fragen nicht nur mit sich allein, sondern teilen Sie sich anderen Menschen mit. Reden Sie insbesondere mit Menschen, die erfolgreich sind!

7. Re-Invention
Die eigene Mitte finden

> Lieber ein paar Brandblasen
> als ein Leben lang kalte Finger.
> *Christine Nöstlinger*

Unsere Wanderung durch dieses Buch geht ihrem Ende entgegen. Wie bei Wanderungen üblich, gibt es Stellen zum Rasten und Stellen zum Ausrasten, weil uns wieder einmal vieles zu viel geworden ist. Oder weil wir es einfach besser wissen wollen. Da kommen Passagen, wo es zügig vorangeht, weil wir eigene Möglichkeiten entdeckt haben. Dann blättern wir um und schon ist unsere Möglichkeit wieder weggefegt und wir kämpfen mit unserem Ärger. Es ist ein Buch wie das Leben: unaufhörlich auf und ab.

Der Prozess

Im letzten Kapitel wollen wir einen Blick durch den Spalt der leicht geöffneten Tür werfen, um eine Ahnung zu bekommen, wie unermesslich groß der neue Raum dahinter ist. Wer sich dafür entscheidet, seine alten Lebenskulissen zu verlassen und diesen Raum zu betreten, begibt sich in einen nicht zu unterschätzenden *Prozess* – manchmal auch in eine *Prozedur* – gegen sich und sein Ego. Der Kampf gegen sich ist der schwerste und längste. Andererseits ist es ein *Voranschreiten* in eine neue Welt, was *Prozess* wörtlich bedeutet.

Wir haben gesehen, dass unsere Wirklichkeit sehr stark von unseren Lebenskulissen bestimmt wird. Das „Schieben" der Kulissen, also „Wegdenken" beziehungsweise „Neuinstallieren", birgt Risiken und Chancen, Unmöglichkeiten und Möglichkeiten. In erster Linie braucht jeder Mensch dazu ein gesundes Selbstbewusstsein als Fundament, um sich die Möglichkeiten des eigenen Lebens zu erschließen respektive die eigenen Anlagen und Gaben als seinen ganz persönlichen Schatz zu erkennen und zu nutzen.

Der Kampf gegen das Ego lohnt sich

Wenn ich weiß, wer ich bin, und meine Gaben schätze, kann ich kraftvoll ins Leben treten und mich klar und deutlich positionieren. Wenn ich weiß, was Sinn für mich ergibt und was nicht, kann ich viel leichter aus der großen Fülle des Lebens wählen und mich entscheiden. Richten Sie Ihre Aufmerksamkeit auf das, was Sie weiterzubringen scheint und was Sie auf Ihrer nächsten Lebensetappe brauchen, und lassen Sie das, was Ihnen nichts bringt, was Sie stupide finden und was Sie runterzieht, einfach außer Acht! Das ist eine Aufgabe, die viel Großzügigkeit verlangt: Was machen Sie, wenn Sie im Restaurant ein Sandkorn oder eine kleine Schnecke in Ihrem Salat finden? Sich den ganzen Abend über das Sandkorn, das miese Restaurant und den unmöglichen Kellner aufregen oder die Schnecke untersuchen, ob diese vielleicht doch essbar ist, oder beides beiseite legen und den Salat genießen?

7. Re-Invention

Wir machen Inventur

Sich mit seinen Gaben neu finden

Begibt sich der Mensch auf die *Suche* nach seinen Gaben und Möglichkeiten, so vermag er zu erkennen, dass er, wenn er auf dem Laufenden bleiben will, sich selbst laufend neu *finden* und *erfinden* muss. Für den Prozess des Sich-neu-Erfindens gibt es im amerikanischen Coaching den Terminus *Re-Invention*. In den USA gibt es zahlreiche Bücher mit Re-Invention-Programmen. Inhalt ist der spielerische Umgang mit Möglichkeiten, Techniken und Praktiken, um Leben und Erfolg zu gestalten. Doch kann der Mensch nicht irgendetwas x-Beliebiges aus sich machen, sondern er wird sich nur entsprechend seiner Gaben entfalten. Nur das, was zu ihm passt, ist und wirkt authentisch.

Natürlich kann der Mensch auch Dinge tun, die *unpassend* sind. Meist aber führt das zu Strohfeuern oder gleich zu Blähungen. Wenn man das Schicksal eines Luftballons ernst nimmt, macht es keinen Spaß mehr, sich künstlich aufzublasen. Techniken und Praktiken sind nur sinnvoll, wenn jeder seine persönlichen Werkzeuge zur Gestaltung seines Lebens nutzt. Hammer und Meißel genügen zwar, um eine Wand einzureißen, aber nicht, um den Raum dahinter wirklich kreativ zu gestalten. Hierzu bedarf es eines feineren Instrumentariums – Werkzeuge, die nicht im Baumarkt erhältlich sind. Es gibt auch keine allgemein gültige Gebrauchsanweisung „Mensch, Raum und Zeit". Jeder muss alles neu und nur für sich selbst erfinden. Das verlangt Findigkeit und Experimentierfreudigkeit.

Das englische *inventive* heißt *erfinderisch* und *einfallsreich*. *Invention* ist auch verwandt mit dem deutschen *Inventur*. *Re-Invention* fordert eine persönliche Inventur, eine Bestandsaufnahme seiner selbst. Das, was wir tatsächlich auf Lager und gut gelagert haben, hat Bestand. Hiermit können wir jede Prüfung bestehen. Nach der *Inventur* kommt das *Abenteuer*, von lateinisch *advenire*, das heißt *ankommen*. Wenn Sie also bei sich ankommen, kann das Abenteuer beginnen!

Das Abenteuer

Sie können sich an die Redensart halten „Wer nicht wagt, der nicht gewinnt!" Oder Sie richten sich nach der chinesischen Weisheit: „Wo die Angst ist, da geht es lang." Rainer Maria Rilke hat die positive Funktion der Angst hervorgehoben, indem er sagte: „Unsere größten Ängste sind die Drachen, die unsere größten Schätze bewahren." Wagnis ist praktisch das Gegenteil von Stillstand. *Wagen* meint nun nicht, dass hier ein Wagen bereit steht und Sie müssen nur noch einsteigen, um ans Ziel kutschiert zu werden. *Wagen* kommt einerseits von *bewegen*. Mit dem Be*weg*en sind Sie schon auf dem *Weg*. Andererseits heißt das Verb *wagen* laut Duden „… etwas auf die Waage legen, ohne zu wissen, wie sie ausschlägt".

Wagnis ist das Gegenteil von Stillstand

Das ist das Risiko! *Wagen* kommt tatsächlich von *Waage* und von *wiegen*. Wenn Sie sich hervorbringen, nur einen Schritt machen, gehen Sie schon

Wer wagt, kann gewinnen

7. Re-Invention

das Wagnis ein, das Gleichgewicht zu verlieren und zu stürzen. So haben wir laufen gelernt. Das einzige Sichere der ersten Schritte war das Fallen. Wissenschaftler wollen erforscht haben, dass sich der Mensch etwa 3 000 Mal den Kopf anschlägt, bis er sicher auf seinen Beinen ist. Trotzdem, ohne überhaupt eine Überlegung anstellen zu können, sind wir das Risiko eingegangen und haben gelernt zu gehen, zu fallen und wieder aufzustehen. Wagnis ist Leben! Wenn Sie aber wirklich kein Risiko eingehen wollen, dann müssen Sie Ihr Bett hüten, damit es Ihnen nicht abhanden kommt. Zu Sicherheit und Wagnis sagte Benjamin Franklin: „Wer die Freiheit aufgibt, um Sicherheit zu gewinnen, wird am Ende beides verlieren." Eines ist wichtig zu wissen: „Es ist keine Schande zu fallen, aber liegen zu bleiben." Wer Erfolg haben will in seinem Leben, wird automatisch auch den Misserfolg kennen lernen.

Kulissen, große oder kleine, werden nach dem Trägheitsprinzip automatisch zu Gewohnheiten und ab einem gewissen Punkt beginnen sie uns zu bestimmen. Um dies zu unterscheiden haben wir den Verstand bekommen – um gewöhnliche Kulissen zu beobachten und wieder in außergewöhnliche Hintergründe zu verwandeln. Ein Fluss hört auch nicht auf zu fließen! Er fließt mal schnell und dann wieder langsam. An geeigneter Stelle lässt er eine Bucht entstehen, vielleicht sogar einen See, als bräuchte er ein Ruhebecken, um dann von dort aus wieder weiter zu fließen. Gewohnheiten zu erkennen und mit diesen zu brechen ist ein wesentlicher Teil von Re-Invention. Gewohnheiten sind Muster, die zeitlich begrenzte Gültigkeit und relative Erfolgsgarantie besitzen. Doch hat uns ein Muster zum Erfolg verholfen, so tendieren wir schon aus unendlicher Dankbarkeit, es endlich geschafft zu haben, dazu, dieses Muster zu generalisieren. Ohne General geht es wohl nicht.

Erfolgsmaschen fallen lassen

Das Erfolgsprinzip besitzt nun Allgemeingültigkeit und kann anderen Menschen angepriesen und sogar verkauft werden. À la Bodo Schäfers „In 7 Jahren Millionär". Das war die zweite Million für den Autor, aber nicht für die vielen Leser. Es folgten Massenveranstaltungen, denn was ist ein Schäfer ohne Herde. Die Seminarkette „Geld tut Frauen richtig gut" schien sich zum „Selbstläufer" zu entwickeln. Ein Unternehmen blähte sich auf. Auf dieser Masche weiterreitend, galoppierte der komplette Erfolgskonzern „Mut zum Glücklichsein" ins Unglück. Es brauchte keine sieben Jahre bis zur Insolvenz. Ähnlich erging es dem Kommunikationsguru Jürgen Höller, der den Himmel auf Erden als Schnellimbiss gewinnträchtig verkaufte und sein Erfolgsinstitut nach kurzer Zeit an die Wand fuhr. Bald darauf fand Höller sich in der Hölle eines Staatsgefängnisses wieder. Auch hier bestand der Irrglaube, der Weisheit letzten Schluss entdeckt und ausgesorgt zu haben. Schon waren die Sorgen wieder da.

Re-Invention gibt es nicht als Fastfood

Transformation der Persönlichkeit bedeutet einen langwierigen Enthüllungsprozess. Was wir jahrzehntelang zusammengeklumpt und eingepackt haben, können wir nicht über Nacht in einer massenenuphorischen Stimmung vergolden. Auch Tag- und Nachtaffirmationen genügen nicht, die Götter wohl zu stimmen, und Selbstanerkennung, früh und abends gesprochen, reicht nicht zum Glück. Wenn der Hintergrund nicht stimmt, mutieren Erfolgsmuster zu Misserfolgsmustern. Ein Gebot, das die Schäfers und Höllers im Rausch der Macht leicht überfahren. Es gibt keinen Dauerständer mit lebenslanger Erfolgsgarantie, so wie es keinen Daueraufstieg nach oben und kein endloses Wirtschaftswachstum bis in den Himmel gibt.

Klares Commitment

Transformation der Persönlichkeit ist ein sensibler und tiefer Prozess, der kontinuierlicher Selbstbeobachtung, selbstkritischer Analyse und kraftvoller Neu- und Feineinstellungen bedarf. Durch die richtige Einstellung können wir überhaupt erst das volle Potenzial entfalten. Betrachten Sie den Automotor: Wenn der nicht richtig eingestellt ist, Zündzeitpunkt und Ventilspiel nicht stimmen, dann läuft die Kiste nicht.

Mit der richtigen Einstellung das volle Potenzial entfalten

Ein wesentlicher Aspekt der Einstellung ist die Verpflichtung. Hierzu schrieb Bill Murray, Leiter der schottischen Himalaja-Expedition: „Solange du nicht verpflichtet bist, ist da Zögern, Unentschlossenheit und Gelegenheit von Rückzug, immer Uneffektivität. Hinsichtlich aller Aspekte von Initiative und Kreation ist da eine elementare Wahrheit, die zu ignorieren zahllose Ideen und prachtvolle Pläne sterben lässt. In dem Moment, in dem du dich wirklich verpflichtest, wird sich Vorsehung bewegen: Alle möglichen Formen der Unterstützung, die sonst niemals auftauchen, können dann erscheinen. Ein ganzer Strom von Ereignissen drängt aus dieser Entscheidung hervor. Unvorhergesehene Geschehnisse, Zusammentreffen und materielle Unterstützung, die niemand hätte sich erträumen können, richten sich zu deinem Vorteil in jeder Art und Weise vor dir auf. Ich habe gelernt, einen von Goethes Zweiteilern tief zu respektieren: ‚Was immer du tun kannst oder wovon du träumen kannst, es zu tun, beginne es. Genialität hat Kühnheit und Kraft in sich.'"

Der Weg ist das Ziel

Aber nur wenn das Ziel nicht weg ist und wir es vor Augen haben. Mit klarem Commitment, entsprechender Einstellung und abgeworfenem Ballast geht's los! So unterschiedlich Ansätze zu *Re-Invention* sein mögen, inhaltlich ähneln sich die Schemata der Prozessabläufe:

7. Re-Invention

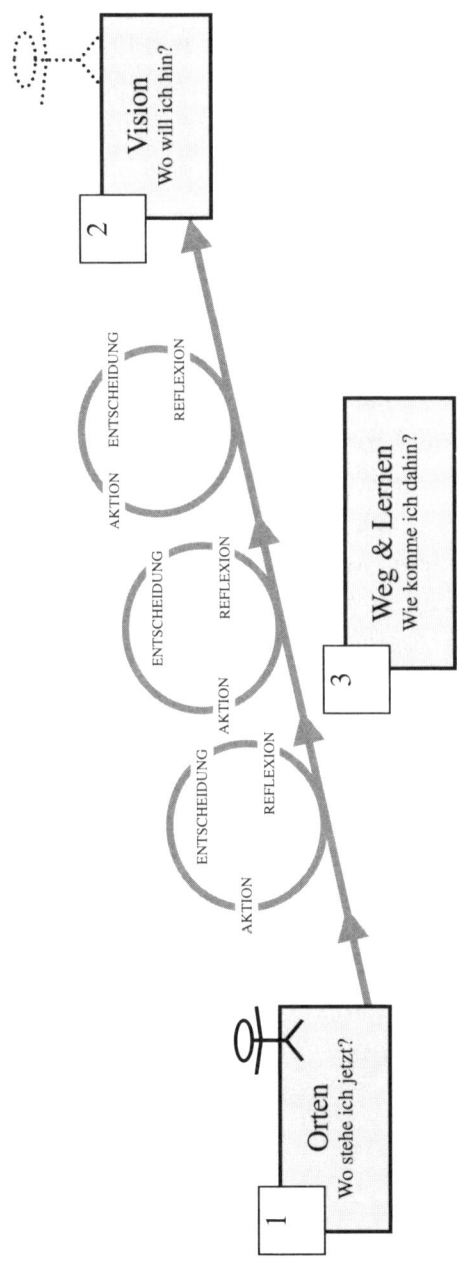

Zu den einzelnen Etappen des Re-Invention-Weges haben wir im Verlauf des Buches viele Zutaten kennen gelernt:

1. ORTEN:

Wenn wir den Ausgangspunkt A nicht kennen, brauchen wir uns nicht nach B auf den Weg zu machen! Im Dasein ist alles da: Mit den *W-orten* für unseren einzigartigen Wesenskern, mit der Sprache, wann und wo wir diesen bereits in die Welt gebracht haben, und der Klarheit, was uns jetzt zur Verfügung steht, sind wir positioniert und startklar.

2. VISION:

Erst auf einem festen Fundament kommen Visionen zum Tragen und ergeben Sinn. Wir sind mit den Füßen auf dem Boden und mit dem Kopf im Himmel. Der beste Indikator für die eigene Vision ist Begeisterung, die mit der Ruhe aus der Tiefe verbunden ist. Begeisterung ohne Tiefe geht schnell ins Euphorische. Aus Qualitäten, die wir bereits gelebt haben oder in uns erkennen, entwerfen wir ein Bild unserer Zukunft. Wir denken uns auf den Gipfel eines Berges. Wie in einer bekannten Meditation sehen wir uns „on the top of the mountains". So holen wir ein Zukunftsbild in die Gegenwart, statt von unten auf einen Riesenberg zu blicken, den es zu erklimmen gilt.

On the top of the mountains

3. WEG & LERNEN:

Ausgerichtet laufen wir los und handeln. Die Richtung zu halten ist eine Kunst: Wir müssen immer wieder reflektieren, was passiert ist und was das mit uns zu tun hat, immer wieder Entscheidungen treffen und vor allem von Neuem handeln. Ohne die Magie des eigenen Tuns werden unsere Visionen zu Hirngespinsten. Das Tun ermöglicht es uns zu lernen und den Spaß zu entdecken, uns ständig neu auszuprobieren. Durchhalten und Dranbleiben sind Qualitäten, die jetzt über unseren Erfolg entscheiden.

Die Zukunft ins Jetzt holen

Ziele ohne persönliche Vision gleichen Bäumen ohne Wurzel. Die Versuchung ist enorm, sich Ziele zu setzen, die dem eigenen Wesen nicht entsprechen. Eventuell erreichen wir diese Ziele sogar, aber unsere Sehnsucht bleibt unerfüllt.

Die Kraft des Moments nutzen

Wir brauchen noch zwei weitere Dinge auf unserem Weg: Wachheit und den Genuss des Moments, also das Aufgehen im Tun, analog der Formel: Der „Weg ist das Ziel". Der Bergsteiger, der immer nur an das Gipfelkreuz denkt und den Weg nicht genießt, verliert Energie und ermüdet. Genau das ist das Problem vieler Menschen, speziell von Managern: Sie verkrampfen im Blick auf ein Ziel und schöpfen keine Energie aus dem Moment.

Es ist Ihr Leben

Wer im Leben mit sich selbst vorankommen will, muss bereit sein Risiken einzugehen. Der Psychologe Alfred Adler sagte einmal: „Die größte Gefahr im Leben ist, dass man oft zu vorsichtig ist." Wer sich immer nur absichern will, hat wenig Energie für seinen Erfolg. Adler fährt fort: „Du fragst mich, was du tun sollst, und ich sage dir: Lebe wild und gefährlich." Wie einfach es sein kann, wild und gefährlich zu leben, zeigt uns ein Gedicht von Jorge Luis Borges:

Ein zweites Mal

Könnte ich mein Leben noch einmal von vorn beginnen,
würde ich versuchen, mehr Fehler zu machen.
Ich würde albern sein, würde ganz locker werden,
nur noch ganz wenige Dinge ernst nehmen.
Ich würde entscheidend verrückter sein und weniger reinlich.
Ich würde mehr Gelegenheiten beim Schopfe ergreifen
Und öfters auf Reisen gehen.
Ich würde mehr Berge ersteigen, mehr Flüsse durchschwimmen
Und mehr Sonnenaufgänge auf mich wirken lassen.
Ich würde mehr Schuhsohlen durchlaufen,
mehr Eis und weniger Bohnen essen.
Ich würde mehr echte Probleme und weniger eingebildete Nöte haben.
Nun, ich habe meine verrückten Augenblicke, aber wenn ich noch einmal von vorn anfangen könnte,
würde ich mehr verrückte Augenblicke haben,
genau gesagt: Augen-Blicke

einen nach dem anderen – und nicht mehr Pläne zehn Jahre voraus.

> **COACHEN SIE SICH SELBST**
>
> **Der Hintergrund (= Ursache) bestimmt den Vordergrund (= Wirkung).**
>
> Passt Ihre Hintergrundkulisse zu Ihren Lebenszielen oder stehen Sie sich mit Ihrer negativen Einstellung selbst im Wege? Welchen Vordergrund möchten Sie? Welche privaten und beruflichen Zukunftsvorstellungen haben Sie? Welche Ziele haben Sie sich gesetzt oder möchten Sie jetzt formulieren?
>
> **Ohne Ziel kein Treffer.**
>
> Formulieren Sie Ihre Ziele schriftlich und beherzigen Sie folgende Kriterien:
>
> - Verwenden Sie eine klare und prägnante Sprache. Schreiben Sie in Ich-Form, damit nicht „wir", sondern klar und deutlich Sie selbst verantwortlich sind.
> - Formulieren Sie Ihr Ziel in der Gegenwartsform. Zum Beispiel: „Am 24.12.2012 bin ich staatlich anerkannte Heilpraktikerin".
> - Formulieren Sie Ihre Ziele konkret, sodass Erfolg messbar wird. Zur Konkretisierung gehört die Terminierung. Wann fahren Sie in den Zielbahnhof ein? Wählen Sie einen Zeitpunkt, mit welchem Sie sich weder unter- noch überfordern, aber so, dass Sie sich wirklich strecken müssen!

- Legen Sie Zwischenstationen fest, damit Sie von Zeit zu Zeit überprüfen können, ob Sie gut bei der Sache sind oder ob es sinnvoll ist zu beschleunigen. Terminieren Sie auch die Zwischenstationen!
- Und jetzt: Just do it! Die *Gegenwart* ist *gegen* das *Warten*!
- Feiern Sie ein *Fest*, wenn Sie ein festes Ziel erreicht haben!

Teil 2

Glossar

Im ersten Teil haben wir Sprachanalyse als effektives Werkzeug der Persönlichkeitsentwicklung kennen gelernt, um unseren Lebenskulissen auf die Schliche zu kommen. Der zweite Teil gleicht einer Schatztruhe assoziativ-etymologischer Bedeutungsmöglichkeiten und Hintergründe. Bilder hinter alltäglichen Begriffen werden mitsamt ihrer Kraft und Bedeutung aufgeschlüsselt; Türen zu tiefer liegenden und mehr oder minder unbewussten Ebenen öffnen sich.

Wie ist die Genialität, die in Sprache steckt, entstanden? Hat da jemand nachgedacht, oder wie kommt das? Die Vermutung liegt nahe, dass Phänomene in der Sprache automatisch durch viele scheinbare „Zufälle" zustande kommen. Sprache ist lebendig. Sie steht nicht still, sondern entwickelt sich unaufhörlich weiter. Wesentliches wird immer wieder zum Vorschein kommen und lässt sich nicht wegwischen. Essenzielle Strukturen und Bedeutungen drücken sich durch und prägen Sprache.

So scheint es zufällig, dass wir einen langen, in den Himmel ragenden Schornstein, der im *Lot* ist, *Sch-lot* nennen. Oder das *lange, sch-Laute* von sich gebende Tier *Sch-lange*. Laut etymologischem Wörterbuch kommt Schlange von Schlinge. Zischlaut und „lang" werden außer Acht gelassen, denn Etymologen arbeiten nicht assoziativ. Sie ignorieren solche Bilder und Zusammenhänge, deren Betrachtung einem engen Wissenschaftsbegriff zuwiderläuft. Dabei sind es gerade Assoziationen, welche die Analogie des Körperlich-Materiellen mit dem Geistig-Seelischen erkennbar machen: Bestimmte Prinzipien durchziehen unser Leben wie ein roter Faden.

Nehmen wir zum Beispiel das Wort *Geld*. Auf materieller Ebene steht es für das uns allen bekannte Zahlungsmittel. Etymologisch ist es verwandt mit *gelten*. In der assoziativ-etymologischen Herangehensweise wagen wir uns ein paar Schritte weiter: Wir verbinden das

Wort *Geld* mit *gelten* und dem psychologischen Phänomen des *Geltungsbedürfnisses*. So wird die Verbindung zwischen Geldwert und persönlichem Wert sowie zwischen gehemmtem Geldfluss und gehemmter Entwicklung der eigenen Persönlichkeit deutlich.

Sinn der assoziativ-etymologischen Herangehensweise ist es, Analogien und Verbindungen sichtbar zu machen. Schließlich bedeutet *assoziativ* verbindend. Lassen wir Assoziationen zu, können wir Zusammenhänge neu erfassen. Für Albert Einstein war nicht Wissen, sondern Fantasie das Wichtigste. Die traditionelle Etymologie ist eine Sprachwissenschaft, die Herkunft und Entwicklung von Wörtern, deren Bedeutungswandel und Lautgesetze historisch-vergleichend untersucht. Die vom Autor Joachim Schaffer-Suchomel geprägte assoziativ-etymologische Methode baut auf diese Erkenntnisse auf und wagt den Sprung, Begriffe zu zerlegen und zu deuten. Sie verbindet Sprachbilder mit psychologischen Phänomenen des Menschseins. Am Ende stehen Ergebnisse, die wir für die Entwicklung unserer Persönlichkeit praktisch nutzen können.

Der Begriff *assoziieren* bedeutet laut Duden außer verbinden auch „zusammenschließen und eine gedankliche Vorstellung mit etwas verknüpfen". Das Wort leitet sich aus den lateinischen Silben *ad* und *sociare* ab. *Ad* bedeutet *hinzu*, *sociare verbinden*, daher stammt unser deutsches *sozial*. Die Verknüpfung von Etymologie und Assoziation hat auch einen sozialen Aspekt; sie ist nicht Selbstzweck, sondern misst sich an ihrer praktischen Verwertbarkeit und Anwendbarkeit im täglichen Leben.

Das Arbeiten mit assoziativen Methoden darf nicht mit wilder Fantasterei verwechselt werden. Auch Sigmund Freud ließ seine Patienten frei assoziieren, um verdrängte Erlebnisse an die Oberfläche des Bewusstseins zu holen. Mit dieser Herangehensweise erzielte er in der Therapie große Erfolge und setzte durch seine Psychoanalyse neue Maßstäbe.

Die nachfolgende Betrachtung von Wörtern geht auf die Erfahrungen aus jahrelanger Coaching-Arbeit zurück. Lassen Sie die Ausführungen zunächst vorurteilsfrei auf sich wirken! Widerstehen Sie spontanen Impulsen zu werten und zu beurteilen! Fragen Sie sich, wo immer es sinnvoll ist, nach ähnlichen Erfahrungen in Ihrem Leben. Zu besonders wichtigen Begriffen finden Sie Impulse für die Praxis und Schlüsselfragen aus dem Coaching. Entdecken Sie den Spaß an der Sprache!

abarbeiten *Abarbeiten* birgt die Gefahr, dass wir uns am Arbeitsende selbst *abgearbeitet* fühlen. Die Arbeit ist erledigt. Wir auch! Negative Hintergrundkulisse: Berge von Arbeit, zum Beispiel stapelweise Post, die mühevoll erledigt werden muss. Die Illusion: Wenn wir fertig sind, ist alles gut und leicht. Doch am nächsten Tag hat sich schon wieder Post aufgetürmt. Am liebsten würden wir jetzt selbst türmen, denn wir ahnen, dass noch fünfundzwanzig Jahre Abarbeitung warten.

IMPULSE: Sie ändern Ihre Sichtweise zum Arbeitsberg, indem Sie anerkennen (Freude nicht vergessen!), was Sie bereits, zum Beispiel am Vortag, geschafft haben. Loben Sie sich, statt leidvoll zu betrachten, was noch alles vor Ihnen liegt. Machen Sie für Ihr Auge sichtbar, was Sie geleistet haben! Über Ihre Sinne entsteht Sinn. Mit einer Liste des bereits Erreichten überlisten Sie Ihre negativen Einstellungen.

Aberglaube Der Abergläubische glaubt an das *Aber*. So wie der Mensch nicht *nicht* kommunizieren kann (Paul Watzlawick), ist es unmöglich, nicht zu glauben. Auch der Glaube, nicht zu glauben, ist ein Glaube. Es kann sein, dass jemand nicht an eine Religion glaubt, *aber glauben* tut er trotzdem an irgendetwas, und wenn es der Schornsteinfeger ist, der ihm Glück bringt.

abhängig   Von *hängen*, *abhängen*. Auch der (Drogen)Abhängige ist vom Ganzen, zum Beispiel einer Gemeinschaft, abgehängt. Ähnlich wie ein Eisenbahnwaggon steht er auf dem Abstellgleis, bleibt aber über die Schienen mit dem übrigen Zug verbunden.

IMPULSE/SCHLÜSSELFRAGEN IM COACHING: Abhängigkeiten beginnen mit Gefühlen des Festhängens und Durchhängens. Was klebt an Ihnen und an was kleben Sie? Was geht in Ihrem Leben nicht voran? Welche Träume haben Sie bereits still zu Grabe getragen? Wo fühlen Sie sich auf dem Abstellgleis? Wie heißt Ihr Hauptgleis? Haben Sie einen Zielbahnhof oder sitzen Sie im Zug nach Nirgendwo? Und das im Schlafwagen? Haben Sie Pläne geschmiedet, auf die Sie sich freuen – oder den Schmied schon lange entlassen? Was macht Ihr Zeitplan?

Bei bereits bestehenden Abhängigkeiten können Sie zahlreiche Initiativen und professionelle Unterstützung nutzen. Intensive Recherche ist geboten, damit Sie nicht vom Regen in die Traufe kommen und in die Hände der Pharmaindustrie fallen.

Absicht   Von *sehen*. Die *Absicht* hängt von der persönlichen Sichtweise ab – so weit die *Sicht* reicht. Je kleiner der Horizont eines Menschen ist, desto verkrampfter seine Absichten. Das geht bis zum zwanghaften Erreichen-Müssen von Zielen, besonders bei psychisch bedingter Kurzsichtigkeit oder wenn jemand im Nebel steht. Absichtsloses Tun ist ein Begriff aus dem Coaching. Es meint das Aufgehen im Tun – *der Weg wird zum Ziel* – und setzt einen weiten Horizont voraus.

Will sich zum Beispiel Ihr Kind aus Liebe zum Leben konfirmieren lassen? Dann ist das ein absichtsloses Tun! Hat es aber Angst, als unkonfirmiertes Kind von Gott und den Mitschülern nicht mehr geliebt zu werden, dann verfolgt es eine Absicht. Oder besser gesagt: Die Absicht verfolgt das Kind! Diese Absicht macht unfrei und einen engen Horizont. Auch die Absicht, mit der Konfirmation das Taschengeld aufzubessern, weitet nur den Geldbeutel!

Achtung *Wertschätzung, Anerkennung.* Das verlangt Aufrichtigkeit, Aufgerichtet sein, volle Aufmerksamkeit. Achtung! Soldaten stehen bei „Achtung" stramm, um den Befehl des Offiziers voll aufnehmen zu können. Im Begriff *Achtung* ist die *Acht* enthalten, liegend das Zeichen für Unendlichkeit. Als kinesiologische Übung dient sie gleichzeitig, um die beiden Gehirnhälften miteinander zu verbinden. Das Malen einer liegenden Acht erzeugt Harmonie. Das Gegenteil von Achtung ist Ächtung.

IMPULSE: Achtung beginnt mit der Achtung vor sich selbst! Beschenken Sie sich täglich mit kleinen Aufmerksamkeiten. Ohne Shopping! Achten Sie auf Ihr Aussehen, Ihre Kleidung, Ihre Gedanken, Ihre Zeit, Ihre Lebensfreude ...

Adam Von hebräisch *adamah*, das *Erdboden, Ackerboden* oder *Lehmboden* bedeutet. Der christlichen Lehre zufolge schuf Gott den Menschen aus Lehm. Der Begriff *Lehm* ist mit *Leim* verwandt. *Lehm* und *Leim* sind klebrig. *Leim* ist verwandt mit dem Begriff *Leben*. Auch Leben ist zuweilen klebrig und zäh. Siehe auch **Leben** und **Eva**.

Affaire	Das französische *affaire* heißt *Sache* und *Angelegenheit*. Wenn jemand davon spricht, dass er/sie eine *Affaire hat*, deutet das darauf hin, dass Liebe und Sexualität als Sache angesehen werden. Sachen aber sind unbeweglich wie Immobilien. Liebe ist und macht mobil. Sie ist keine Sache, auch keine schöne Sache, sondern bedeutet Lebendigkeit. Im Grunde genommen kommt *affaire* von französisch *faire* = *machen*. Aber auch damit, dass wir *es* einfach nur machen, egal warum und egal, bei wem wir in dieser *Angelegenheit* anlegen, wird die *Affaire* nicht besser.

affirmieren	*Bestätigen* und *befestigen*. In der Affirmation drücken wir sozusagen die Okay-Taste und (be)festigen neue Glaubensmuster. Der Begriff *Affirmation* ist verwandt mit den Worten *Firma* und *Firmament*. Da es von *befestigen* kommt, ist das Firmament eine sichere Sache.

IMPULSE: Es nützt nichts, Ziele, die Ihnen nicht entsprechen, hammerartig zu affirmieren. Sie können aber auftanken, indem Sie den Tag mit der Erinnerung an Ihre Stärken beginnen. Stellen Sie sich das gute Ergebnis eines Vorhabens bildlich vor und sprechen Sie ihre Ziele laut aus.

ahnen/ Ahnen	*Ahnen* hat zwei Bedeutungen: die Ahnen und das Ahnen. Wir finden in der Vergangenheit unsere Wurzeln, die *Ahnen*. Unsere Vorfahren sind uns *vorgefahren*. Wir sind die Nachfahren und fahren bewusst oder unbewusst das geistige Werk der Ahnen fort. Unsere Ahnen sind uns *ähnlich*, so wie der Sohn dem Vater ähnelt. Er ist jedoch nicht identisch mit ihm. Die *Ahnung* zeigt in die Zukunft und kann zur lebendigen Lebensvision werden. Ohne *Tribe* – englisch für *Stamm, Sippschaft* – sind wir schnell ge*trieb*en!

IMPULSE: Wer sind Ihre Ahnen? Was wissen Sie über Ihre Eltern und Großeltern tatsächlich? Wissen Sie, an welchem Punkt Ihre Eltern Ihr Leben begonnen und welche Wegstrecke sie bis jetzt zurückgelegt haben? Bringen Sie das zur Sprache, damit Sie wertschätzend über Ihre Wurzeln denken und ahnen, was Sie im Kontext Ihres eigenen Lebens fortsetzen. Fortsetzen kann auch heißen, dass Sie etwas nicht fortführen oder etwas völlig anderes machen. Auch in Ihrer eigenen Biografiearbeit können Sie Stationen Ihres Lebens nachzeichnen, damit Sie anerkennend zurückblicken.

Aids A.I.D.S. ist die englische Abkürzung für *Acquired Immune Deficiency Syndrome*. Das englische *aid* heißt *Hilfe*. Aids-Kranke benötigen statt Ausgrenzung unsere besondere Hilfe.

allein sein *All-ein sein*, im All, im Alles eins sein. Auch das englische *alone* sagt gleiches aus: *al(l)-one*, alles ist eins. Note Eins für den Kosmos! Dennoch ist Alleinsein durchaus gewöhnungsbedürftig. Viele Menschen finden Einsamkeit ausschließlich unerträglich. Doch *ein-sam* kommt von *eingesammelt*, so wie in einem *Sam*en ganz viel Kraft gesammelt ist. Hinter dem unerträglichen Gefühl des Alleinseins erwartet uns unsere eigene Kraft.

IMPULSE: Meditation ist ein guter Reiseführer auf dem Weg zu unserem Wesenskern. Sie unterstützt uns, ein positives Gefühl zum Alleinsein zu entwickeln. Allerdings ist es entscheidend, sich von ganzheitlichen Therapeuten in diesem Selbstfindungsprozess begleiten zu lassen. Zu weit entfernt vom Zentrum, brauchen wir die unterschiedlichsten Transportmittel für die lange Rückreise.

Alltag Keine Angst vor dem Alltag! *All-Tag* ist nur ein Tag im All.

Glossar

anerkennen — *Kennen* und *Erkennen* sind die Voraussetzungen für Selbstanerkennung und für die Anerkennung anderer Menschen. Das Gefühl, im sozialen System nicht anerkannt, nicht erkannt und nicht geschätzt zu sein, führt den Verstand in ein Notmanagement, mit dem er versucht zu kompensieren. Nicht anerkannte Menschen spielen sich oft in den Vordergrund.

IMPULSE: Schreiben Sie auf, was Sie in Gesellschaft sagen und veranstalten, damit Ihr Gefühl, gehört, gesehen und anerkannt zu werden, befriedigt wird. Für was erkennen Sie sich an? Und ganz wichtig: Für was erkennen Sie sich nicht an?

anfangen — Von *fangen*. Der Volksmund sagt: „Aller Anfang ist schwer." Denn bevor wir anfangen, bedürfen wir einer besonderen Kraft. Diese entsteht, indem wir uns sammeln, uns zusammennehmen und auf den Punkt kommen. Wir *fangen* uns praktisch selbst ein.

IMPULSE: Was in Ihrem Leben lassen Sie (davon)laufen? Was wollten Sie schon lange tun, setzen aber nicht den Anfangspunkt?

Angeber — Der *Angeber* macht *Angaben* über ihm innewohnende *Gaben*. Diese sind aber von außen nicht (an)erkannt, sonst müsste er nicht angeben. Oder diese Gaben sind von ihm noch nicht hervorgebracht. Angeben ist meist ein unbewusster Verhaltensautomatismus. Ähnlich geht es dem *Eingebildeten*, der ein hohes *Bild* von sich nach außen trägt, aber diesen Anspruch noch nicht einlösen kann. In diese Kategorie gehört auch der *Aufschneider*, der etwas aufschneidet, das eingepackt, also noch nicht entwickelt ist.

angegriffen	Wenn wir krank sind, sehen wir angegriffen aus. Ein Angriff/Kampf ist vorausgegangen. Wir fühlen uns niedergeschlagen und niedergeschmettert. Mit der Krankheit wird der äußere Kampf auf die seelische oder körperliche Bühne verlagert. Meist kämpfen wir gegen uns selbst.
angenehm	Von *annehmen*. Angenehmes ist *Angenommenes*. Entsprechend bezeichnet Unangenehmes Unangenommenes. Wenn wir jemanden nicht riechen können, nehmen wir sein Wesen nicht an und finden ihn unangenehm. Mit dem Annehmen beginnt die Annehmlichkeit. IMPULSE/SCHLÜSSELFRAGEN IM COACHING: Was von sich nehmen Sie nicht an? Was nehmen Sie an anderen nicht an? Welche Menschen lehnen Sie ab? Was stört oder nervt Sie? Welche Situationen vermeiden Sie? Wie viel Energie und Zeit kostet Sie diese Ablehnung? Für welches Projekt würden Sie diese Kraft gerne nutzen?
Angst	Von *eng*. Auf der körperlichen Ebene drücken wir Angst durch Zusammenkauern aus. Ein ängstlicher Mensch ist in seiner Verletzung und in seiner Angst gefangen. Solche Personen fühlen sich oft auch verklemmt. Durch den Knick kann Energie nicht mehr fließen und die Angst potenziert sich. IMPULSE: Achten Sie auf Ihre Körperhaltung und arbeiten Sie mit Ihrem Körper! Gebrauchen und genießen Sie ihn, solange Sie noch einen haben! Schreiben Sie auf, wovor Sie am meisten Angst haben. Prüfen Sie, wie real diese Angst ist.

an jemandem hängen	Ihre armen Kinder, wenn Sie an diesen hängen!
	IMPULSE/SCHLÜSSELFRAGEN IM COACHING: Welche Erwartungen und Ängste projizieren Sie auf Ihr Kind? Wie *soll* Ihr Kind sein und was *soll* es einmal werden, statt zu fragen, wer es *ist?* Wie und wo denken Sie für Ihr Kind, statt es selbst denken zu lassen?
Anliegen	*Ein Anliegen haben* heißt, dass wir bei einem anderen Menschen, zum Beispiel mit einer Bitte, anlegen möchten, wie ein Schiff im Hafen am Kai. Im Unterschied zur Forderung, zum Verlangen oder zur Erwartung eröffnet das Anliegen dem Gegenüber Raum, sich frei für oder gegen das Anliegen auszusprechen. Es obliegt dem Hafenmeister, das Anlegen zu gestatten.
Anmut	Ein *anmutiger* Mensch ist *reich an Mut*. Laut Duden bedeutete es ursprünglich *Verlangen, Lust erweckend*.
Annehmlichkeit	Siehe unter **angenehm**.
Ansehen	Wer *Ansehen* hat, wird angesehen. Ansehen bringt Energie, da Menschen ihre Aufmerksamkeit auf den Angesehenen richten. Öffentliche Personen, die auch als *hochgestellte* Persönlichkeiten bezeichnet werden, genießen hohes Ansehen. Andere sehen zu ihnen auf, im Guten wie im Schlechten, ob sie sie mögen oder ablehnen. Der Energie ist es egal, ob sie als gut oder schlecht interpretiert wird.

IMPULSE/SCHLÜSSELFRAGEN IM COACHING: Wie fühlen und verhalten Sie sich, wenn Sie vor einer Gruppe sprechen und von vielen Menschen angesehen werden? Genießen Sie das Ansehen? Oder versuchen Sie, die un*angenehme* Situation schnell hinter sich zu bringen? Reden Sie nicht sofort drauf los, wenn Sie vor einer Gruppe stehen, sondern verbinden Sie sich zunächst mit den Menschen vor Ihnen. Nehmen Sie die im Raum vorhandene Energie auf und sprechen Sie erst, wenn Sie einen Impuls dazu verspüren. Das, was dann aus Ihnen herauskommt, ist gut!

Anspruch Von *ansprechen*. Wenn wir etwas *beanspruchen,* so müssen wir dies in Worte fassen. Im Gegensatz dazu steht die unausgesprochene Erwartung.

IMPULSE: Sie trennen Erwartungen von Ansprüchen wie die Spreu vom Weizen, indem Sie Ihre Ansprüche schriftlich formulieren. Oder sprechen Sie bewusst und laut mit sich, damit Sie hören, was Sie sagen. Erwartungen sind kompliziert, langatmig und wenn Sie ihnen folgen, verlieren Sie sich in der Dunkelheit Ihrer Psyche. Ansprüche sind klar, knapp und zielorientiert.

Anstrengung Von *streng* und von *Strang*. Mit der Strenge uns selbst oder anderen gegenüber beginnt die Anstrengung. In ihr *strangulieren* wir unsere Lebendigkeit.

IMPULSE/SCHLÜSSELFRAGEN IM COACHING: In welchen Situationen und im Zusammensein mit welchen Menschen strengen Sie sich an? Beobachten Sie Ihre Hintergrundkulisse. Warum strengen Sie sich an? Wer sind Sie – sind Sie wer? Sind Sie ein „No-body" oder spüren Sie Ihren Körper? Geben Sie sich keine Mühe! Denn Mühe ermüdet nicht nur, sondern kommt auch etymologisch von *ermüden*.

Glossar

Anwendung Bei einer *Anwendung*, sei es eine medizinische oder eine geistige, sollte eine *Wende* stattfinden. Nach dem Wenden können wir die andere Seite der Medaille betrachten.

Apokalypse Nach der christlichen Lehre leben wir im *Apokalyptischen* Zeitalter. *Apokalypse* heißt übersetzt *Enthüllung*. Eine Enttäuschung für alle Panikmacher. Vor allem die katholische Kirche hat sich apokalyptischer Drohungen bedient, um ihre Kirchen und Klingelbeutel zu füllen, und tut es heute noch.

Ärger Von *arg*. Im Ärger ist etwas *im Argen*. Die Redensart „Mit Ärger wird es immer ärger" verweist auf wachsenden Ärger, wenn wir unserem Ärger keinen Einhalt gebieten. Permanenter Ärger mündet in den Argwohn. Bei *Argwohn* wohnt das Arge in uns. Es hat ein Zuhause gefunden. Sie ärgern sich immer noch? Hören Sie auf damit! Und außerdem: „Wer sich ärgert, büßt die Sünden anderer." Vera F. Birkenbihl erzählt in diesem Zusammenhang von ihrer Mutter, die statt im Ärger zu versinken lautstark zu äußern pflegte: „Ja, wie finde ich denn das?" Hier wird sprachlich deutlich, dass wir nach der wirklichen Ursache des Ärgers in uns selbst suchen müssen.

IMPULSE: Über welche Menschen und in welchen Situationen ärgern Sie sich permanent? Welche Ärgergeschichten erzählen Sie immer wieder? Achten Sie auch auf die stillen ärgerlichen Selbstgespräche und machen Sie Ihren Lautsprecher an, damit der Ärger an die Luft kommt. Dann lassen Sie ihn ziehen!

Glossar

Assoziation Abgeleitet von *Vereinigung* (lateinisch *associare* = *beigesellen, vereinigen, verbinden*). Assoziativ denken heißt, auf unterschiedlichen Ebenen Phänomene miteinander in Verbindung setzen. Letztlich ist alles mit allem verbunden, auch wenn der rote Faden nicht immer sofort erkennbar ist. Die Verbindung unterschiedlicher Ebenen erfolgt über Analogien, also Ähnlichkeiten. Assoziationen sind demnach keine beliebigen Einfälle, die nichts miteinander zu tun haben. Eine etymologisch-assoziative Herangehensweise baut auf freiem Denken in Analogien auf. Es gibt eben keine „Zufälle".

IMPULSE: Üben Sie sich in der freien Assoziation, zum Beispiel zu einer Frage, die Sie an Ihr Leben haben. Sie können sich dadurch in Ihrer schöpferischen Kraft erleben und erkennen, dass auch Sie an ein universelles Wissen angeschlossen sind.

Aufgabe In dem Begriff *Aufgabe* sind die *Gaben* und *Begabungen,* welche uns von Anfang an mit *gegeben* sind, enthalten. Weiterhin steckt in dem Wort *Aufgabe* das *Aufgeben*. In dem Maße, wie wir unser Ego aufgeben können, taucht unsere eigentliche Aufgabe im Leben auf. Siehe auch **Ertrag** und **Auftrag.**

IMPULSE: Formulieren Sie schriftlich wesentliche Sätze zu Ihrer Aufgabe in diesem Leben. Beginnen Sie mit drei Sachen, die Sie bereit sind aufzugeben: Zum Beispiel Ihr Rechthaben in einer bestimmten Angelegenheit und/oder mit einer bestimmten Person. Erst jetzt, wenn Sie sich etwas geleert haben, ist Raum für Ihre wirkliche Aufgabe entstanden. Sollte Ihnen keine Idee kommen, dann fahren Sie mit dem Aufgeben fort.

aufhören	Von *hören*. *Aufhören* hat den doppelten Sinn von *stoppen* und von *hören* durch *Aufsein*. Das Sprichwort „Wenn es am schönsten ist, sollte man aufhören" wurde oft als Lustverbot missdeutet. Im Grunde genommen bedeutet es, dass wir, wenn es am schönsten ist, die Ohren spitzen sollen. Sonst können wir noch Größeres, das uns zuteil werden möchte, nicht vernehmen.
auf jemanden stehen	Wenn *jemand auf uns steht,* kann das belastend für uns sein.
Aufmerksamkeit	Von *auf* und *merken*. Aufmerksamkeit beinhaltet Offenheit für Neues – Menschen wie Situationen. Nach dem Energiegesetz der Aufmerksamkeit („Das, worauf wir Aufmerksamkeit richten, wächst") schenken wir anderen Menschen Energie, wenn wir ihnen aufmerksam zuhören.
	IMPULSE/SCHLÜSSELFRAGEN IM COACHING: Welchen Menschen verweigern Sie Ihre Aufmerksamkeit? Was wollen Sie in dieser Angelegenheit nicht hören? Mit was können Sie nicht *aufhören* und werfen gleichzeitig Ihrem Gegenüber vor, dass dieser nicht aufhört, das oder jenes immer wieder zu sagen oder zu tun? Schließlich: Was können Sie Neues initiieren?
aufrecht	Von *auf* und *recht*. Ein aufrechter Mensch hat eine aufrechte geistige und körperliche Haltung.
aufrichtig	Von *aufgerichtet sein*. Analog zur aufrechten, aufgerichteten Körperhaltung. *Richtig* meint, dass die *Richtung* stimmt.
	IMPULSE: Bei welchen Menschen fällt es Ihnen schwer aufrichtig zu sein? In welchen Angelegenheiten verbiegen Sie sich? Um was mogeln Sie sich herum?

aufschlussreich	Im Sinne von *reich* sein im *Auf-* und *Erschließen*.
Aufschneider	Siehe unter **Angeber**.
Auftrag	Sammelbegriff für das, was uns aufgetragen ist zu tun. Wenn wir unser *Aufgetragenes* nicht tragen, so verwandelt sich der Auftrag in eine Last. Wir fühlen uns belastet. Vielleicht auch belästigt vom Aufgetragenen. Oft glauben wir auch, dass zu dick aufgetragen wurde, das Leben wird zäh und schleppend. Siehe auch die sich hier anschließende Wortkette: **Aufgabe, Gabe, Last, lästern, Laster, tragisch, Tragödie, unverträglich** und **Ertrag**.
	IMPULSE: Wo ist Schwere in Ihrem Leben? In welchen Beziehungen haben Sie die Leichtigkeit verloren? Mit welchen Gedanken belästigen Sie sich und andere? Weiter siehe unter **Aufgabe**.
Augenblick	Von *blicken*. Das niederländische *blik* steht für *Lichtstrahl*. Dies spiegelt sich auch in der deutschen Formulierung „*etwas blicken*" wider, die ein Aha-Erlebnis bezeichnet. Im *Augenblick* gehen uns die Augen auf oder werden uns die Augen geöffnet. Siehe auch **Dasein, Moment** und **Präsenz**.
	IMPULSE: Führen Sie ein Tagebuch über Augenblicke, die einfach so geschehen und über Augenblicke, die Sie bewusst entstehen lassen! Augenblicke sind die Perlen einer Lebenskette.

auseinander setzen	Statt wegen zu großer Nähe sich gegenseitig auf den Geist zu gehen, sollte man sich *auseinander setzen*, also einen gewissen Abstand zu einem Menschen oder zu einer Sache bringen. Mit räumlicher und zeitlicher Entfernung zur Person oder zur Sache verkleinern sich auch die Probleme.
Ausnahme	Von *herausnehmen*. Menschen, die sich ausgeschlossen, also aus der Gemeinschaft herausgenommen fühlen, neigen besonders dazu, Ausnahmen zu machen. Die Ausnahme bestätigt die Regel. Mit der Ausnahme genießen sie eine Sonderbehandlung, sind also etwas Besonderes – und damit wieder im Mittelpunkt.
ausrasten	Beim *Ausrasten* ist es aus mit Rast und Ruhe.
(Haut) Ausschlag	Die Begriffe *Haut* und *hauen* sind direkt miteinander verwandt. Schläge durch *Hauen* sind zuallererst auf der *Haut* spürbar. Ruediger Dahlke schreibt treffend zu der geistig-seelischen Ursache des körperlichen Symptoms Hautausschlag: „angstvolles Abwehren eines nach außen dringenden Konflikts beziehungsweise Grenzen durchbrechenden Neuen ..."[28] Das heißt, der *Ausschlag* basiert tatsächlich auf einem Thema, das dieser Mensch gewaltsam zurückhält, was nach draußen oder in ihn hinein will. Die Aggression wird im Begriff *Pickel* deutlich: Verschlossenes wird *aufgepickelt*. IMPULSE/SCHLÜSSELFRAGEN IM COACHING: Was ist ausschlaggebend für den Hautausschlag? Was schlägt über die Haut nach draußen? Was *haut nicht hin*?

---

[28] Ruediger Dahlke: Krankheit als Sprache der Seele. Bertelsmann 1996, S. 255.

außerge-wöhnlich	Von *außerhalb der Gewohnheit*. Außergewöhnliche Menschen verlassen gewohnte, vertraute Orte und wagen den Sprung in das Neue und Ungewisse.

IMPULSE/SCHLÜSSELFRAGEN IM COACHING: An was haben Sie sich *gewöhnt*, obwohl es Ihnen schon lange nicht mehr gefällt – Ihnen vielleicht sogar schadet? Welche *Gewohnheiten* könnten Sie stoppen, sodass Neues entstehen kann? Denken Sie zum Beispiel an das Begrüßungsküsschen mit einem Menschen, das Sie schon lange stört und mit welchem kein gutes Gefühl mehr verbunden ist. Es braucht Mut, Gewohnheiten aufzugeben, weil wir nicht wissen, was dann passiert. Genau das macht das Neue schließlich aus! |
| **Auto(mobil)** | Von *sich selbst bewegend*. Es ist ein alter Menschheitstraum, dass alles von selbst geht. Wenn ein Mensch in sein unverfälschtes Selbst zurückkehrt, dann geht alles wie von selbst. Selbst ohne Automobil. |
| **Bankrott** | Von *verrotten*. Was ist faul? *Bankrott* leitet sich laut Duden vom italienischen *banco rotto* ab, was *zerbrochener Tisch* heißt. Gemeint ist wohl der Wechseltisch, weil es im Bankrott nichts mehr zu wechseln gibt. |

Bedeutung Von *deuten*. Mit dem Zeigefinger *deutend,* gewinnt das *deutlich* Hervorgehobene gemäß dem Energiegesetz der Aufmerksamkeit an *Bedeutung*. Selbst wenn es keinen Deut wert ist. Ein Mensch, der keinen Deut wert ist, ist es nicht wert, dass man mit dem Finger auf ihn zeigt. Eine *Deutung* ist auch eine Interpretation, eine Auslegung. *Bedeutung* ist also Auslegungssache. Stelle ich es heraus, so ist es bedeutend. Hebe ich es nicht hervor, so gebe ich ihm keine Bedeutung und es bleibt unwichtig. Siehe auch ***Interpretation.***

IMPULSE/SCHLÜSSELFRAGEN IM COACHING: Welchen Angelegenheiten messen Sie zu viel Bedeutung bei? Welche bedeutungsvollen Geschichten erfinden Sie hierzu und erzählen Sie immer wieder? Wie lange halten Sie sich schon in diesen Geschichten auf? Erfinden Sie schöne Bedeutungen, ohne zu überlegen, ob diese wahr oder unwahr sind.

Bedingung Die *Bedingung* ist an ein *Ding* geknüpft. Bedingungslose Liebe ist frei von fremdbestimmenden Dingen. Siehe auch **Absicht**.

IMPULSE/SCHLÜSSELFRAGEN IM COACHING: Arbeiten Sie, weil Sie Geld verdienen müssen oder lieben Sie Ihre Arbeit? Das ist das Ding mit dem Geld! Schenken Sie Ihrer Frau Blumen, damit Sie gut gestimmt ist, oder haben Sie einfach Freude am Schenken?

Bedürfnis Von *dürfen*. Bedürfnisse sind dazu da, dass wir sie in angemessenem Rahmen befriedigen. Die Befriedigung des Bedürfnisses nach Liebe verlangt Mut, sich zu öffnen und aktiv zu werden. *Bedürfnis*, *dürfen* und *es sich erlauben* gehören zusammen.

IMPULSE/SCHLÜSSELFRAGEN IM COACHING: Was erlauben Sie sich nicht? Zu welcher Handlung fehlt Ihnen der Mut? Welche Menschen beispielsweise schätzen Sie und würden Sie gerne näher kennen lernen? Welche negativen Gedanken können Sie aufgeben, sodass diese Begegnungen möglich werden?

befehlen In *befehlen* ist *fehlen* enthalten. Je mehr fehlt und deshalb zwangsweise zusammengehalten werden muss, desto lautstarker werden die *Befehle*. Ein gutes Beispiel hierfür ist das Militär. Der Zusammenhang von fehlen, befehlen und Angst spiegelt sich in der Volksweisheit „Wer schreit, hat Unrecht" wider. *Befehlen* kommt laut Duden von *Fell*. Wer befiehlt, hat Angst, dass ihm die Felle wegschwimmen könnten. Siehe auch **Fehler**.

Befriedigung Von *Friede* und *befrieden*. Die sexuelle Befriedigung führt in einen Zustand des Friedens oder befriedet. Eine rein physische Befriedigung ist Note „Drei" (befriedigend). Wie aber bekommen wir eine Zwei oder gar eine Eins? Das ist dann Sex mit Liebe.

Begeisterung *Begeisterung* wird erzeugt, indem wir unsere *geistige Kraft* in eine positive Vorstellung von Personen oder Sachen hineingeben. Begeisterung gehörte auch zum Schöpfungsakt. Gott hauchte Adam seinen *Geist* ein. Adam war von Gott *begeistert*. Stufen der Schöpfung können sein:

1. Urmasse: Gott formte Adam aus Lehm

2. Begeisterung

3. Formgebung (schöpfen, gestalten, also aus der Urmasse etwas formen)

Ohne Begeisterung bleibt Chaos. Keiner formt ohne die Vorstellungskraft, was geformt werden könnte. Ein anderer Begriff für Begeisterung ist Enthusiasmus, das aus dem Griechischen kommt: *theos = Gott*. *Enthusiasmus* heißt *in Gott sein*.

begreifen Von *greifen*. Mit *Begriffen* wird Leben *griffig* und *fassbar*. Menschen, die gelernt haben, sich auszudrücken, sind nicht so leicht aus der *Fassung* zu bringen. Mit Begriffen ist der Mensch gefasst. Ohne Begriffe ist er sprachlos. Im Wort *begreifen* steckt auch *reifen*. Sprache und menschliches Reifen gehören eng zusammen.

IMPULSE: Spüren Sie Sprachlosigkeiten in Ihrer Persönlichkeit auf. Bringen Sie Ihre Ängste zur Sprache. Fassen Sie Ihre Ängste in Worte, damit die Fassungslosigkeit verschwinden kann.

begründen Siehe unter **rechtfertigen**.

behäbig Von *Habe, Besitz*. Ein Mensch, der unersättlich *haben* will, wird leicht *behäbig* und schwerfällig. Sie können aber auch behäbig sein ohne Besitz. Das fühlt sich dann besonders schwer an!

behandeln Im (medizinischen) *Behandeln* sind die Begriffe *handeln* und *Hand* enthalten. Wir begeben uns in die Hand eines Arztes, damit gehandelt wird. Ein behandelnder Arzt kann mit Hand und Herz *berühren*. Laut Duden kommt *berühren* von *rühren*. Ein *gerührter* Patient ist mit neuen Anstößen *in Bewegung gesetzt* und handhabt sein Leben wieder selbst.

Behinderter   Einen Menschen als *Behinderten* zu bezeichnen heißt ihn auf eine negative Vorstellung zu fixieren. Der *Behinderte* wird unter ein Mangelkennzeichen subsummiert und damit als Mangelwesen abgestempelt: Der Mangel wird zu seinem Wesen. Der gesellschaftliche Stempel *Behinderter* lässt es nicht zu, die Kraft der Transformation hinter einer „Krankheit" zu erkennen. Die Stärke hinter der Schwäche bleibt verborgen. In England ist der Behinderte eine *handicapped person*. Dieser Ausdruck geht auf das Spiel *hand in cap* (= Hand in der Mütze) zurück. Laut Duden Herkunftswörterbuch bezeichnet es „... ein Rennen, bei dem die Gewinnchancen dadurch ausgeglichen werden, dass man leistungsschwächeren Teilnehmern eine Strecken- oder Zeitvorgabe gewährt (eine ‚Benachteiligung' für die Besseren)". Statt sprachlicher Ausgrenzung geht es bei unseren englischen Nachbarn um den Ausgleich unterschiedlicher Voraussetzungen. Auch das französische *handicapé* folgt dieser Fair-Play-Philosophie.

Behinderter ist eine Steigerungsform von *behindert*. Ist ein Behinderter noch behinderter als wir selbst? So gesehen ist die Bezeichnung *Behinderter* eine Projektion der eigenen Behinderung. Und überhaupt: Wer wird hier von was oder von wem behindert? Siehe auch **Transformation**.

Beifall   Von *fallen*. *Beifall* gibt es *beim Fallen*. Wenn nach dem Loslassen am Trapez kein (Auf)Klatsch folgt, klatschen die Zuschauer. Sie klatschen Beifall. Gerade die Momente werden beklatscht, in denen der Künstler oder Redner wirklich loslässt. Im *Klatsch* als Tratsch werden andere Menschen fallen gelassen, indem man schlecht über sie redet. Siehe auch **Klatsch**.

Beischlaf	Das hebräische Wort für *Erkenntnis* hat die Bedeutung *Beischlaf*. Die sexuelle Vereinigung zwischen Mann und Frau wird in der Bibel mit „und sie erkannten sich" ausgedrückt. Siehe auch **keusch**.
Beispiel	Von *bei* und *Spiel*, also *beim Spielen*. Gute Beispiele haben spielerischen Charakter. Im Spiel lernt der Mensch am leichtesten. Ein ernster Unterricht ist ein schlechtes Beispiel.
beitragen	Jemandem etwas *beitragen*. Wir tragen herbei, was ein anderer braucht. Beitragen ist ein Begriff aus dem Coaching, der gerne als Alternative für das negativ besetzte *helfen* („Helfersyndrom") genommen wird.
beleidigt	Der *Beleidigte* ist *im Leid*. Wer andere *be-leidigt,* wirft sein eigenes Leid auf andere Menschen. Der *Be-troffene* fällt vom Leid getroffen beleidigt in sich zusammen. Ärger legt sich auf die Leber. Daher der Ausdruck „beleidigte Leberwurst".
	IMPULSE/SCHLÜSSELFRAGEN IM COACHING: In welchen Situationen und mit welchen Menschen sind Sie schnell beleidigt? Wie lange halten Sie sich in diesem Leid auf? Was haben Sie davon, dass Sie leiden – was ist Ihr Gewinn?
beliebig	Von *lieben*. Beliebig hat heute den Sinn von *wahllos*. So be-liebig ist es in Wahrheit nicht, wenn das *Beliebige* von dem bestimmt wird, was wir *lieben*. Siehe auch **Interpretation** und **Zufall**.
Beruf	Von *rufen*. Dem inneren Ruf für eine Aufgabe folgen. Den *Beruf* als inneres Gerufenwerden zu verstehen geht auf Martin Luther zurück. Daran erinnert noch die *Berufung* bei Professoren: Sie folgen dem *Ruf* einer Universität. In Deutschland gibt es derzeit über vier Millionen Nichtgerufene – oder Schwerhörige.

Beschwerde	Von *schwer*. *Beschwerde* garantiert *Schwere*. Wenn wir uns *be-schweren*, machen wir uns selbst *schwer*. Sich über andere zu beschweren ist ein kläglicher Versuch, die eigene Schwere auf andere zu projizieren. Das muss zwangsläufig zum Bumerang werden. Ein anderer Begriff für *sich beschweren* ist *klagen*. Wir *beklagen* uns über unsere *Lage*. Sich beklagen ist Selbstmitleid. Zum Klagebegriff schreibt der Duden: „Der rechtliche Sinn des Wortes klagen entwickelte sich schon früh aus dem Brauch, bei der Ertappung eines Verbrechers ein Not- und Hilfegeschrei zu erheben und den Täter vor Gericht mit Geschrei und Gejammer zu beschuldigen." Vor Gericht gibt es Kläger und Beklagte, nicht nur in Straf-, sondern auch in Zivilangelegenheiten. Billiger allerdings ist die Dauerklage über das Wetter, über welches Menschen ständig wettern. Ein unbeschwertes Dasein führt zu einem beschwingten Leben. Ein Leben mit Schwung. Siehe auch **fallen**. IMPULSE/SCHLÜSSELFRAGEN IM COACHING: Wie heißen Ihre drei gewichtigsten Beschwerden? Über was und über wen beschweren Sie sich regelmäßig? Formulieren Sie diese Beschwerden schriftlich und fragen Sie anschließend nach dem Gewinn, den Sie mit dieser Beschwerde erzielen.
besitzen	Von *sitzen*. Neben materiellem können wir auch geistiges Gut besitzen. Die Materie folgt dem Geist. Wenn wir etwas verstanden haben, sagen wir auch: „Das sitzt." Das heißt, es ist fest installiert. Geistiger Reichtum schlägt sich zur rechten Zeit auch in materiellem Reichtum nieder. Geduld! *Besitz* fordert nicht auf, darauf zu *sitzen* wie die Glucke auf ihren Eiern. Wer *besessen* ist vom *Eigentum*, wird leicht *eigentümlich*. Siehe auch **reich**.

Besorgung	So manche Menschen besorgen es sich gründlich. Statt einzukaufen gehen sie Be*sorgungen* machen und machen sich Sorgen, ob das Sonderangebot vergriffen ist, ob das Geld an der Kasse reicht oder ob das Geschäft überhaupt geöffnet ist.
Besonderes	Im Sinne von *sich als etwas Besonderes fühlen*. Hintergrund ist die Angst, *abgesondert* zu werden. Gerade in so genannten christlichen Endzeitkirchen finden sich gerne Menschen zusammen, die nach der *Er-Lösung* ihrer Hintergrundkulisse *abgesondert zu sein, nicht dazuzugehören oder ausgeschlossen zu sein*, suchen. So verwandeln beispielsweise die Zeugen Jehovas und die Neuapostolische Kirche bewusst oder unbewusst die Angst vor Aussonderung in das Markenzeichen des Auserwähltseins. Siehe auch **Ausnahme**.
besser	„Das Bessere ist der Feind des Guten" (Voltaire). Gut ist gut. Güte kennt keine Steigerung. Gut genügt.
bestellen	Eine Bestellung gibt der Bauer auf, der seinen Acker bestellt. Statt den Acker brach liegen zu lassen, *bestellt* er, indem er den Boden für die Saat bereitet und sät. *Bestellen* bedeutet wie *vorstellen* Liegendes (Anlagen und Potenziale) in *Stellung* zu bringen. Vergessen wir nicht, bei unserer *Bestellung Stellung* zu beziehen, uns zu positionieren. Sonst könnten wir uns wie bestellt und nicht abgeholt fühlen! Siehe auch ***positiv***.

IMPULSE: Vor Ihrem Hintergrund, wer Sie mit Ihren Talenten sind, können Sie eine klare Vorstellung dafür gewinnen, was Sie im Außen erreichen wollen und dementsprechend bestellen. Formulieren Sie dies schriftlich! Viele Menschen bestellen, um ihr Mangelgefühl auszugleichen und verstehen nicht, warum Sie mit dieser Bestellung ihre Angst stabilisieren. Sie bestellen mit der Kulisse, wer sie nicht sind, und erhalten, was sie nicht möchten.

Bestimmung Wenn wir in *Stimmung* sind, finden wir unsere *Bestimmung*. In dem Begriff ist auch die *Stimme* enthalten. Hier sind wir wieder bei *Ruf* und *Beruf*, den wir hören oder nicht. Wer seiner *Bestimmung* folgt, hat seine innere *Stimme* vernommen. Und dann *stimmt* es! Wir sind in *Übereinstimmung* mit uns selbst und haben ein *bestimmtes* Auftreten. Ein *bestimmendes* Auftreten dagegen hat ein Mensch, der noch nicht in seiner *Bestimmung* ruht. Müsste er sonst *bestimmend* sein?

Beurteilung Bei der geringschätzenden *Be-ur-teilung* eines Menschen *zerteilen* wir sein *ursprüngliches* Wesen in Stücke. Wir nehmen jemanden auseinander statt ihn als Ganzes wahrzunehmen. Siehe auch **Interpretation**.

IMPULSE: Wenn Sie Menschen wirklich beurteilen müssen – zum Beispiel als Lehrer – dann tun Sie das mit Wertschätzung!

bewegen Ohne *Bewegung* kommen wir nicht *auf den Weg*. Aber auch wer sich wild bewegt, kommt vom Weg ab. Er ist dann *ver-wegen*.

IMPULSE/SCHLÜSSELFRAGEN IM COACHING: Wo zeigt sich Stillstand in Ihrem Leben und wo ist Ihr Leben zu schnell geworden? Wie können Sie Erlahmtes wieder aktivieren, beispielsweise Ihre Partnerbeziehung? Und wie lassen sich Hochgeschwindigkeiten – zum Beispiel in einem beruflichen Projekt – drosseln? Wie können Sie sich zeitweise herausziehen und sinnvoll delegieren? Welche Sorgen können Sie an Gott abgeben, weil Sie auf die Veränderung der Dinge ohnedies keinen Einfluss haben?

Beziehung Von *ziehen* und *beziehen*. Wenn in einer Beziehung unklar ist, wer sich auf welchen Part in seinem Partner bezieht oder wenn der Bezug zueinander nicht ausgewogen ist, wird schnell ein Ziehen und Zerren daraus. In Deutschland wird heute jede zweite Ehe zerrissen.

IMPULSE/SCHLÜSSELFRAGEN IM COACHING: Auf was beziehen Sie sich in Ihrem Partner? Haben Sie Erwartungen an ihn, die er nicht erfüllen kann oder für die er gar nicht zuständig ist? Was projizieren Sie auf ihren Partner, welche Ängste, welche Sehnsüchte? Wollen Sie beispielsweise die Geborgenheit, für die Ihr Vater oder Ihre Mutter zuständig gewesen wäre? Oder wollen Sie von Ihrem Partner die Anerkennung, die Sie sich selbst verweigern? Oder beziehen Sie sich auf die Liebe Ihres Partners?

Bildung Sich ein *Bild* machen, eine *Vorstellung* entwickeln von jemandem oder etwas. Wirkliche *Bildung* baut auf kraftvolle Vorstellungen.

bisschen Ein „*Bisschen*" ist zu wenig. Warum nicht gleich *richtig zubeißen*?

bodenlose Frechheit	Gemeint ist eine *Frechheit* ohne Grund, ohne *Boden* oder eine Frechheit, die uns den *Boden* unter den Füßen wegzieht.
böse	Von *gering, wertlos,* eng verwandt mit norwegisch *baus = stolz, heftig;* laut Duden „eigentlich ‚aufgeblasen, geschwollen'". Wenn Sie geschwollen daherreden, sind Sie schon böse. Ein Mensch, der sich *erbost*, bläst sich auf, damit er nicht so gering und wertlos wirkt. Jemand, der sich nicht geschätzt und wertlos fühlt, wird diese *geringe* Position unter Umständen mit *Stolz* ausgleichen. Ein Mensch, der sich in seiner Mathematikarbeit *böse* verrechnet, muss nicht in die Hölle. Böse heißt hier, dass das falsche Resultat weit entfernt, nach oben oder nach unten, vom richtigen Ergebnis ist.
Brainfresh	Von englisch *brain* (= Gehirn) und fresh (= *frisch, unverschämt/frech)*. Frechheit wurde im Mittelhochdeutschen gerne im Kontext mit Kühnheit gesehen. So wie *brav* ursprünglich die Bedeutung *tapfer* hatte, analog dem englischen *brave* – was etwa im Filmtitel „Braveheart" sichtbar wird.
Brauch	Von *brauchen*. Bräuche werden von Menschen *ge-*brauch*t*. Wie das *Fest* bietet der Brauch *Festigkeit* und *Halt*. Von Zeit zu Zeit ist es wichtig zu überprüfen, ob bestimmte Bräuche tatsächlich noch gebraucht werden. Der Brauch der Beschneidung von Mädchen ist eindeutig ein *Missbrauch*, der der patriarchalen Machterhaltung dient.

brechen Ein körperliches Symptom des Unwohlseins. An dem Wort *brechen* wird die Signalfunktion des Körpers deutlich. Manche Menschen müssen sich nach einem Knochenbruch erbrechen. Der Zusammenhang zwischen mentalem und körperlichem *Brechen* und *Erbrechen* tritt bei dem schamanischen Ayahuasca-Ritual zu Tage: Die Energiewellen, die ein aus Lianen gewonnener Saft im Menschen auslöst, lassen zwei Gefühle in Streit geraten: Der Verstand, das Ego, will die Kontrolle, die Droge aber zwingt zum Loslassen, zum *Sichübergeben* an die höhere Kraft. Das sich aufbäumende Ego, das manchmal *zum Kotzen* ist, wird *gebrochen*, *herausgebrochen*. Ayahuasca hat eine reinigende Kraft und ist von der WHO als Heilpflanze anerkannt.

breit sein Umgangsprachlich für *betrunken sein* oder *unter Drogeneinwirkung stehen*. Der Duden führt dazu an: „Der Torkelnde benötigt eine breite Straße." Im übertragenen Sinn kann das bedeuten: *Breit sein* statt *bereit sein,* statt in die Tiefe zu gehen. *Breit* und *verstreut* sein, statt auf dem Punkt zu kommen. Etymologisch ist *bereit* mit *reiten* verwandt. Im übertragenen Sinn sind wir im *Bereitsein* zum Aufbruch bereit.

Brust	Eine *Brüstung* ist ein brusthoher Vorbau. Jemand, der sich besonders hervortun möchte, *wirft sich in die Brust* oder spricht stolz *mit geschwellter Brust*. Er *brüstet sich*. Neben ihrem sensorischen Reiz besteht die Funktion weiblicher Brüste darin, Babys mit Muttermilch zu versorgen und im mentalen Bereich Geborgenheit und Ruhe zu schenken. Wir können auch an den Begriff *Stillen* für das Saugen des Kleinkindes an der Brust denken. Das ist der gebende Teil. Zum Ausgleich braucht es einen nehmenden Teil, der darin besteht, dass die gebende Mutter nimmt, indem sie sich selbst in ihrer Größe hervorbringt und zeigt, was sie auf der Brust hat. Ein Mensch, der sich nicht hervorbringt, ist unter Umständen schwach auf der Brust. Die Selbstunterdrückung der Mutter und Frau in einseitiger Aufopferung kann nach Ruediger Dahlke zum körperlichen Symptom Brustkrebs führen: „Angst, sich selbst zu leben; zwischen alter und neuer Frauenrolle hin und her gerissen sein (Konflikte bzgl. Emanzipation); ... Vernachlässigung des eigenen individuellen weiblichen Weges ..."[29]
Chaos	Der Begriff *Chaos* bezeichnet die *ungeformte Urmasse der Welt*. Chaos im ursprünglichen Sinn ist also ein Rohstoff. Ohne *Urmasse* gibt es nichts zu formen. Siehe auch **Leben**.
chronisch	Chronik bezeichnet laut Duden die „Aufzeichnung geschichtlicher Ereignisse nach ihrer Zeitfolge". Es gibt eine kollektive, eine familiäre und eine persönliche Chronik. Jede chronische Krankheit hat Hintergrundgeschichten. *Chronisch* ist die negative Essenz dieser Geschichte, die sich in Krankheit niederschlägt.

---

[29] Ruediger Dahlke: Krankheit als Symbol. Bertelsmann 2002, S. 155.

Glossar

Coach   Das englische *coach* steht ursprünglich für *Kutsche* und *Kutscher* zugleich. Heute bezeichnet man damit allgemein einen Trainer und speziell einen persönlichen Begleiter, der Menschen darin unterstützt, ihre Potenziale zu entwickeln und aus eigener Kraft Probleme zu lösen. Ziel eines Coachings ist es, Kutscher seiner eigenen Kutsche zu sein, statt ein fremdgesteuertes Leben zu führen beziehungsweise sogar im falschen Zug zu sitzen.

daheim   Im Englischen *back home*, also wörtlich *zurück im/ins Heim*. Wenn wir *nach Hause* wollen, heißt das zurückkehren statt beispielsweise immer höher auf der Karriereleiter zu steigen. *Back home* ist ein Grundgefühl, das es uns erlaubt, vertrauensvoll nach vorne zu gehen.

daneben benehmen   Wer nicht bei sich ist, benimmt sich leicht daneben.

Dasein   Von *da sein*. Wir brauchen keine Angst zu haben, dass etwas Wesentliches fehlt im *Dasein*. Die Freude, *da zu sein* und Dinge und Menschen im Dasein zu erkennen, drückt sich in den ersten Worten eines Kleinkindes aus, welches *da da* ruft. Von diesem einfachen Grundprinzip der Freude im Dasein lebte der *Dadaismus*.

IMPULSE/SCHLÜSSELFRAGEN IM COACHING: Was scheint weg zu sein auf Ihrem Weg? Was steht Ihnen *tat*sächlich in Ihrem *Da*sein zur Verfügung, sodass sie sofort zur Tat schreiten können? Stellen Sie sich diese Frage besonders, wenn Mangelgefühle Ihren Alltag dominieren. Machen Sie ein Brainstorming und schreiben Sie die wichtigsten Gedanken auf.

deklarieren	Coachs arbeiten gerne mit dem Terminus *deklarieren*. Die Teilnehmer präsentieren ihre Absichten öffentlich vor einer Gruppe. Im Begriff *Deklaration* ist das Wort *kla*r enthalten: Deklarieren ist bereits der erste Schritt zur *Klarheit*. IMPULSE/SCHLÜSSELFRAGEN IM COACHING: Was genau möchten Sie deklarieren? Für was nehmen Sie eine Haltung ein? In welchem Rahmen und wem gegenüber möchten Sie eine Deklaration abgeben? Wählen Sie Menschen aus, mit denen Sie eine gute Verbindung haben. Sie sollten für Sie wichtig und kompetent sein und vor allem selbst genügend Wertschätzung besitzen, sodass Sie mit dieser nicht geizen müssen. Durch diese Deklaration verpflichten Sie sich. Erzählen Sie auf keinen Fall wahllos Menschen über Ihre Vorhaben. Hierzu sagte einmal ein weiser Lehrer: „If you want to ruin a project, talk about it!" – „Wenn du ein Projekt ruinieren willst, sprich darüber!"
Delfin	Der Delfin ist ein Säugetier. Die Wissenschaft interessiert sich besonders für sein ausgeprägtes Sozialverhalten. Er gilt als außergewöhnlich intelligent. Selbst telepathische Fähigkeiten werden ihm zugesprochen. Der Delfin verkörpert Weisheit. Interessanterweise ist er lautmalerisch mit Delphi verwandt, der Stätte des berühmten Orakels im antiken Griechenland.
Demut	Von mittelhochdeutsch *muot* (= dienen) und *Mut*. *Demut* verlangt *Mut*. Aus Mut ohne Demut wird leicht Hochmut.
destruktiv	Siehe unter **konstruktiv**.
Deutung	Siehe unter **Interpretation, Beurteilung** und **wahrnehmen**.

Glossar

Double-bind-Worte — *Brutal schön, furchtbar nett, todschick, ganz schön schlecht, verdammt gut.* Auch im Englischen sagt man *terribly good (= schrecklich schön)*. Das englische *double-bind* selbst meint *doppelte Bindung*, also zwischen zwei Dingen gefangen sein. Es findet ein Hin und Her statt. Wenn uns jemand auffordert, zu ihm zu kommen und uns gleichzeitig mit einer Handbewegung von sich weist, dann ist das ein Double-bind-Verhalten. Ein weiteres Beispiel ist der Glaubenssatz „Selbstständige haben es einfach schwer!" Ja, was nun, haben sie es einfach oder haben sie es schwer?

durch den Wind sein — Positives Bild: ein Mensch, der durch den Wind ist, hat den Sturm und die Turbulenzen überstanden. Er weiß aber meistens nicht, dass er schon durch ist.

durch die Bank gut — Den meisten Menschen geht es allerdings *durch die Bank* eher *schlecht*. Bert Brecht sagte: „Was ist der Einbruch in eine Bank gegen die Gründung einer Bank?" Nur auf der Parkbank kann sich ein Mensch wirklich gut zur Ruhe setzen.

durcheinander — Das Gefühl, *durcheinander* zu *sein*. Positives Bild: *Durch einander* können wir lernen.

Durchfall — *Durchfall* können wir auf unterschiedlichen Ebenen haben: Geistig-seelisch können wir Angst vor dem Durchfallen (in Prüfungen) haben, was häufig als körperlicher Durchfall zum Ausdruck kommt. Auf körperlicher Ebene ist *Durchfall* eine Reinigungsprozedur. Auf mentaler Ebene ist er eine Übung, negative Gedanken *fallen* zu lassen und somit auch eine Reinigung. *Fallen* ist ein kollektives Phänomen. Der erste Bungee-Sprung ist der *Fall* aus dem Paradies, der Fall aus der Einheit.

durch-wachsen	Wenn das Leben *durchwachsen* ist, können wir dadurch *wachs*en und da *durchwachsen*: mitten durch das Dickicht hindurch.
echt	Im Sinne von *original* und *natürlich*. Wer bin ich in meinem ursprünglichen Naturell? Das ist des Urquells sprudelnde Frage! Erst wenn ich weiß, wer ich im Inneren bin, mit allen meinen positiven Potenzialen, kann ich meine wirkliche Persönlichkeit nach außen bringen. Wenn jemand innen wie außen ist, also sagt, was er denkt, und tut, was er sagt, erlangt er Authentizität: die innen wie außen gelebte Originalität und Natürlichkeit. Echt hat zudem mit Wert zu tun. Echter Schmuck verkörpert einen klaren Wert. Nachgemachtes und Kopien täuschen diesen Wert nur vor. Ohne Original gibt es keine Kopie. Mit jeder Kopie verblasst die dem Original innewohnende Kraft. Blässe ist bereits ein Krankheitssymptom. Es sei denn, es handelt sich um eine noble Blässe. Ein selbst bestimmter, also ein von seinem Selbst bestimmter Mensch ist echt. Echt gut! Ein fremd bestimmter Mensch ist sich selbst fremd und befremdet andere. Nicht bei sich, benimmt er sich leicht daneben. Nicht bei sich sein heißt auch, nicht bei sich zu Hause sein. Dieser Mensch ist nicht heimisch, sondern fremd, und er lebt von Fremden und Fremdem. Er hat sich von sich selbst entfernt, so wie *fremd* ursprünglich *entfernt, weg von etwas* bedeutet.
Ecstasy	Designerdroge. Von lateinisch *ecstasis* (= *aus sich heraustreten*). Heraus ist einfach. Aber wie geht es wieder zurück? *Ekstase* bezeichnet auch *religiöse Verzückung*. Etwas mehr Verzückung täte manchen Priestern gut!

Eifersucht	Von *Eifer* und *suchen/Sucht*. Das französische *jalousie* (= Eifersucht) findet sich im deutschen *Jalousie* (= Rollladen) wieder. Es zeigt sich das Klischee des Eifersüchtigen, der die Jalousie einen Spalt breit öffnet, um sich zu vergewissern, dass er mit seiner Eifersucht auch richtig liegt. Die Vorstufe zum Voyeurismus ist erreicht.
Eigeninitiative	*Eigen-Initiative* weist darauf hin, das *Eigene* zu *initiieren* und sich selbst hervorzubringen, statt ständig Fremdes zu inszenieren.
	IMPULSE/SCHLÜSSELFRAGEN IM COACHING: Von welchen Menschen und in welchen Situationen fühlen Sie sich fremdgesteuert? Warum fahren Sie nicht mit Ihrem eigenen Auto? In welchen Sparten Ihres Lebens übernehmen Sie keine Verantwortung? Kaufen Sie sich zum Beispiel Ihre Unterwäsche selbst oder hat Ihre Frau dieses Kommando übernommen? Wer hat die Hosen an? In welchen Lebensbereichen fühlen Sie sich träge? Was könnten Sie initiieren?
Eigentum	Siehe unter **besitzen**.
einfach	Vieles ist einfach. Wenn es nur *ein Fach* gibt, ist es sinnlos, tausend Schubladen aufzureißen.
Einfall	Etwas, das in unseren Kopf *hineinfällt*, so wie der *Zufall* uns einfach *zufällt*. Am *Fallen* erkennen wir, dass der *Einfall* plötzlich erfolgt, natürlich mit *Fallgeschwindigkeit*. Der *Einfall* ist ein Momenterlebnis. Angeblich liebte es der Erfinder der Elektrizität, mit Eisenkugeln in den Händen im Stehen einzuschlafen. Wenn diese im Moment des Einschlafens auf den Boden knallten, wachte er auf und konnte sich optimal an die Gedanken während des Hinübergleitens in die Schlafwelt erinnern. Er war davon überzeugt, in diesen Momenten die besten *Erfindungen* zu *finden*.

IMPULSE: Sind Sie offen für Einfälle oder haben Sie wegen Dauerstress für kreative Momente geschlossen? Insbesondere in den frühen Morgenstunden sind wir für Einfälle auf Empfang geschaltet. Es sei denn, Sie beschleunigen wie ein Porsche und springen vom Bett direkt in die Arbeit. Im amerikanischen Coaching gibt es die Übung „Morningpaper". Das bedeutet, dass Sie sofort nach dem Aufwachen alle Gedanken aufschreiben, die Ihnen in den Kopf kommen. Auch die unwichtigen. Hierunter finden Sie zuweilen sehr kreative Einfälle. Der Rest kommt zu den Abfällen.

eingebildet Siehe unter **Angeber**.

Einsatz *Ein-Satz.* Der beste Einsatz bedarf nicht vieler Worte, vielleicht nur eines Satzes.

IMPULSE: Verfahren Sie nach der weisen Regel von Sokrates: „Sage nur das Gute, das Wahre und das Nötige!" Da gibt es nicht mehr so viel zu reden. Beobachten Sie Ihre Sprache unter diesen Aspekten!

Einstellung Unser Geist ähnelt einer Maschine. Um zu funktionieren, muss er auf *Ein* gestellt und *eingestellt* sein. Je nach *Einstellung* wird Unterschiedliches produziert. Wenn wir beispielsweise unsere „Denkmaschine" auf Ärger programmieren, produziert sie Ärger und befasst sich mit allem, was ärgert und nach Ärger aussieht. Stellen wir uns auf Liebe ein, senden und empfangen wir Liebe.

IMPULSE: Beobachten Sie, was Sie von außen empfangen und untersuchen Sie, was Sie durch Ihre Einstellungen gesendet haben! Finden Sie treffende Titel für Ihre Empfangsprogramme wie „Allein gegen den Rest der Welt" oder „Immer ich". Formulieren Sie Programmtitel, die Ihnen Kraft geben!

Emotion	Von englisch *motion* (= Bewegung). *Emotionen* als seelische Erregungen *bewegen sich* von innen nach außen. *Bewegende* Momente können entstehen.
empfinden	Von *finden*. In der *Empfindung* finden wir tief Bewegendes. In der Tiefe sind auch alte Wunden versteckt. Der Mensch stößt dort auf seine *Empfindlichkeiten* und empfindet Schmerzen aus alten Verletzungen. Das könnte der Grund sein, warum viele Menschen Tiefe vermeiden und lieber ein oberflächliches Leben führen. Bei stark verkrusteten Wunden reagieren wir nicht mehr empfindlich. Siehe auch **reflektieren**.
	IMPULSE/SCHLÜSSELFRAGEN IM COACHING: Was finden Sie in Ihren Empfindlichkeiten? Welche Themen wiederholen sich? Wie alt sind diese Themen? Was ist damals passiert? Ist es wirklich passiert oder haben Sie eine Geschichte daraus gemacht? Wenn Sie wissen, dass es eine Geschichte ist, dann erfinden Sie eine neue, aber schöne Geschichte! Doch nicht immer ist es so einfach und besonders nicht, wenn wir komplizierte Komplexe entwickelt haben. So manche schmerzvollen Empfindlichkeiten lassen sich erst in längeren Coachings oder Therapien auflösen.
empören	Wenn wir uns *empören*, steigen wir von unten *empor* auf die *Empore*. Das ist die Bezeichnung für den oberen Raum einer Kirche. In der *Empörung* über jemanden stoßen wir diesen Menschen nach unten. Wir *kanzeln* ihn ab. Und immer noch sind wir in der Kirche. Empörung ist eine Form des *Vor-wurfs*, mit welchem wir andere *abwerfen*. Siehe auch **Vorwurf** und **Beschwerde**.

Engagement	*Engagieren* heißt *verpflichten*, *unter Vertrag nehmen* (in *Engagement* steckt auch *Gage*). Doch ist Engagement auch ohne Gage möglich. Das englische *to be engaged* heißt auch *verlobt sein*. Mit der Verlobung verpflichten wir uns zur Heirat. Die Verpflichtung unterscheidet Engagement von Aktionismus, besonders von blindem Aktionismus. IMPULSE/SCHLÜSSELFRAGEN IM COACHING: Wo in Ihrem Leben sträuben Sie sich, Verpflichtungen zu übernehmen? Wo sind Sie engagiert?
entdecken	Von *auf-decken*. Bei der *Entdeckung* wird das, was vorher *zugedeckt* war, *aufgedeckt*. Amerika gab es schon vor der Entdeckung durch Kolumbus. Das Entdeckte als Eigentum zu betrachten und im Fall Amerikas die Indianer zu vertreiben und zu vernichten ist eine eigentümliche Verwechslung.
Enthusiasmus	Siehe unter **Begeisterung**.
entscheiden	Im *Entscheiden scheiden* wir von etwas. Wir nehmen Abschied. Entscheidungen fallen schwer, wenn wir nicht loslassen. Ruediger Dahlke zufolge ist das Entscheiden der tatkräftigen bis aggressiven Marsenergie zugeordnet. Er verweist auf das Bild des Kriegers, der sein Schwert aus der Scheide zieht, um eine Entscheidung herbeizuführen. Entscheiden ist also nichts für Weichkekse. Siehe auch **entschließen**.

IMPULSE/SCHLÜSSELFRAGEN IM COACHING: Was in Ihrem Leben lassen Sie einfach so laufen, ohne Entscheidungen zu fällen? Von welchen Menschen trennen Sie sich nicht, obwohl diese Sie schon lange nerven? Was ist Ihr scheinbarer „Gewinn", an dem Sie festhalten? Was kostet Sie das? Was könnte schlimmstenfalls passieren, wenn Sie sich trennen? An welche klaren Entscheidungen, die Sie in Ihrer Vergangenheit getroffen haben, können Sie sich erinnern? Was ist danach Positives geschehen?

ent-schließen
Im Gegensatz zum *Verschließen* öffnen wir im *Entschließen* etwas und setzen Energie frei. Ein *entschlossener* Mensch ist tatkräftig und voll Energie. Entschließen ist wie Entscheiden eine Quelle der Energie. Siehe auch **entscheiden**.

IMPULSE/SCHLÜSSELFRAGEN IM COACHING: Was halten Sie unter Verschluss? Welche persönlichen oder familiären Geheimnisse bewahren Sie? Was belastet Sie in Ihrem Leben? Finden Sie eine Sprache für Ihre Geheimnisse, Ihre kleinen und großen Peinlichkeiten und suchen Sie nach einem Menschen, dem Sie sich anvertrauen können. Sich nicht entschließen können ist oft mit alten Ängsten gekoppelt!

Enttäu-schung	*Ent-Täuschung* heißt zunächst wörtlich, dass wir aus dem Gefühlszustand einer Täuschung herausgehen *(ent- = weg von etwas)*. Einer *Ent-Täuschung* liegt also eine *Täuschung* zu Grunde. Wir haben uns und/oder eine andere Person getäuscht und/oder eine andere Person hat uns getäuscht. Zugleich ist in dem Begriff Täuschung der Begriff *Tausch* enthalten. Das heißt, die Täuschung besteht darin, dass ein Tausch, ein Tauschhandel mit uns selbst oder mit anderen Personen beabsichtigt war. Doch irgendwie hat dieser Handel nicht funktioniert. So habe ich unter Umständen etwas unter einer unausgesprochenen Bedingung gegeben und bin nun enttäuscht, dass das Erwartete nicht eintrifft. Doch vielleicht weiß der, von dem ich „es" erwarte, gar nicht, was ich erwarte. Oder vielleicht weiß ich selbst nicht, was ich erwartet habe. Vielleicht wurde auch etwas ver*tausch*t, also verwechselt. *Tausch* und *Täuschung* erfolgen nicht offen. Sie spielen sich entweder unbewusst ab oder auf verdeckter Ebene, wo auch *vertusch*t und *getuschelt* wird. Die Enttäuschung ist im Grunde genommen eine *Ent-Tauschung*, eine *Enttarnung*. In der *Enttäuschung* sind wir zutiefst geknickt. Es ist also eine Null-Stellung wie der Reset-Knopf am Computer. Wir haben die Chance, aus dem Erwartungs-Enttäuschungs-Zyklus auszusteigen und von vorne zu beginnen. Oft aber wird *Enttäuschung* nicht als Chance des Neubeginns angenommen, sondern als Vorwurf gegen Menschen genutzt, die wir für unsere *Enttäuschung* verantwortlich machen. Dabei sagen wir ganz deutlich: *Ich* habe *mich* getäuscht. Es gibt also keinen Grund, auf einen anderen Menschen sauer zu sein. Schließlich haben wir uns selbst getäuscht. Siehe auch **erwarten** und **hoffen**.

IMPULSE/SCHLÜSSELFRAGEN IM COACHING: Bei welchen Menschen hegen und pflegen Sie große Erwartungen? Was sind heimliche Erwartungen an Sie selbst? Untersuchen Sie alte Enttäuschungsgeschichten. Wie haben Sie sich getäuscht? Finden Sie eine Sprache für diesen Tauschhandel!

entwickeln Ent-wickeln, im Gegensatz zum *Verpacken*. Wie Weihnachtsgeschenke können wir unsere Gaben Stück für Stück auspacken und *ent-wickeln*. Siehe auch **entdecken**.

Erbgut Von *gut*, sonst hieße es *Erbschlecht*. Das *Erbgut* bleibt gut, auch wenn wir das Gute nicht sofort erkennen. Es verlangt Reife, zum Beispiel das Down-Syndrom als gutes Erbgut anerkennen zu können. Geht es dem „mongoloiden Kind" oder der Gesellschaft mit diesem Kind schlecht? Wie viel Friede und Liebe bringen diese Kinder direkt in die Welt? Welchen Ausgleich schaffen sie in unserem Gesellschaftssystem? Mongoloide Kinder konfrontieren durch direkte Kontaktaufnahme, unabhängig vom Denken der anderen. Abneigung drücken sie sofort und unmissverständlich aus.

IMPULSE/SCHLÜSSELFRAGEN IM COACHING: Welches mentale oder physische Erbgut können Sie nur schwer als Gut annehmen? Welche verborgene Kraft steckt dahinter? Was ist Ihnen beispielsweise dadurch unmöglich oder möglich? Gravierende Themen sind oft nur im Gespräch mit anderen Menschen, einem Coach oder einem Therapeuten erfolgreich zu durchleuchten.

Ereignis	Von *eigen*. Wir nehmen im *Ereignis* das *Eigene* wahr. Das *Eigene* ist innen, das *Ereignis* außen. Das entspricht dem metaphysischen Gesetz: *innen wie außen*. *Ereignen* kommt ursprünglich von *eräugnen,* was *vor Augen stellen* bedeutet. Auch hier gilt: Was wir im Außen mit unseren Augen sehen, wird von unserer eigenen inneren Vorstellung bestimmt. Siehe auch **reflektieren**.

IMPULSE/SCHLÜSSELFRAGEN IM COACHING: Bei welchen Ereignissen können Sie den roten Faden zu Ihrem Eigenen erkennen? Bitte positive Ereignisse und scheinbare Zufälle nicht vergessen! Ereignisse, die Sie tief treffen, Ihnen aber völlig fremd erscheinen, sollten Sie mit einem professionellen Partner besprechen.

Erfahrung	Von *fahren*. *Erfahrung* machen wir im *Fahren*, also in Bewegung. Die geistige Bewegung wird erst durch das körperliche Tun zur *Erfahrung*.
erfinden	Von *finden*. Wir können nur *finden*, was bereits da ist. Suchen ist die Voraussetzung für *Erfinden*. Siehe auch **entdecken**.
Erfolg	Von *folgen*. *Erfolg* ist die *Folge,* also die Wirkung einer Ursache. *Folgen* bedeutet auch *Folgsamkeit* und *Gehorsamkeit*. Gehorsam im Sinn von *gehörsam*. Ein Mensch mit feinen Sinnen hat bessere Chancen, erfolgreich zu sein. Es gibt auch Erfolgsmenschen ohne feine Sinne, aber mit gutem Instinkt für Geschäfte. Siehe auch **Wirklichkeit**, **gehorsam**, **Ergebnis** und **Ertrag**.

IMPULSE/SCHLÜSSELFRAGEN IM COACHING: In welchen Lebensbereichen sind Sie erfolgreich, in welchen nicht? Sind Sie auch in Ihrer Partnerschaft und in Ihrer Familie erfolgreich? In welchen Bereichen empfinden Sie Sinnlosigkeit? Gibt es Persönlichkeitsteile, mit denen Sie noch nicht erfolgreich sind? Welchen Impulsen folgen Sie nicht?

Ergebnis Von *geben*. Wie der *Erfolg folgt*, so *ergibt* sich das *Ergebnis*. Vorausgesetzt, die Aussaat ist erfolgt und wir haben die Saat gepflegt. Im Begriff *Ergebnis* ist das *Ergebensein* enthalten. Ergebenheit basiert auf dem Grundvertrauen, dass sich ein gutes Ergebnis ergibt. Ergebenheit bedeutet auch Bescheidenheit. Der Ergebene ergibt sich. Gemeint ist: *Er gibt* sein Ego *auf*. Siehe auch **Erfolg** und **Ertrag**.

IMPULSE/SCHLÜSSELFRAGEN IM COACHING: Wo und mit welchen Menschen zeigen Sie sich nicht ergeben, sondern haben auf Rechthaben und Kampf geschaltet? Was ist der Preis hierfür?

erinnern *Erinnern* findet im *Innern* statt. Wenn wir wissen wollen, wer wir sind, müssen wir nach innen gehen. Auch Weisheit kommt von innen. Im Englischen heißt *erinnern to remember = wieder Mitglied (werden)*. *Member* ist verwandt mit *memory*, das wir als Spiel kennen. *Memory* heißt Gedächtnis. Der Sinn von *remember* ist, uns zu *erinnern*, dass wir ein Glied, ein Teil des Ganzen sind. In Verbundenheit und Aufgehobensein kann kollektives Wissen und Weisheit bewusst werden. Fühlen wir uns jedoch vom Ganzen und von anderen Menschen getrennt, also statt aufgehoben fallengelassen, so gerät unser Bewusstsein in einen Ausnahmezustand: Wir fühlen uns herausgenommen. Notmanagement und Stress sind die Folgen. Das Erinnerungsvermögen wird in Mitleidenschaft gezogen. Denken wir beispielsweise an den Blackout im Prüfungsstress: Nichts fällt uns mehr ein. Siehe auch **Ausnahme**.

IMPULSE: Blackouts, Vergesslichkeiten, auch von Namen, und sogar immer wieder auftauchende Rechtschreibfehler Ihrer Kinder sind oft stressbedingt. Kinesiologische Stressablösungen und EFT (Energiefeldtherapie) können hier ausgleichend wirken.

erklären Von *klären*. Erklären ist ein Prozess. Das heißt, etwas soll klar werden, ist es aber noch nicht. Wer sich ständig *erklären* muss, hat noch keine *Klarheit* und hält sich in der Unklarheit auf. Siehe auch **rechtfertigen**.

IMPULSE/SCHLÜSSELFRAGEN IM COACHING: Hören Sie bewusst auf Ihre Sprache! Müssen Sie sich ständig erklären, weil Sie Angst haben missverstanden zu werden oder weil Sie sich auf schlechtes Gewissen programmiert haben? In welchen Situationen und im Kontakt mit welchen Menschen taucht Ihre Unklarheit auf? Was ist in Ihrem Leben ungeklärt? Menschen, die sich nicht verstanden fühlen, reden unter Umständen besonders viel oder sie schweigen. Zurück im Grundvertrauen verschwinden so manche Erklärungen im Selbstverständnis.

erlösen Von *lösen*. Bei der *Erlösung* geht es um die Lösung von geistig-seelischen Verklebungen. Das Los des Menschen ist es, sich vom Negativen loszulösen.

IMPULSE/SCHLÜSSELFRAGEN IM COACHING: Welche Verklebungen könnten Sie lösen? Wo warten Sie auf Erlösung? Wie könnten Sie Ihre Eigeninitiative reanimieren?

erpicht sein Von *Pech*. *Erpicht sein* wird im Sinn von *verkrampft etwas wollen* verwendet. Die Verkrampfung kommt von der Verklebung mit dem Pech. Siehe auch **Pech haben**.

IMPULSE/SCHLÜSSELFRAGEN IM COACHING: Was möchten Sie *auf Teufel komm raus* durchsetzen oder kriegen? Nicht vergessen: Pech und Schwefel halten nicht nur zusammen, sondern werden auch dem Teufel zugeordnet.

erschöpft Siehe unter **Schöpfung**.

Ertrag *Ertrag* im Sinn von Gewinn und Ernte. Im *Ertrag* ist *tragen* enthalten. Wenn wir bereit sind, das uns *Aufgetragene* zu *tragen*, auch Negatives zu *ertragen*, dann ist uns *Ertrag* sicher. *Getragenes* führt zum *Ertrag. Unerträgliches* wird zur Last und führt in untragbare, tragische Zustände. Es gipfelt unter Umständen in einer Tragödie. Siehe auch **Ergebnis** und **Auftrag**.

erwachsen Von *wachsen*. Erwachsen ist jemand, der am Wachsen ist und sich im Wachstum begreift. Wer fertig zu sein glaubt, ist nach dieser Definition nicht erwachsen. Auf Wachsen haben wir lebenslänglich bekommen. Wachsen kann ein Mensch, der weich und formbar ist wie *Wachs*. Verhärtete Menschen sperren sich gegen ihr *Wachstum*.

erwarten Von *warten*. Hintergrund des Erwartens ist ungeduldiges fragendes Warten: Wann erfüllt sich endlich die Hoffnung? Die Antwort kommt meist in der Enttäuschung. *Erwartung* beinhaltet den Begriff *Wartung*. Die Passivität des Wartens könnten wir in der Wartung auflösen: Die Wartung beispielsweise unseres Autos ist durchaus aktiv. Das Öl wechselt sich nicht von allein. *Warten* bedeutete im Mittelhochdeutschen *aufpassen* und *hüten*. Wer zu lange (passiv) wartet, wird *wider-wärtig*. Er ist *wider*, also gegen das Warten, verharrt aber trotzdem in der Passivität.

Erwartungen, auch wenn sie sich erfüllen, sind unersättlich. *Befriedigung* und Friede treten nicht ein. Sofort baut sich eine neue Erwartung auf, die erfüllt sein will. *Erwarten* ist eine Opferhaltung, die das Gefühl des Gelähmtseins nach sich zieht. Siehe auch **Enttäuschung**.

IMPULSE/SCHLÜSSELFRAGEN IM COACHING: Wo erwarten Sie eine Lösung von anderen? Von Ihrem Partner, Ihrem Chef, dem Arbeitsamt, dem Staat oder gar dem „System"? Oder warten Sie auf die Erlösung durch Gott „persönlich"? Was könnten Sie statt zu warten selbst initiieren?

erwischen Von *wischen*. Wer *erwischt* wird, hat den Wunsch, etwas *wegzuwischen*.

Erziehung Von *ziehen*. Und immer zieht da einer! Wenn nicht gezogen wird, wird gedrückt. Wie nervig! Eine Pflanze kann man nur ziehen, ohne zu ziehen. Mit Ziehen würden wir diese nämlich herausreißen. In dem Wort *Erziehen* ist auch das *Erz* enthalten. *Erz* ist ein mineralischer Schatz, eingeschlossen in einem Gestein. In der Erziehung gilt es, den Wesenskern einer Persönlichkeit zu erkennen und Kinder zu unterstützen, diesen Kern freizulegen.

IMPULSE/SCHLÜSSELFRAGEN IM COACHING: Wo ziehen Sie zu sehr an Ihren Kindern? Was lassen Sie resigniert einfach laufen, statt das Essenzielle zu halten?

Es	*Es* ist ein Personalpronomen, ein persönliches Fürwort. Unpersönlicher kann man das gar nicht schreiben. *Es* ist in der Psychoanalyse das Unbewusste. *Es* steht in der Familie für Nachwuchs: Er, sie und dann kommt endlich *es,* das Kind. *Es* steht für Wachstum. Auch numerisch gesehen steht *es* für das Neue. Denn *es* ist nach *er* und *sie* die Zahl drei. Wobei *er* nicht automatisch Nummer eins bedeutet. Eins ist die *Einheit,* zwei ist die *(Zwei)Teilung* und drei ist das Neue. *Es* steht auch für den *Flow*, den Lebensfluss. Die Frage *Wie geht es?* ist also die Frage, ob *es* (bei mir) läuft oder nicht. *Es* läuft immer. Ob ich mitlaufe oder nicht!
Eskapade	Von englisch *to escape (= entkommen)*. Eskapaden sind Tollheiten und Verrücktheiten, wohl um einer Enge zu entkommen.
Essay	Von französisch *essayer (= versuchen)*. Ein literarisch innovatives Werk, in dem Neues versucht wird, nennen wir Essay. Das Buch „Du bist, was du sagst" ist ein Essay.
Essenz	Von *wesentlich*. Von dem Lateinischen *esse = sein*, *existieren*. In der Medizin wird mit Essenzen gearbeitet, wie zum Beispiel mit den Bachblüten. Auch der Coach arbeitet mit der Essenz, indem er sein Augenmerk auf das *Wesen* eines Menschen richtet und alles *Unwesentliche* außer Acht lässt. *Essenz* heißt im Französischen *essence* und bedeutet auch *Kraftstoff*. Essenz ist reine Energie, mit welcher wir vorankommen können.

IMPULSE/SCHLÜSSELFRAGEN IM COACHING: Wo in Ihrem Leben fehlt Essenz? Was sagen Sie nur durch die Blume? Wann und bei welchen Menschen reden Sie um den heißen Brei? Was bringen Sie nicht auf den Punkt?

Eva Von *ishah* (= *Sein, Leben, die Leben Schenkende*). *Eva* als Urfrau und Urmutter steht für Leben. Leben beinhaltet Materialisierung. Der Begriff *Mutter* kommt von *Materie*. Die Begegnung des erdgebundenen Adam mit der Zukunft schenkenden Eva geschieht „nackt", also unverstellt, ohne Maske, das heißt ohne Prägung, Erziehung und Rolle. Die Schöpfungsgeschichte ist die Urerzählung der Persönlichkeitswerdung, der Anfang in uns allen. In der christlichen Paradiesgeschichte bekommt *Eva* die Rolle der schuldigen Verführerin. In der hebräischen Mythologie war die erste Frau Lilith, die aufgrund ihrer unverschämten Freiheit verteufelt und vertrieben wurde. Siehe auch **Adam** und **Frau**.

Existenz Von lateinisch *exsistere* (= *heraus-, hervortreten*). Erst wenn wir aus uns herausgehen, existieren wir im ursprünglichen Sinn. Hervortreten ist unsere primäre Aufgabe.

IMPULSE/SCHLÜSSELFRAGEN IM COACHING: Treten Sie gerne hervor oder nur, wenn es unbedingt notwendig ist? Halten Sie sich lieber in zweiter Reihe auf? In welchen Situationen verstecken Sie sich lieber und lassen andere machen? Was ist Ihnen peinlich?

fallen	Wem etwas *schwer fällt*, tut sich schwer im Loslassen. Nach dem Loslassen kommt der freie Fall. Fallen ist durch die Geschichte vom Sündenfall, dem Fall aus dem Paradies, negativ besetzt. Wo doch Fallen – man denke nur an die Teufelsräder auf der Kirmes – eine hohe Anziehungskraft auf Jung und Alt hat. Auch bei der Kinderschaukel geht es um das Gefühl, hoch hinaus zu wollen und wieder herunterzufallen. Der Mensch jedenfalls ist ein Fall für sich! Wie schnell fühlt er sich *fallen gelassen* und möchte wieder gut *aufgehoben* sein. Siehe auch **Beifall**, **Geworfensein**, **Karma** und **Los**.
falsch	Verwandt mit lateinisch *fallere (= täuschen)*. Der *Falschmünzer* stellt *täuschend* echte Münzen her. Richtig und falsch verhält sich wie Original und Kopie. Die Kopie ähnelt dem Original. Mit jeder weiteren Kopie von der Kopie entfernen wir uns mehr und mehr vom Original. Die Ähnlichkeit nimmt bis zur Unkenntlichkeit ab. *Falsch* ist auch mit dem Begriff *fehlen* verwandt. Bei der Kopie, die schwächer ist als das Original, *fehlt* es natürlich an Farbe und Stärke. Wir werden blass.
Fanta	Von *Fantasie*. Fanta ist ein Getränk, das von US-Amerikanern nach dem Zweiten Weltkrieg aus verfügbaren Zutaten zusammengemixt wurde.
fassungslos	Der *Fassungslose* ist seine Fassung los. Er findet es *unfassbar*. Fassung ist wichtig, damit die Energie im Rahmen bleibt. Eine Birne kann ohne Fassung nicht leuchten. Fassungslosigkeit geht oft einher mit Sprachlosigkeit. *Formulierungen* haben Form und Form ist Fassung.

Faulheit	*Faulen* ist ein *Verwesungsprozess.* Das *Wesentliche,* das nicht hervorgebracht wird, beginnt zu *ver-wesen.* Faulheit stinkt. Faulheit ist das Gegenteil von Leben. Einen anderen Begriff für Faulheit finden wir in der *Trägheit.* Faulheit ist ein *untragbarer* Zustand.
Fegefeuer	Siehe unter **Hölle**.
Fehler	Von *fehlen.* Das *Fehlen* von etwas beweist sein Vorhandensein. Sonst könnte es uns nicht fehlen. Im Englischen heißt *Fehler mistake.* Wörtlich genommen bedeutet *mis-take* Mieses oder Falsches nehmend. Derjenige, dem viel fehlt, neigt zum *Be-fehlen.* Mit diesem Verhalten wird versucht, Fehlen zu kompensieren. Aus dem Gefühl des Fehlens heraus beginnen wir Fehler zu machen.
fertig machen	Das Wort hat zwei Bedeutungen: positiv, auf eine Sache bezogen, heißt der Begriff *etwas zur Vollkommenheit bringen.* Negativ, auf eine Person bezogen, meint *fertig machen* ein aggressives Verhalten. Ähnlich wie *jemanden rund machen,* damit dieser nicht mehr aneckt. Siehe auch ***fertig sein.***
fertig sein	Der Begriff hat zwei Bedeutungen: In der positiven Bedeutung steht er für *etwas beendet haben.* In der negativen Variante bedeutet er *erschöpft sein.* Siehe auch ***fertig machen.***
Fest	Ein *Fest,* das wir feiern, ist etwas Verdichtetes, Eingesammeltes, auf den Punkt Gekommenes, das im ursprünglichen Sinn Halt gibt. Auf einem *Fest* kann man dennoch *locker* sein.

IMPULSE: Rituelle Feste, wie Feiern zu Geburtstagen oder bestandenen Prüfungen geben eine feste Basis. Sie dokumentieren nach außen, dass eine weitere Lebensstation erreicht ist. Hinter solche festen Stationen können wir, wie bei Stationen auf einer Bergwanderung, nicht mehr zurückfallen! Deshalb ist es wichtig eine Sprache für diese Stationen zu finden und sie zu feiern.

fixen Begriff aus der Drogensprache, auch als *drücken* oder *spritzen* bezeichnet. Von *fix, fixieren* und *fest*. Im Englischen heißt *to fix befestigen*. *Fixen* mutet an wie eine kompensatorische Handlung: Befestigung als Ausgleich zur seelischen Haltlosigkeit. *Fix* steht umgangssprachlich auch für *schnell*. So geht es beim *Fixen* vor allem *fix bergab*.

fluchen *Fluchen* ist aus dem altenglischen *flocan* abgeleitet und bedeutet *schlagen*. Das ist laut Duden „... eine die Verwünschung begleitende Ausdrucksbewegung ... sich dabei ... mit der Hand auf die Brust zu schlagen". Fluchen ist verwandt mit dem Begriff *Flucht*. Ein Mensch, der flucht, ist auf der Flucht, auch vor sich selbst. Er neigt zu Flüchtigkeitsfehlern.

Formulierung *Formulierung* ist die erste Stufe der *Formgebung,* der Materialisierung von Gedanken: „Am Anfang war das Wort."

IMPULSE: Bewusste Formulierungen haben eine reinigende Wirkung. Nicht alles passt in die Form. Unpassendes wird während des Formulierens ausgefiltert.

Fragen „Nicht von Antwort zu Antwort, sondern von Frage zu Frage wachsen wir."[30] Fragen folgt dem Energiegesetz der Aufmerksamkeit: Das, worauf wir unsere Aufmerksamkeit richten, wächst. Fragen fokussiert Energie. Mit den Fragen bekommt Energie einen Rahmen, und Rahmen bedeutet Wachstumsmöglichkeit. Wachstum findet innerhalb eines Rahmens statt, so wie der Bauer ein Feld absteckt, um eine gute Ernte sicherzustellen. Fragen sind das Herzstück des Coachings. Indem der Coach seinen Kunden Fragen stellt, deren Antworten er nicht von vornherein weiß, lässt er neue Sichtweisen entstehen. Im *Gefragtsein* erhält der Kunde Aufmerksamkeit, also Energie. Diese ist für eine Transformation von Negativem in Positives notwendig.

Eine andere Bedeutung von *fragen* ist *bitten*. Ähnlich bedeutet das französische Wort für fragen *(demander)* gleichzeitig *verlangen*. Wer fragt, hat also ein Verlangen nach Wissen und „wer anklopft (bittet), dem wird aufgetan", „wer sucht, der findet", wie im Alten Testament zu lesen ist. Im Begriff *Fragen* ist auch das Wort *ragen* enthalten. *Bitten* geht in die Tiefe, *ragen* (herausragen) geht in die Höhe. Tiefe und Höhe zusammen ergeben ein gesundes Wachstum.

Aus Resignation haben viele Menschen aufgehört Fragen zu stellen. Vielleicht wurden zu viele unnatürliche Fragen gestellt. Das sind Fragen, deren Antwort der Fragende bereits weiß. Hiermit arbeiten vorwiegend traditionelle Schulmeister. Sinnlos sind anklagende *Opferfragen:* „Warum gerade ich, warum muss mir das widerfahren ...?"

IMPULSE: Haben Sie noch Fragen?

---

[30] Spruch in einem Einkaufszentrum..

fragwürdig	Im Grunde genommen *würdig zu fragen*. In heutiger Sprache aber negativ gebraucht: In einem fragwürdigen Menschen sehen wir kaum eine Würde, eher misstrauen wir diesem.
Frau	*Frau* ist mit dem Begriff *frei* verwandt, was im Namen der Göttin *Freya* deutlich wird. Der diffamierende Begriff *Hausfrau* erinnert an *Hauskatze*, an ein gezähmtes und gezüchtetes Wesen, beschnitten in seiner Wildheit, aber praktisch: Es fängt Mäuse und eignet sich zum Kuscheln. So ist die Hausfrau eine Frau, die man sich im Haus hält. Nicht viel besser ergeht es dem englischen Ehemann = *husband*. *Hus* kommt von *Haus* und *band* von *binden*. *Husband* ist wörtlich *der an das Haus gebundene Mann*.
	Eine weitere Geringschätzung der Frau findet sich im Adjektiv zu *Dame*: Aus Dame wird *dämlich*. Im Vergleich hierzu ist das passende Adjektiv zu *Herr* *herrlich*. Herrlich oder selbstverherrlichend? Aber im Damespiel gewinnt, wer eine Dame hat. So dämlich kann die Dame also nicht sein. Wie *dämlich* wurde auch das Wort *Weib* mit negativen Interpretationen belegt: Wenn Frauen reden, ist das *Weibergeschwätz* und Weinen ist ohnedies *weibisch*. Ursprünglich allerdings heißt das mittelhochdeutsche *wip* (für Weib) wahrscheinlich *sich drehend schwingend bewegen*. *Wip* erinnert an *wippen*. Das lockend Bewegende musste verteufelt werden. Siehe auch **Eva** und **frei**.
frei	Von der indogermanischen Wurzel *präi,* was *schützen, gern haben, lieben* heißt. Ein *freier* Mensch fühlt sich geschützt und geliebt. Geborgenheit, Liebe und Vertrauen sind die Basis für (geistige) Freiheit. Ohne Schutz und Liebe ist der Geist mit dem Management der Unfreiheit beschäftigt, wie der Abwehr von Angriffen oder der Sucht nach Anerkennung. Der *Freier*

ist im ursprünglichen Sinn ein Mann, der um eine Braut wirbt. Er ist kein Held, der die Frau freit im Sinne von befreit. Der *Freier* ist auch nicht *freier* als die Frau, sondern er findet mit der Frau als Partnerin Schutz und Liebe. *Freier* heißt, dass er mit und durch die Frau *freier* wird. Das mittelhochdeutsche *vrien* für freien ist verwandt mit dem heutigen Begriff *Freund* und leitet sich laut Duden von dem angelsächsischen *fri* ab. In diesem Sinn heißt freien *zur Frau gehen* und *lieben*. Komplett verdreht wird der Freiheitsinhalt im Freierbegriff des Rotlichtmilieus. Siehe auch **Frau**.

furchtbar *Bare, nackte Furcht*. Tonale Ähnlichkeiten geben Hinweise, wie nah Licht und Schatten beieinander liegen: Nur das „r" und das „u" vertauschen und das Furchtbare wird *fruchtbar*. Ähnliches gilt für *Schmerz* und *Scherz*, *Schlacht* und *lacht*, *kosmisch* und *komisch*.

Führung Eine *Führungskraft* ist belastbar. Sie kann eine *Fuhre* bewegen und auch eine *Abfuhr* ertragen.

IMPULSE: Überprüfen Sie Ihre Führungsqualitäten: Wie belastbar sind Sie? Unter welchen Umständen leiden Sie dauerhaft? Wie schnell sind Sie beleidigt und wie stark verkleben Sie mit diesem Gefühl? Oder können Sie einfach weitergehen, weiter führen, ohne die „Hasskarre" zu schieben?

Fürsorge *Für-Sorge*. Wenn es schon nicht ohne Sorge geht, so erscheint es sinnvoll, gegen Sorgen zu sein. Fürsorglichkeit garantiert den Fortbestand von Sorgen im menschlichen Bewusstsein. Im Helfersyndrom sorgt der Helfer für den Erhalt der Sorgen. Ohne Sorgen werden er und sein Ego arbeitslos. Siehe auch **Besorgung** und **Vorsorge**.

Gabe	Von *geben*. Gabe bezeichnet das, was uns von Gott *gegeben* ist. Unsere Gaben schließen die Verpflichtung ein, das uns Gegebene an andere weiterzugeben. Siehe auch **Aufgabe** und **Gott**.

IMPULSE/SCHLÜSSELFRAGEN IM COACHING: Vergegenwärtigen Sie sich Ihre Gaben und schreiben Sie diese auf ein Blatt Papier. Behalten Sie Ihre Gaben für sich oder geben Sie sie nach draußen? Welche Gaben leben Sie, welche nicht? |
ganzheitlich	Das *Ganze* betreffend. Das Ganze ist immer ganz und nicht kaputt, reparaturbedürftig, unvollständig oder fehlerhaft (im Sinne, dass etwas fehlt). Lediglich in den *Schichten* der eigenen *Geschichte* taucht Unvollständiges, Verletztes und Fehlerhaftes auf. Auch hier gilt: Der Wesenskern bleibt immer ganz. Im Englischen heißt das Ganze *whole* und klingt so wie *hole*, zu Deutsch das *Loch*. *Whole* und *hole* verhalten sich wie alles und nichts.
Gebet	Als Verb und mit Betonung der ersten Silbe *("gebet!")* fordert das *Gebet* zum *Geben* auf. In diesem Sinn ist Beten ein Geben, zum Beispiel in Form des Dankens und ein Geben in Art des Säens von Neuem. In alter christlicher Tradition ist Beten ein Bitten bis Flehen um etwas, was scheinbar fehlt. Mangel wird fixiert, statt Gedanken der Fülle zu hegen und zu pflegen.
Geborgenheit	Von *borgen* und *geborgen*. Die Geborgenheit als Gefühl und menschliches Basisvertrauen ist *geborgt*, also geliehen. Möglicherweise, damit bei der Geburt trotz des Trennungserlebnisses das Gefühl des Aufgehobenseins bestehen bleibt. Trennung empfindet das menschliche Bewusstsein oft als Bedrohung, so dass auch die zweite Bedeutung von Geborgenheit verständlich ist, nämlich aus dieser "Not" *geborgen*

zu sein, wie Schiffbrüchige geborgen werden. *Borgen* kommt auch von *bergen* und ist verwandt mit *Bürge*. So sind Eltern Bürgen ihrer Kinder und gewähren ihren Kindern Schutz und Geborgenheit wie in einer Burg.

Gedanken Von *danken* und *denken*. Sich für gute Gedanken bedanken. Im Französischen heißt denken *penser*, das gleichzeitig für *ausgleichen* steht. Das eingedeutschte Wort *Pensum* ist etwas, das wir zum Ausgleich erfüllen sollen. Leider hegen wir oft negative Gedanken, die uns ins Ungleichgewicht bringen.

IMPULSE: Beobachten Sie Ihre Gedanken, damit Sie einen Grad an Bewusstheit erlangen, der es Ihnen ermöglicht, negative Gedanken nicht dauerhaft kreisen zu lassen und positive Gedanken zu pflegen. Den Gedanken, für die Sie sich nicht bedanken möchten, brauchen Sie kein Denk-Mal zu setzen.

Gefallen *Gefallen* erscheint widersprüchlich in seiner doppelten Bedeutung, einmal im Sinne von *hingefallen* und einmal *an etwas Gefallen, also Freude haben*. Makaber wird es, wenn wir im Krieg *Gefallen* an den *Gefallenen* finden. Der Gefallen als Freude hat wie der Beifall mit Loslassen und Fallenlassen zu tun. Siehe auch **Beifall**.

Gegenwart Die *Gegenwart* ist *gegen* das *Warten*. Die Kraft der *Präsenz* im *Präsens*, dem lateinischen Wort für Gegenwart, zeigt sich im Tun. Das Wort *gegen* in *Gegenwart* drückt das Gefühl aus, dass Realität auf uns zukommt und zugegen ist. Oft fühlen wir uns von der Gegenwart überrollt. Siehe auch **erwarten**.

Geheimwissenschaft	*Ge-heim* ist das Wissen, das Ur-Wissen, mit dem wir uns *daheim*, zu Hause (angekommen) fühlen. *Heimlich* steht ursprünglich für *heimisch*. *Un-heimlich* heißt folglich *weg sein von zu Hause*. Auch die „Geheime Offenbarung" der biblischen Apokalypse erscheint als Widerspruch: Ist es nun geheim oder offenbar? Das Geheime ist offenbar, also offen und bar, im Sinn von nackt und unverhüllt. Es ist ohne Umschweife zu erkennen. Solange der Mensch allerdings mit seinem Ego beschäftigt ist, kann er das kollektive Wissen nicht wahrnehmen. Es ist nicht verwunderlich, dass selbst reine Esoterik als Geheimwissenschaft ins Zwielicht geraten ist. Vorschnell und undifferenziert wird sie als Spinnerei abgetan.
gehorsam	Von *hören*. *Gehorsam* sein bedeutet *gehörsam* sein, also hören und wahrnehmen, um was es wirklich geht. Nicht gemeint ist der blinde Gehorsam als Hörigkeit. Gehorsamkeit und Gehörsamkeit verlangen ein feines Gespür. Siehe auch **Zugehörigkeit**.
Geld	Verwandt mit *gelten* und *Geltung*. Ein Mensch mit Geltung genießt eine besondere *Wert-Schätzung*. Auch Geld stellt einen Wert dar. Das konkrete Verhältnis zum Geld steht im Verhältnis zur eigenen mentalen Wertschätzung. Wenn wir uns nicht wertschätzen und nicht gewertschätzt fühlen, drückt sich dieses mentale Mangelgefühl unter Umständen sehr schnell auch auf der physischen Ebene als Geldmangel aus. Mentaler Mangel stockt den Energiefluss im Innen und den Geldfluss im Außen. Das gilt auch umgekehrt: Wenn wir kein Geld mehr im *Geldbeutel* haben, *beutelt* es uns, und der Überlebenskampf beginnt. Der Begriff *Geldbeutel* erinnert an *Beute*. Ein Löwe *beutelt* sein Opfer. Das heißt, er beißt sich fest und

wirft es hin und her, bis es tot ist. Das angelsächsische *geld* bedeutet *Opfer, Vergeltung*. Mit dem Geldmangel geht das Gefühl des Nicht-verbunden-Seins einher. Nicht selten kommt es zu hohen Verbindlichkeiten.

IMPULSE/SCHLÜSSELFRAGEN IM COACHING: Überprüfen Sie Ihre Einstellung zum Phänomen Geld. Haben Sie einen Zugriff auf Geld? Haben Sie genügend Geld? Wenn nicht, welche Parallelen sehen Sie zu Ihrer Einstellung zum Geld? Möchten Sie sich neu einstellen? Oder möchten Sie sich der weit verbreiteten kollektiven Ansicht anschließen, dass das Geld knapp geworden ist?

gemein *Gemein* wird ein Mensch unter Umständen, wenn er sich aus der *Allgemeinheit* ausgeschlossen und sich nicht mehr *gemein*t und gehört fühlt.

Generation In *Generation* sind gleich mehrere Begriffsebenen enthalten: das *Gen* als Erbgut, das von Generation zu Generation weitergegeben wird, die *Ratio*, also der Verstand, der uns das Gute wählen lässt, und der Begriff *Ration*. Eine *Generation* muss nicht alles tun, die Aufgaben sind *rationiert*, sodass keine Generation leer ausgeht. Auch Offenbarungen über das Leben sind rationiert. Jede Generation transformiert das, was ihr möglich ist. In *Generation* ist auch der Begriff *Generator* enthalten. Ähnlich dem Energieerzeuger schafft jede Generation eine bestimmte Qualität von Energie. Siehe auch **Genesis**.

IMPULSE/SCHLÜSSELFRAGEN IM COACHING: Formulieren Sie die Aufgabe Ihrer Generation. Wofür sind Sie Generator? Finden Sie passende Überschriften für die essenziellen Aufgaben der Generation Ihrer Eltern und Großeltern. Wofür waren Ihr Vater, Ihre Mutter, Ihre Großväter und Ihre Großmütter Generatoren?

Genesis	Bedeutet *Werden*, *Entstehen* und steht für die *christliche Schöpfungsgeschichte*. Verwandt mit *Genetik*, *genesen*, *genießen*. Die Genesis der Bibel ist eine Geschichte der Genese, der Heilung des Menschen mit entsprechender genetischer Ausstattung. Mit der *Genese* wächst auch das *Genießen* und umgekehrt fördert Genuss den Heilungsprozess.
	IMPULSE/SCHLÜSSELFRAGEN IM COACHING: Was in Ihrer Biografie ist bisher genesen? Welche Grundstimmungen in Ihrem Leben haben sich verändert? Welche Gefühle toben noch von Zeit zu Zeit? Toben Sie mit oder tanzen nur Ihre Gefühle?
genießen	In *genießen* ist das Wort *niesen* enthalten. Beim Niesen werden blockierte Körpersäfte wieder in Fluss gebracht. Niesen befreit. Wir können uns genüsslich diesem Gefühl überlassen. Siehe auch **Genuss** und **Glück**.
Genuss	Der englische Begriff für *Genuss* ist *fruition*. Darin ist *fruit* enthalten, was *Frucht* bedeutet. Wir können die Früchte unserer Arbeit genießen und Erreichtes feiern, wie etwa im Erntedankfest. Allerdings kann der *Genuss* auch eine harte *Nuss* sein. Siehe auch **genießen** und **Glück**.
gerade	Siehe unter **jetzt** und **sofort**.
Gericht	Von *richten* wie *ausrichten*, eine *Richtung* geben. Es gibt das Gericht, das Recht spricht und eine Richtung festlegt, unabhängig, ob diese uns schmeckt oder nicht, und das Gericht als zubereitete Speise. Das Essen ist angerichtet. Durch beide Gerichte erhalten wir wieder Energie, beides bringt uns gewissermaßen vom energetischen Mangelzustand, der Menschen zum Beispiel zu kriminellen Handlungen führte, zurück in den Zustand der Fülle. Wer stiehlt, der scheint Mangel zu haben, und so manches juristi-

sche Gericht entspricht eher einer Zwangsernährung. *Richten* heißt im ursprünglichen Sinne *strafen*. Der Zimmermann sagt: *ein Holz strafen*. Das bedeutet, das Holz *ausrichten*. *Strafen* kommt von *straffen* und wird notwendig, wenn wir zu sehr abhängen oder durchhängen. Nur in einem optimal gespannten Bogen kann Energie voll fließen. Ein strafender Gott richtet uns aus, damit wir etwas ausrichten können. Siehe auch **Jüngstes Gericht** und **strafen**.

Geschichte Von *Schicht*. *Geschichten* sind *Schicht für Schicht* aufeinander geschichtet. Im negativen Sinn ist die Persönlichkeit mit persönlichen *Geschichten* zugepackt. Es gibt auch eine kollektive Verpackung: die Menschheitsgeschichte.

Geschlechtsverkehr *Geschlechts-Verkehr*. Was ist *verkehrt* am *Verkehr*, und was ist *schlecht* am *Geschlecht*? *Verkehren* heißt *(um)wenden* und *entgegengesetzt*. Im sexuellen Austausch zwischen Mann und Frau synchronisieren sich zwei gegenläufige und polare Wesen. Mann und Frau sind sich ergänzende Gegensätze. Wie im *Straßenverkehr* gibt es auch im *Geschlechtsverkehr* häufig Reibereien und Unfälle, speziell dann, wenn Entgegengesetztes, Entgegenkommendes nicht synchronisierbar ist und der Verkehr einfach nicht fließen kann. Nicht immer ist Entgegenkommendes passend. Stellen Sie sich vor, auf der Autobahn kommt Ihnen jemand entgegen oder jemand baggert Sie sexuell an, weil er sich vor lauter Anerkennungshunger in sexueller Not befindet und über Sexualität Energie tanken möchte. Sie aber schwimmen nicht auf seiner Welle. Da ist doch der Unfall beim Kreuzen vorprogrammiert. Das Komplizierte zwischen den Geschlechtern kann beim Geschlechtsverkehr zurückkehren in die Schlichtheit und Einfachheit. So ist es einfach schön.

Das *schlecht* von *Geschlecht* gehört zur Wortgruppe *schlagen* und bezeichnet das, was *in dieselbe Richtung schlägt*, eine *übereinstimmende Art*. Der Duden verweist auf die Bedeutung von *schlagen* in der Wendung *aus der Art schlagen*. Schlagen ist nicht immer mit (roher) Gewalt gleichzusetzen: Im Frühjahr schlagen die Bäume aus. Der Begriff *schlecht* ist zudem verwandt mit dem Begriff *schleichen*, so wie sexuelle Kontakte zwischen den Partnern oft nach allmählicher und vorsichtiger Annäherung entstehen, wie auf der Pirsch.

Auch das Wort *schlecht* an sich hat sprachlich nichts mit Bösem zu tun, sondern leitet sich vom althochdeutschen *sleht* ab, was *geglättet, glatt, eben* bedeutet. Es ist verwandt mit dem Begriff *schlicht*. *Schlechthin* heißt also nicht, dass das Schlechte hin ist, sondern bedeutet *einfach und ohne Umstände*. Auch *schlechterdings* meint nicht, dass jemand *schlechter*, sondern *schlichter* Dinge ist. Laut Duden bedeutete sogar *Schlechtigkeit* ursprünglich *Geradheit* und *Aufrichtigkeit*. Im 17. Jahrhundert begann es für *Geringheit* zu stehen, und so verschob sich die Bedeutung von schlicht zu schlecht. Heute steht es für Minderwertigkeit und böse Absicht.

Gesetz *Gesetz* ist das, was *sich gesetzt* und zu einem Gesetz verdichtet hat. Gesetze gelten nur so lange, wie das Gesetzte auch sitzen bleibt.

gestalten Von *gestellt*. Gestalt annehmen und Form geben. Die Aufgabe des Menschen ist es, das Vorhandene, das brach liegt, zu gestalten, sich als Mensch zu stellen und Stellung zu beziehen.

IMPULSE/SCHLÜSSELFRAGEN IM COACHING: Beziehen Sie gerne Stellung oder halten Sie sich lieber in der Deckung auf? Was hat im Laufe Ihres Lebens Gestalt angenommen? Welche Ideen haben Sie verwirklicht? Was soll noch Form annehmen?

Gewissen *Gewissen* kommt *gewiss* von *wissen*. Ein *schlechtes Gewissen* ist nur berechtigt, wenn wir tatsächlich auch *von Schlechtem wissen* und dieses billigen. Ansonsten ist schlechtes Gewissen völlig unangebracht. Ein *gewissenhafter* Mensch *haftet* an seinem Gewissen.

IMPULSE/SCHLÜSSELFRAGEN IM COACHING: Untersuchen Sie Ihre Gefühle von schlechtem Gewissen und Schuld. Wie drücken Sie Ihr schlechtes Gewissen aus oder wie verdrückt kommt es heraus? Was tun Sie alles aus schlechtem Gewissen oder Schuldgefühlen? Rechtfertigen Sie Ihr schlechtes Gewissen mit Argumenten aus dem schlechten Gewissen? Ist Ihr schlechtes Gewissen auf Wissen begründet? Wenn nicht, dann halten Sie sich nicht länger bei diesem Begriff auf!

Geworfensein Der Philosoph Martin Heidegger prägte den Begriff des menschlichen *Geworfenseins*. Er meinte damit einen (selbst)bewusstlosen Zustand des Menschen. Mit dem Begriff des Geworfenseins korrespondiert das Fallengelassensein. Sprachlicher Gegenpol zum Geworfensein ist der *Ent-Wurf* eines Lebensplans. Mit dem Entwerfen fühlt sich der Gefallene wieder aufgehoben und wirft sprichwörtlich seinen eigenen Laden. Siehe auch ***fallen***.

Glauben	Aus dem germanischen *ga-laubjan (= für lieb halten, für gut heißen)*. Vorsicht: Nicht alles ist lieb, was wir für lieb halten. Glaube ist also das, was wir für gut heißen. Wir orientieren unseren Glauben an dem Nutzen, den er für uns zu haben scheint. Glaube ist deshalb beliebig! Was ist nun, wenn wir glauben, dass andere dumm sind? Hier müssen wir nach unserem Gewinn für dieses Denken fragen. Erheben wir uns beispielsweise dadurch über andere Menschen und wollen klüger als diese erscheinen? Erst wenn wir unseren Gewinn klären, können wir alte Glaubenssätze aufgeben und neue erfinden. Auch wenn wir glauben, selbst dumm zu sein, liegt darin ein verborgener Gewinn. Zum Beispiel: Wir dürfen klein bleiben und brauchen unsere Komfortzone nicht zu verlassen.
Glück	Die Herkunft des Wortes *Glück* ist laut Duden dunkel, wo Glück doch hell ist. In *Glück* steckt *lück,* die *Lücke.* Ist Glück *Mut zur Lücke?* Und auch einmal Fünf gerade sein lassen? Ein Perfektionist verzweifelt an den Lücken, weil er diese als persönlichen Mangel interpretiert. Er will immer perfekt erscheinen. Der Begriff *Lücke* ist verwandt mit den Wörtern *Loch*, *Luke* und *Locke*. Diese Reihenfolge entspricht einem logischen Prozess von der negativen Vorstellung einer Lücke bis zur positiven Imagination. Ein negatives Bild für Lücke ist die Zahnlücke und das Gefühl, dass etwas fehlt. Da ist ein Loch, das es zu füllen oder zu überbrücken gilt. Loch wird mit der Angst hineinzufallen assoziiert und ruft negative Gefühle hervor. Ein positives Bild beinhaltet der Begriff *Schlupfloch*, denn dieses bietet sicheren Unterschlupf, wenn wir in Gefahr sind. Für eine Maus ist ein Loch positiv. Auch mit der Vorstellung des Lochs als *Luke* sind wir positiv gestimmt. In der Seemannssprache ist Luke eine

Öffnung im Deck. Das Verdeckte wird geöffnet. *Locke,* die dritte Bedeutung von *Lücke*, ist eine noch stärkere positive Vorstellung von einem *Loch*. Erinnern wir uns an die Haarlocke, der eine lockende Wirkung nachgesagt wird. Wären sonst Dauerwellen so beliebt? Im *Glück* jedenfalls schließt sich die *Lück*. Glück taucht schnell weg: Gluck, gluck, weg ist es.

IMPULSE/SCHLÜSSELFRAGEN IM COACHING: Wie steht es mit Ihrer Lücke zum Glücke? Fühlen Sie sich oft eng und perfektionistisch oder weit und großzügig?

Gott Ursprünglich hieß es weder *die Gottheit* noch *der Gott,* sondern *das Gott*. Erst durch das Christentum wurde Gott zu einem Mann. Das englische *God* ist verwandt mit *good (= gut)*. Gott steht schlichtweg für das *Gute*. Das Gute ist immer gut. Besser und am besten gibt es in diesem Sinn nicht. Die Steigerung gut, besser, am besten klingt wie Gott, Götter, Götze. Siehe auch **besser**.

grausam Von *grau* und *-sam*, wobei sich die Nachsilbe *-sam* von *sammeln* ableitet. Der *Grausame* hat zu viel *Graues gesammelt*.

IMPULSE: Welche Sammelleidenschaften haben Sie entwickelt?

greifen In *greifen* ist das *Reifen* enthalten. *Begreifen* und *greifen* gehören zum *Reifen*.

großzügig Der *Großzügige* schreitet *in großen Zügen* voran und genießt in *vollen Zügen*. Die körperliche Geste der Großzügigkeit sind die ausgebreiteten Arme, die auf Empfang(en) geschaltet sind. Empfangen führt zu Reichtum und zu noch größerer Großzügigkeit. Großzügige können große Sprünge machen. Auch in ihrer Entwicklung.

IMPULSE/SCHLÜSSELFRAGEN IM COACHING: Bei welchen Menschen können Sie nicht großzügig sein? Was haben Sie von diesem Geiz?

grübeln Von *Grube*. Grübeln ist der direkteste Weg in die Grube.

IMPULSE: Wie tief sind Sie am Buddeln? Oder neigen Sie eher zum Zuschütten oder Hochstapeln?

Gutachten Im *Gutachten* müsste stets das *Gute geachtet* werden. Tut es aber oft nicht!

Hals Wenn wir uns zu viel *aufhalsen*, bekommen wir einen dicken *Hals*, vielleicht auch auf jemand anderen. Am Ende werden einige sogar *halsstarrig* und hartnäckig.

IMPULSE/SCHLÜSSELFRAGEN IM COACHING: Was hängt Ihnen schon lange zum Halse heraus? Was könnten Sie sich vom Hals schaffen? Was passiert mit Ihrer Hartnäckigkeit, wenn Sie sich Hals über Kopf verlieben?

haltlos Siehe **ungehalten**.

Haltung Von *halten, anhalten*. Wenn wir eine geistige *Haltung* zu etwas einnehmen, müssen wir für einen Moment *innehalten* und uns auf den Punkt bringen. So entsteht Halt. Der inneren Haltung folgt die körperliche, aufrichtige und aufgerichtete Haltung.

IMPULSE/SCHLÜSSELFRAGEN IM COACHING: Zu was in Ihrem Leben haben Sie eine Haltung eingenommen? Wenn noch nicht geschehen, dann formulieren Sie diese Haltung! Gibt die Formulierung keine Kraft und keinen Halt, so suchen Sie Ihren Physiotherapeuten auf und setzen Sie sich mit Ihrem Coach in Verbindung! Siehe auch **deklarieren**.

haushalten	Von *Haus halten*. Das Haus hält von alleine.
Heide	Vom germanischen *hoipiō (= unbebautes, ödes Land)*. Heide finden wir in der Heidelandschaft und in dem Heiden als Nichtchristen. Einen *Heidenspaß* können auch Christen haben, wenn sie die urwüchsige und ursprüngliche Wildheit im Menschen nicht verteufeln.
	IMPULSE: Ein Werbespruch zu einem Kinderfilm lautet: „Alles ist gut, solange du wild bist!"
heilig	Von *heil*, *geheilt* und *gesund* sein. Heil ist verwandt mit dem englischen *whole* und dem schwedischen *hel (= ganz, vollständig)*. Auch das französische *santé* steht für *Gesundheit* und *saint* heißt *heilig*. *Unheil* entsteht, wenn wir uns vom Ganzen entfernen und nicht mehr verbunden sind.
	IMPULSE: Sollten Sie unheilvolle Gedanken plagen, so überprüfen Sie Ihre Verbindungen zu Gott, zu Ihren Familienangehörigen, zu Ihren Freunden und vor allem zu sich selbst! Beheben Sie die Unterbrecher! Sollten Sie sich immer und mit allem und ganz verbunden fühlen, so lassen Sie sich für die nächste Heiligsprechung vormerken.
heimlich	Siehe unter **Geheimwissenschaft**.
Heroin	Der Name dieses Rauschgifts ist vom englischen *hero (= Held, Erhabener, Abgott)* abgeleitet. Heroin gaukelt dem Süchtigen Heldenhaftigkeit vor. Erfunden von der Pharmaindustrie, wurde Heroin Soldaten im Krieg als motivationsfördernde Droge verabreicht.

high sein	Von englisch *high (= hoch)*. Begriff aus der Drogenszene für *unter weichen Drogen stehen, bekifft sein*. Auch eine Möglichkeit, zur *High Society* zu gehören. Denn wer ist schon gerne unten?
Hochmut	Von *hoch* und *Mut*, wörtlich: *hoch in seinem Mut stehen*. Hochmütigen fehlt die Tiefe, die wir in der *Demut* erfahren. Höhe und Tiefe gehören zusammen. „Hochmut kommt vor dem Fall" und „Wer da stehe, sehe zu, dass er nicht falle" sind zwei Bibelsprüche, die vor dem Hochmut warnen.
Hochzeit	Von *Hoch-Zeit*. Das Leben besteht aus Höhen und Tiefen. So folgt jeder *Hoch-Zeit* auch eine *Tief-Zeit*. Hiervon leben die Scheidungsanwälte.
Hoden	Probleme im Hodenbereich entstehen, wenn wir negative Energien hineinlenken. Dies wird mit Sprüchen erreicht wie „Das geht mir auf die Eier" oder: „Das geht mir auf den Sack." Auch *Rumeiern* ist nicht förderlich. Wer Angst um seine Hoden hat, kann die Energie auch in eine andere Richtung lenken. Doch die Dinge sollten ihm auch nicht „auf die Nerven fallen" oder „auf den Geist gehen" – Vorsicht, Klapse! Besser: Den Ärger transformieren!
hoffen	Verwandt mit *hüpfen*. Kinder hüpfen in freudiger Erwartung. Sie holen sich Zukünftiges in das Jetzt, statt sich die Vorfreude mit Glaubenssätzen wie: „Du sollst den Tag nicht vor dem Abend loben" oder: „Freu dich nicht zu früh" zu verderben. Meist wird Hoffnung mit einem Strohhalm verwechselt, an welchem wir uns in der Not klammern. Diese Hoffnung ist eine Illusion und stirbt sprichwörtlich zuletzt. Ursprüngliches *Hoffen* als *Hüpfen* ist der springende Punkt.

Hölle Laut Duden bezeichnete *Hölle* in altgermanischer Zeit den Aufenthaltsort der Toten. *Hel* ist die germanische Todesgöttin. Die Worte *Hölle* und *hel* gehen auf den Begriff *hehlen* zurück. Hiervon leitet sich auch der *Hehler* von Diebesgut ab. Hehlen bedeutet *verhüllen*. In der holländischen Schifffahrtsprache ist *Hölle* der Aufbewahrungsort für Lebensmittel. So schlimm kann es in Holland in der Hölle nicht sein, zumindest gibt es dort immer genug zu essen! Erst das Christentum machte die Hölle zur Wohnstatt des Teufels und zum Ort der ewig Verdammten. Verdammt noch mal, gibt es das? Mit dieser Angst lassen sich Menschen fangen und binden. Die Vorstufe zur Hölle ist das Fegefeuer. Fegen ist ein Reinigungsvorgang. Das altisländische *faga* bedeutet *glänzend machen* und *schmücken*. Feuer reinigt kraftvoll. Wenn das Fegefeuer die Vorstufe zur Hölle ist, warum sollten Menschen vorher gereinigt und geschmückt werden? Um schließlich in der Hölle zu schmoren? Hölle klingt ähnlich wie *Höhle*. Menschheitsgeschichtlich kommen wir alle aus Höhlen, also aus der Hölle.

Humor Von lateinisch *humus (= Feuchtigkeit)*. Humor weicht Vertrocknetes auf und lässt Getrenntes zusammenfließen. Humus und Feuchtigkeit sind eine gute Grundlage für Wachstum. Im Humor, im Witz werden getrennte Ebenen miteinander verbunden. Die Menschen zeigen das in ihrer Freude. Wenn wir verbunden sind, gibt es viel zu lachen. Die Eigenschaft „humorvoll" kann sich vor negativem Hintergrund in Ironie, Sarkasmus, Spott und Zynismus verwandeln. Siehe auch **Ironie, Sarkasmus, spotten** und **Zynismus**.

I like you Englisch für *Ich mag dich*. Wörtlich auch *Ich wie du*, denn das englische *like* heißt *wie*. Nur in dem Maße, wie wir uns lieben, können wir unsere Nächsten lieben. Das entspricht dem metaphysischen Gesetz der Ähnlichkeit: *Gleich und Gleich gesellt sich gern*.

Image	Siehe unter **Vorstellung**.
immer	Englisch *always*. Eigentlich *all ways* (= *alle Wege*). Immer und auf allen Wegen.
Impuls	Der *Im-Puls* kommt wie der Puls von innen. Der Impuls entspricht dem metaphysischen Gesetz, dass Wachstum von innen nach außen erfolgt. Der Pulsschlag gibt körperliche Lebensimpulse. Analog gibt es auf mentaler Ebene *Denkimpulse*, die uns geistig bewegen können. Diesen folgen *Handlungsimpulse*, wie etwa der *Sprachimpuls*. Anthroposophische Sprachgestalter arbeiten mit diesen Sprachimpulsen. Sie lehren, den Impulsen zu folgen.
Individualist	Von *nicht dividierbar* (= *unteilbar*). Auch der Individualist bleibt unteilbar mit dem Ganzen verbunden. Individualität und Kollektivgeist werden zusammengenommen zu einer großen Kraft. Der individuelle Geist dient dem Kollektiv. Ohne dieses Dienen verkommt Individualismus leicht zu egoistischer Spinnerei.
Inflation	Das englische *to inflate* heißt *aufblasen*. Inflationäre Tendenzen sind die Folge von künstlich aufgeblasenen Wirtschaftssystemen. Sie zeigen sich besonders deutlich am Neuen Markt der Börse. Irgendwann platzt jeder Luftballon.
Information	Geistiges geht *als In-Formation* in eine Form. Da jeder Idee die Kraft der Materialisierung innewohnt, wird sie bestimmte Strukturen *(Formationen)* annehmen. Diese Strukturen sind veränderbar. Das heißt, dieselbe geistige Information kann in unterschiedlichen Strukturen auftauchen. Auf diese Weise können sich geistige Potenziale, die wir nicht in eine adäquate Form bringen, als Schwäche gegen uns selbst richten. Nur wo viel Licht ist, kann viel Schatten entste-

hen. Für *in Form* sein sagen wir auch *fit* sein. Das englische *fit (= passend, geeignet)* verweist darauf, dass wir eine passende Form für unsere Potenziale gefunden haben.

Inhalt *Inhalt ist das, was von innen hält. Inhalt* kann *Halt* geben. Es kommt darauf an, was drinnen ist! Ein guter Inhalt regt zum *Innehalten* an.

intakt Von lateinisch *tangere (= berühren)*. Hiervon leitet sich die Tangente in der Mathematik ab. *In-takt* ist, was *im Takt,* im Rhythmus ist. Das kann der Einklang mit dem eigenen Herzrhythmus, mit dem Biorhythmus oder mit dem natürlichen Rhythmus der Jahreszeiten oder Mondzyklen sein. Taktlos ist, wer weder seinen eigenen noch den Takt eines anderen Menschen erspüren kann.

integer sein Verwandt mit *Integration. Integrität* setzt das Gefühl von Integriertsein voraus, das Gefühl, Teil des Ganzen, zum Beispiel Teil eines Teams zu sein. Dementsprechend fühlen sich nicht integere Menschen oft nicht zugehörig.

intelligent Von lateinisch *interlegere (= zwischen etwas wählen, charakteristische Merkmale erkennen)*. Intelligenz zeigt sich insbesondere im Unterscheidungsvermögen. Unterscheiden zu können ist die Voraussetzung für Freiheit, denn wer nicht unterscheiden kann, kann auch nicht zwischen etwas wählen. Wer nicht wählt, ist nicht frei, sondern getrieben.

Interesse Aus *Inter* und *Essenz*. Wörtlich heißt Interesse *das Wesentliche, Wichtige verbindend*. Demgemäß muss sich ein interesseloser Mensch getrennt fühlen.

Inter-pretation	Von lateinisch *interpres* (= *Vermittler*). *Inter* heißt *über, zwischen*. Interpretation nennt man auch *Deutung*. Bedeutung erhält, worauf ich mit dem Finger *deute,* worauf ich meine Aufmerksamkeit richte. Entsprechend dem Energiegesetz der Aufmerksamkeit beginnt auch das negativ *Be-deutende* zu wachsen, weil es mit Energie versorgt wird. Eine Interpretation, die keine Beachtung mehr erfährt, (ver)schwindet in ihrer Bedeutung. Unsere selektive Wahrnehmung geht zu einem wesentlichen Teil auf *Interpretation* zurück. Ein *Interpret* kann grundsätzlich mit einem Dolmetscher verglichen werden, der die Brücke bildet zwischen zwei Menschen, die sich aufgrund unterschiedlicher Sprachen nicht verstehen können. Interpretationen setzen automatisch da ein, wo Menschen getrennt vom Verstehen sind, sich selbst nicht verstehen oder etwas im Außen nicht verstehen. Hier beginnt der Mensch mit interpretierenden und auslegenden Geschichten. Im Sich-getrennt-Fühlen ist der Energiefluss unterbrochen. Die Interpretation überbrückt diese Trennung und wird zum Mittler und Vermittler für das fehlende Mittelstück.
	Die negative Interpretation der Außenwelt ist eine Projektion der eigenen Negativität. Wie wahr oder unwahr Interpretationen sind, zeigt folgendes Beispiel: Würden wir die Sprachgewohnheiten und Lautgesetze der Franzosen oder Engländer nicht kennen und deren Aussprache aus Sicht deutscher Phonetik betrachten, so könnten wir felsenfest behaupten, dass alle Franzosen näseln und unter Polypen leiden und dass alle Engländer lispeln, weil sie beim „th" mit der Zunge an die Zähne stoßen.

Wir können nicht nicht interpretieren, aber zwischen positiven und negativen Interpretationen, Einstellungen und Vorstellungen wählen. Eine Interpretation ist weder wahr noch unwahr, sondern *be-liebig*, so wie es Menschen beliebt, Dinge und Menschen unterschiedlich zu sehen. Siehe auch **reflektieren, Beurteilung** und **wahrnehmen**.

IMPULSE/SCHLÜSSELFRAGEN IM COACHING: Bei welchen negativen Interpretationen fühlen Sie sich heimisch?

Intrige Von lateinisch *in-tricare (= verwirren)*. Wer andere bewusst täuscht, schafft ein Wirrwarr. Intrigen zu schmieden ist eine bevorzugte Mobbingmethode.

Intuition *Intuition heißt unmittelbare Betrachtung. Intuitiv ist der Mensch, wenn er präsent ist. Intuitive Entscheidungen ersparen Zeit, Geld und Ärger.*

IMPULSE: Wann haben Sie nicht auf Ihre Intuition vertraut und schlechte Erfahrungen gemacht? Vielleicht bei einem Autokauf? Oder Sie haben jemandem Geld geliehen, obwohl Sie von vornherein spürten, dass Sie es nicht wiedersehen würden? Gerade diese negativen Erfahrungen zeigen Ihnen, dass Sie eine Intuition besitzen, aber zuweilen keinen Gebrauch davon machen. Warum eigentlich nicht?

Ironie *Ironie ist eine Vorstufe zu Spott, Sarkasmus und Zynismus. Der Begriff Ironie leitet sich vom griechischen eironeia ab und bedeutet erheuchelte Unwissenheit, Verstellung. Ironie ist ein feiner, verdeckter Spott.* Ironische Bemerkungen gleichen oft kleinen piesackenden Nadelstichen. Ironie verletzt, wenn sie im Machtgefälle mit Abhängigen gebraucht wird. Mit klarem positivem Hintergrund kann eine feine Ironie entstehen, die nicht verletzend ist, sondern provozierende Impulse setzt. Siehe auch **Humor, Sarkasmus, spotten** und **Zynismus**.

jetzt Französisch *maintenant*. Wörtlich übersetzt heißt *main* die Hand und *tenant* haltend. *Maintenant* bedeutet folglich (*in der*) *Hand haltend*. Im *Jetzt* steht uns alles zur Verfügung, was wir im Moment brauchen. Wir haben es in der Hand. Ein anderer Begriff für *jetzt* ist das Wort *gerade*. Krumm können Handlungen aus dem Jetzt also nicht werden. Im Englischen steht für *gerade* der Begriff *just*. Auch im Deutschen sagt man *just* („*Just* in diesem Augenblick ..."). *Just* bedeutet auch *gerecht* und *angemessen*. *Just* findet sich im Wort *Justiz* wieder. Jeder kennt die Waagschalen der *Justitia*. In der Mitte, und damit im Jetzt, sind wir ausgewogen. Aus dieser Balance und Ruhe können optimale Handlungen entstehen („In der Ruhe liegt die Kraft"). *Jetzt* ist immer der richtige Zeitpunkt zu handeln. Wenn nicht jetzt, wann dann? Auch der Begriff *soeben* wird wie *jetzt* oder *gerade* verwendet. *So* ist es also *eben* und wird nicht holprig und unbegehbar. Siehe auch **sofort**.

Joint Begriff aus der Drogenszene für eine Zigarette mit Haschisch oder Marihuana. Er leitet sich vom englischen *adjoint* (= *verbinden, vereinigen*) ab. Das Bedürfnis, einen Joint zu rauchen, hängt mit dem Wunsch zusammen, verbunden sein zu wollen.

Jüngstes Gericht *Jüngst* kommt von *jung* und ist eine zeitliche Bestimmung in einer Zeitspanne von Jung bis Alt. Das, was sich *jüngst* ereignete, ist erst vor kurzem geschehen. Die Jünger Jesu waren jene Menschen, die ihm am nächsten standen. *Jüngst* ist also auch räumlich der kürzeste Abstand. Nach Auffassung des Christentums wird der Mensch im *Jüngsten Gericht* von Gott für seine Taten gerichtet. Etymologisch gesehen, gibt es hingegen keinen Grund zur Panik. In der *Strafe* wird ge*strafft*, was nicht mehr gespannt ist. Ein Jüngstes Gericht suggeriert, dass unseren Gedanken und Handlungen die Wirkung unmittelbar folgt. „Die Strafe folgt auf den Fuß." Das gibt viele Plattfüße. Siehe auch **Gericht**, **Karma, Los** und **strafen**.

Karma Nach dem metaphysischen Gesetz der Resonanz kommt Positives und Negatives als Spiegel oder *Karma* wieder zu uns zurück. Das deutsche Wort für Karma ist *Schicksal*. Ursprünglich stand *schick* für *Gestalt* und *Form*. *Schick* in der Mode leitet sich vom französischen *chic* ab und bedeutet *Maß* und *Ziel*. Was sich nicht *schickt*, wäre somit nicht *angemessen*. *Schicken* bedeutet ursprünglich *ordnen, entsenden* und reflexiv *sich einfügen*. So gesehen ist Schicksal *zurückfinden in eine Ordnung*. Schicksal ordnet, was in Unordnung geraten ist, und bringt Deformiertes wieder in eine Form. Schicksal wird so zu einer *Re-Formation*. Wie bei Saat und Ernte ist der Mensch Sender und Empfänger zugleich. Gedanken, Worte und Taten, die wir *losgeschickt* haben, *schickt* der Kosmos als *Schicksal* zurück. Im Unterschied zur Post gibt es bei dieser Rücksendung keine Annahmeverweigerung. Manchmal dauert es eine geraume Zeit, bis eine Sendung retour kommt. *Retour* von französisch *retourner* bedeutet *zurückdrehen*. Das Spielzeug, das wir selbst aufgezogen haben, muss sich wieder zurückdrehen, bis die Feder wieder entspannt ist. Es kommt immer so viel an Schicksal zu uns zurück, wie wir in der Lage sind zu (er)tragen, aufzunehmen und in unsere Persönlichkeit zu integrieren. Volle Verantwortung für das eigene Leben hieße, alles, was als Schicksal kommt, als das Seinige anzunehmen. Siehe auch **Gericht, Los** und **strafen**.

keusch	Vom lateinischen *conscius* (= *mitwissend, eingeweiht, bewusst*). Nicht totale Enthaltsamkeit ist gemeint, sondern ein weiser Umgang mit der Sexualität. Sonst hätte es keinen Sinn, dass *Beischlaf* im Hebräischen *Erkenntnis* bedeutet.
Klamotten	*Kla-Motten* sind die Lieblingsspeise der *Motten*.
klappen	Im Sinne von *Es hat gut geklappt*. Möglicherweise geht *klappen* auf die Anfänge des Automobils zurück. Folge der neuen Technik waren Pannen und notwendige Reparaturen. *Es hat geklappt* könnte daher rühren, dass der Mechaniker die Motorhaube zuklappte, wenn er den Fehler behoben hatte. Hatte er es nicht geschafft, dann hat es einfach nicht geklappt.
Klatsch	*Klatsch* ist schnell wie das Echo. Klatsch kommt vor und nach dem Fall. Menschen werden mit Klatsch zu Fall gebracht, klatschen auf den Boden und sind dann am Boden zerstört. Siehe auch **Beifall, Beschwerde, fallen** und **Vorwurf**.
k. o.	Das englische *k. o.* (= *knocked out*) entstammt dem Boxsport. In der Umkehrung der Buchstaben ist alles wieder *okay*.
koksen	Ein Begriff aus der Drogenszene für *Kokain zu sich nehmen*. Einerseits stammt *Koks* aus einer dunklen Welt. Andererseits bezeichnet man das weiße Pulver *Kokain* als Schnee, Reinheit und Frische suggerierend. Am nächsten Tag allerdings ist Matsch in der Birne angesagt. Das Einzige, was assoziativ zu Schnee wirklich passt, ist das kühle Verhalten von Koksern, die im Rausch „über den Dingen stehen".

Kollektiv	Vom lateinischen *colligere* (= *sammeln*) abgeleitet. Mit Kollekten sammelt die Kirche. Unter Kollektivgeist verstehen wir den gesammelten Geist einer großen Menschengruppe oder der Menschheit. Wenn wir uns sammeln, zum Beispiel vor einer Ansprache, so steht uns besonders viel Energie zur Verfügung. Unsere Gedanken bekommen einen kollektiven Wert und sind von kollektiver Bedeutung. Ohne eingesammelt zu sein, sind wir zerstreut und alle möglichen *Ge-Schichten* schieben sich vor das Wesentliche.
kompensieren	Von lateinisch *pensare* (= *wiegen*). In der Kompensation wird Ungleichgewichtiges wieder ausgeglichen, auch wenn dies auf künstliche Art und Weise erfolgt. Im Coaching unterscheiden wir spielerisch zwischen *Kompensation* und *Komposition*. Was bedeutet es, unser Leben als eine Komposition zu begreifen? *Kom-Position* heißt, dass wir *mit einer Position* sind, also eine klare Position einnehmen. So wie ein Maler von einem Standpunkt aus das Ganze betrachtet und nicht im gleichen Bild ständig die Positionen wechselt und so die Perspektive verliert. Komposition heißt auch, dass wir wie ein *Komponist* unser Leben *komponieren*, statt uns auf einem kapitänslosen Schiff treiben zu lassen. Wie jede *Komponente* die Teilkraft eines Ganzen ist, so ist jede *Komposition* unseres Lebens einem größeren Ganzen untergeordnet. So wie sich im Idealfall die Mitglieder eines Teams einer gemeinsamen übergeordneten Idee verpflichtet haben und persönliche Bedürfnisse zugunsten der höheren Idee zurückstellen.

komplex	Von lateinisch *complecti* (= *umschlingen, umfassen*) und *plectere* (= *flechten, ineinander fügen, verknüpfen*). *Komplexe* im psychologischen Sinn bestehen aus einem Mischmasch positiver und negativer Verknüpfungen (Interpretationen) und Verwicklungen. Wir können uns das ähnlich wie Gebäudekomplexe vorstellen, die räumlich ineinander verschachtelt sind. Psychische Komplexe gleichen ausweglosen Labyrinthen, in denen sich selbst Therapeuten verlaufen können. Komplizierte Menschen neigen zu Komplexen. Komplexe lösen sich nicht *mit*, aber *in* der *Einfachheit* auf.
Komposition	Siehe unter **kompensieren**.
Konfusion	Von lateinisch *con-fundere* (= *zusammengießen, verwirren*). In der *Kon-Fusion* sind unverträgliche Dinge zusammengeflossen. Sie wurden fusioniert. Es ist zusammengewachsen, was nicht zusammengehört. Unverträgliches bekämpft sich oder lähmt sich gegenseitig und stiftet innerliche Verwirrung an. Es macht konfus.
konkret	Von lateinisch *concretus* (= *zusammengewachsen, verdichtet, gegenständlich*). Im Gegensatz zu abstrakt beschreibt *konkret* einen Zustand der Materialisierung. Die materielle Dichte zeigt sich im englischen *concrete* (= *Beton*). In einer *konkreten* Vorstellung machen wir uns klare gegenständliche Bilder von unserer Zukunft.

Konkurrenz	Von lateinisch *concurrere (= zusammenlaufen, zusammentreffen)*. *Konkurrenz* bedeutet kein Gegeneinander. Das bildliche Zusammenlaufen und Aufeinandertreffen setzt vielmehr den Anfangspunkt eines gemeinsamen Miteinanders. *Konkurrenz belebt das Geschäft.*
Konkurs	Von lateinisch *concursus (= Zusammenlauf)*. Besonders schnell laufen bei einem *Konkurs* die Gläubiger zusammen. *Kon-kurs (kon = mit)* ist die Chance, wieder *auf richtigen Kurs* zu kommen. *Konkurs* fungiert wie Krankheit als Regulativ. Ansteckend scheint er auch zu sein.
konstruktiv	*Kon-struktiv* heißt *mit Struktur*. Konstruktiv sind wir, wenn wir *gut strukturiert* sind. Dazu gehört, Strukturen zu erkennen, aufzubauen und aufrechtzuerhalten. Der Konstruktive kann gute *Instruktionen* geben. Ohne in einer Struktur zu sein, ist *In-Struktion* problematisch. Konträr zu *konstruktiv* steht der Begriff *destruktiv*. Die Vorsilbe *des-* heißt *weg von*. *Destruktiv* bedeutet *weg von Struktur*. Es heißt auch zerstören. Fehlende Struktur lässt keine Stabilität entstehen.
Kontakt	Von lateinisch *contingere (= berühren)*. *Taktil* heißt *berührend*. Ein guter Kontakt ist, wenn Menschen einander geistig oder körperlich berühren. In *taktil* ist der Begriff *Takt* enthalten. Haben wir guten *Kontakt* mit anderen Menschen, kommen wir mit diesen in einen *gemeinsamen Takt*. Die Beziehung ist *im Takt* und *intakt*.

IMPULSE/SCHLÜSSELFRAGEN IM COACHING: Beobachten Sie, wie Sie im Zusammensein mit Menschen aus Ihrem Takt geraten. Was geschieht mit Ihren Gefühlen, wenn Sie den Takt verlieren? Wie verhalten Sie sich? Wie stellen Sie einen gemeinsamen Takt mit anderen Menschen her? Über den Minimalkonsens des Wetters, das alle schlecht finden? Oder ...?

Kontext *Von lateinisch textus (= Gewebe, Geflecht). Kon-text heißt mit dem Gewebe sein*, also das eigene Gewebe mit der Umgebung zu synchronisieren.

konzentrieren *Von lateinisch kon (= mit) und zentrieren (= um den Mittelpunkt gruppieren, in seiner Mitte sein). Konzentration heißt mit seinem Zentrum sein* und aus diesem heraus agieren.

IMPULSE/SCHLÜSSELFRAGEN IM COACHING: Strengt es Sie an, wenn Sie sich konzentrieren? Dann halten Sie sich an Ihrem Zentrum fest. Sie stoppen Ihren Fluss und erschöpfen sich, statt mit Ihrem Zentrum zu sein und aus dem Fluss zu schöpfen.

koordinieren *Ko-ordinieren besteht aus ko (= zusammen) und ordinieren (= ordnen).* Koordinieren heißt, etwas aufeinander abstimmen, zusammenordnen. *Koordination bedeutet mit einer Ordnung sein.*

krank Von *krumm, gebeugt*. In dieser Haltung ist der Energiefluss unterbrochen. Bei einem *kurierten* Menschen läuft es wieder wie bei einem *Kurier*. Kurier kommt vom französischen *courir (= laufen)*. Der Zusammenhang von *kurieren* und *Kurier* ist assoziativ. Laut traditioneller Etymologie kommt *kurieren* von *Sorge tragen*. Doch wie soll ein Mensch kuriert werden, wenn er seine Sorgen trägt, statt loszulassen? In der Krankheit findet ein Kampf statt. Wir sehen angegriffen, angeschlagen und sogar niedergeschlagen aus.

Kreatur, Kreation Siehe unter **Vorstellung**, **Schöpfung**.

Krebs Laut Duden ist die Krankheit „... wohl so benannt, weil sich beim Krebs der Brustdrüsen die Brustvenen zuweilen krebsscheren- oder krebsfußartig ausbreiten". Nahe liegend ist es, die Krankheit mit den Charaktermerkmalen des Tieres *Krebs* zu assoziieren. Der Krebs krebst herum und läuft meist seitlich oder rückwärts, nur selten bewegt er sich vorwärts. Was der Krebs in seine Scheren kriegt, lässt er nur schwer wieder los. Im Coaching fragen wir: Wo beißen Sie sich fest? Was gehen Sie nicht direkt an? Wo weichen Sie aus? Wo leben Sie nicht Ihre Lebensvision? Wo wachsen Sie nicht? Krebs als Krankheit ist unkontrolliertes negatives Wachstum in die falsche Richtung. Die positiven Eigenschaften des Tieres, wie Durchhaltevermögen, Beständigkeit und Genügsamkeit, werden vom Krebskranken im Schattenbereich gelebt: als Verbissenheit, Auf-der-Stelle-Treten und Selbstvernachlässigung.

Kreuzschmerzen Da unser Rücken hinten ist, stehen *Kreuzschmerzen* für belastende Vergangenheit. Das Unbewältigte hinter uns führt zu Schmerzen. Auch Überheblichkeit kann sich in Rückenproblemen ausdrücken. Siehe auch **lästern** und **Überheblichkeit**.

IMPULSE/SCHLÜSSELFRAGEN IM COACHING: Was erscheint Ihnen zu schwer? Was haben Sie in der Vergangenheit an unbewältigter Schwere zurückgelassen? Ist es auch ein Kreuz mit Ihrem Kreuz? Was belastet Sie? An welche Belastungen haben Sie sich gewöhnt, sodass Sie die Unerträglichkeit nicht mehr wahrnehmen?

Krieg	Von *kriegen*, im Sinne von unbedingt haben wollen und kriegen müssen, notfalls mit *Krieg*.
Krise	Vom lateinischen *crisis* (= *Höhepunkt, Wendepunkt, entscheidende Wendung*). In der Krise steckt die Möglichkeit der Wendung, auch die Möglichkeit der Hinwendung zu Neuem.

IMPULSE/SCHLÜSSELFRAGEN IM COACHING: Erinnern Sie sich an vergangene Krisensituationen Ihres Lebens. Welche Möglichkeiten sind aus heutiger Sicht aus diesen Krisen erwachsen?

kritisch	Siehe unter **Zweifel**.
(sich) kümmern	Der Begriff legt nahe, dass *sich kümmern* mit Sicherheit *Kummer* bringt und auf Dauer *kümmerlich* macht.
Kulisse	Terminus im Coaching, der einen Gefühlshintergrund bezeichnet. Laut Duden leitet sich Kulisse vom französischen *couler* (= *fließen*) ab und bezeichnet eine *Dekorations- und Schiebewand*. Auch das eingedeutschte *Kulanz* für *entgegenkommendes Verhalten*, damit die Kommunikation in Fluss bleibt, geht auf diesen Ursprung zurück. Problematisch sind feststehende Kulissen, die zu starrem Verhalten führen.

IMPULSE: Finden Sie möglichst humorvolle Überschriften für Ihre Hauptkulissen, denen Sie immer wieder auf den Leim gehen. Beispielkulisse: „Ich bin ein Genie und keiner merkt es!" Wenn etwas in Ihrem Leben zurzeit stagniert, achten Sie auf die entsprechende feststehende Kulisse.

Kunde	Der *Kunde bekundet* die Güte der Ware und trägt diese Kunde zu anderen potenziellen Kunden. Er wird seine Meinung öffentlich *kundtun,* vor allem wenn er unzufrieden ist. Gerade in Verkaufstrainings sollte eine wertschätzende Haltung gegenüber dem Kunden Priorität haben. Es macht einen Unterschied, ob wir den Kunden als einen *kundigen* Menschen betrachten oder ihm eine Ware mit der Haltung nahe bringen, dass er unwissend oder sogar dumm ist.
laichen	*Ablegen der befruchteten (Fisch)Eier im Wasser.* Ursprünglich wurde das *ai* bei *laichen* mit *ei* wie bei *Leiche* geschrieben. Laut Duden wurde die sprachliche Veränderung im 18. Jahrhundert eingeführt, um das Laichen von Leichen als toten Körpern abzugrenzen. Interessant ist die Analogie von laichen und Leichen im Kontext von Geburt und Tod, da es bei beiden Phänomenen um einen Neubeginn geht.
lästern	Beim *Lästern belasten* wir einen anderen Menschen mit unserer Last. Das ist eine *Belästigung!* Wir bürden unsere Last, die wir nicht mehr tragen wollen, einem anderen auf. Lästern erleichtert nur im Augenblick des Lästerns. Schon kurze Zeit später müssen wir nach neuen Opfern suchen oder unser Lieblingsopfer muss nochmals herhalten. Im Lästern erheben wir uns über einen anderen Menschen und drücken ihn nach unten an einen Ort der Geringschätzung, meist den Ort, dem wir gerade durch Lästern selbst entkommen wollten. Im Gegensatz zur Fremdbelastung im Lästern ist das *Laster,* dem wir frönen, eine *Selbstbelastung.* Für Momente versüßen wir uns mit dem Laster die Schwere des Lebens. Siehe auch **Beschwerde** und **empören**.

IMPULSE/SCHLÜSSELFRAGEN IM COACHING: Was sind Ihre Lieblingslästerthemen? Welche Menschen aus Ihrem sozialen Umfeld eignen sich besonders für das Lästern?

Leben Laut Duden geht Leben auf die Wurzel *Leim*, die man auch in *Schleim* wiederfindet, zurück. *Leben* findet sich in *kleben* wieder. *Leben* ist zudem sprachverwandt mit *Lehm*, der eine Urmasse darstellt. Gott schuf Adam aus Lehm, wobei *adamah* selbst *Lehmboden* bedeutet. Aus dieser sinnbildlichen Urmasse gilt es, im Leben zu schöpfen, zu kreieren und zu formen. Wenn Kreaturen nicht kreieren, bleibt Leben als zähe, undefinierbare Masse an uns *kleben* und wir versinken im Chaos. *Chaos* bedeutet *ungeformte, gestaltlose Urmasse*. Siehe auch **Chaos**.

leiden Wer nicht leitet, leidet. Erstaunlicherweise bedeutete *leiden* früher *gehen, fahren, reisen*. Der Bedeutungswandel zum Jammern und zur Opferhaltung ist laut Duden vermutlich auf die christliche Lehre zurückzuführen.

Licht Das englische *light (= Licht)* bedeutet gleichzeitig *leicht*. Im Licht empfinden wir *Leichtigkeit*, im Dunkel entsprechend Schwere. Stellen wir unser Licht nicht unter den Scheffel!

Los Das *Los* in der Bedeutung *Schicksal* fordert dazu auf, loszulassen. Im Loslassen entwickeln wir oft ungeahnte Urkräfte. Bei einem Menschen mit schwerem Schicksal sprechen wir von einem schweren *Los*. Wer glaubt, es schlecht getroffen zu haben, muss lernen besser zu zielen. Ziel in der Entwicklung eines Menschen ist es, *los* zu sein von den Verwicklungen und Verklebungen im Geistigen und Materiellen. Ein *heftiges* Schicksal ist ein Leben, dem Schweres *anheftet*.

Schweres Los bedeutet, dass es schwer ist, von einer Geschichte loszukommen. *Selbstlos* heißt in diesem Sinne, dass das Selbst *los* ist und nicht mehr gebunden an Ängste, Unfreiheiten und Fremdbestimmungen. *Loslassen* führt in die *Gelassenheit*: Wir können Unebenheiten im Außen lassen, wie sie sind, weil wir sie nicht mit inneren Ungereimtheiten verkoppeln.

Im Indogermanischen bedeutet *los* passenderweise *abschneiden, abreißen*. Die Lose, die wir an der Losbude oder in der Lotterie kaufen, versprechen ebenfalls ein *Losgelöstsein* von materiellen Abhängigkeiten durch einen Lottogewinn. Wer den *Jackpot* knackt, wird neuer Hans im Glück: Der englische *Jack* ist der deutsche *Hans*. Aber Loslösung können wir nicht kaufen. So mancher Lottomillionär fand erst wieder seinen Seelenfrieden, als das Geld endlich ausgegeben war. „Wie gewonnen, so zerronnen", weiß der Volksmund. Das auf diese Art gewonnene Geld ist nicht mit der Persönlichkeit gewachsen. Innerer und äußerer Reichtum klaffen auseinander. Ein weiterer Begriff für *Los* und *Schicksal* ist die

Fügung. Sie meint alles, was zusammengefügt wird, weil es zusammengehört. Siehe auch **Jüngstes Gericht, Karma** und **Verfügung**.

IMPULSE/SCHLÜSSELFRAGEN IM COACHING: Welche Ereignisse lassen Sie nur schwer los? Bei welchen Menschen fühlen Sie sich wie gebannt? Von welchen Ihrer großen Geschichten haben Sie sich schon verabschiedet? Wie haben Sie es gemacht? Oder haben die Geschichten durch bestimmte Umstände an Wichtigkeit verloren? Welche Umstände waren das?

luxuriös	Vom lateinischen *luxus (= verrenkt)*. *Luxuriös* heißt also *Verrenkung* und ist im Grunde genommen ein pathologischer Befund. Also Vorsicht mit Luxus!
Macht	Von *machen*. In der Eigeninitiative entsteht über das aktive Tun (*Machen*) menschliche *Macht*. So manche Menschen werden allerdings auch ohne eigenes Machen zu Machthabern. Bei dieser *Macht* gib *acht!*
Magen	Assoziiert mit *mögen*: Liebe geht bekanntlich durch den *Magen*. *Magersüchtige* sind so gesehen *Mögen-Süchtige*, die Anerkennung (meist ihrer Weiblichkeit) brauchen.
Make-up	Englisches Wort für *Schminke*. Wörtlich heißt *make-up aufmachen*. Mit dem Make-up schmieren sich Menschen allerdings meistens zu.
Manager	Abgeleitet vom lateinischen *manus (= Hand)* und dem amerikanischen *to manage (= handhaben, leiten)*. Der Manager ist ein *Handhaber*, der die Sache in die Hand nimmt und in der Hand hat. Er hält die Zügel, damit er die Kutsche lenken kann. *Topmanager* haben oft das Problem, ununterbrochen *on top* sein zu wollen. *On top* heißt wörtlich *auf der Spitze*. Dauerspitzenleistungen sind nicht möglich, denn das Leben ist ein Auf und Ab.
Maßnahme	Von *Maß nehmen*. In einer *Fortbildungsmaßnahme* sollte neu *Maß genommen* werden, um neue Maßstäbe setzen zu können.
Matrix	Abgeleitet von dem lateinischen *mater*, das heißt *Mutter, Stammmutter*. Diesen Begriff verwendet Dieter Duhm in seinem Buch „Die Heilige Matrix", um die ursprüngliche Kraftstruktur der Frau in der Gesellschaft zu verdeutlichen. Hiervon abgeleitet ist auch der Begriff *Matrize*, der in der Technik eine *Negativform* bezeichnet. Das ist eine Vertiefung, mit der eine

positive Form hergestellt wird. Diese heißt *Patrize*. Ein Stempel ist eine Patrize. Die Patrize ist die Gegenform zur Hohlform. *Matrize*, also *Mutter*, ist negativ und *Patrize*, also *Vater*, ist positiv. Demzufolge war nicht Adam, sondern Eva zuerst da. Negativ und positiv sind hier frei von Bewertung. Mutter und Vater verhalten sich wie Innenminister zu Außenminister. Es braucht ein gleichwertiges Zusammenspiel der Polaritäten *passiv* (vorwiegend der Frau zugeschriebene Eigenschaft) und *aktiv* (vorwiegend dem Mann zugeschriebene Eigenschaft). *Passiv* ist die Stärke, Geschehnisse *passieren* zu lassen. Passiv steht auch für Hingabe, innere Ruhe und Geborgenheit. *Aktiv* ist das initiierende Eingreifen, auch die Verteidigung nach außen. Aktiv und passiv sind Schwerpunkte und Tendenzen. Mann und Frau tragen beides in sich, so wie beide weibliche und männliche Hormone besitzen. Siehe auch **Frau**, **Mutter**, **negativ** und **positiv**.

Meinung Von *mein*. Meinung ist also eine Vorstellung *meiner* Welt, die nicht übereinstimmen muss mit *deiner* Welt.

IMPULSE/SCHLÜSSELFRAGEN IM COACHING: Welche Ihrer Meinungen vertreten Sie vehement wie ein Dogma? Wie gehen Sie mit Dogmen anderer um? Bauen Sie sofort ein eigenes Dogma auf und verteidigen Ihre Burg? Oder bleiben Sie gelassen und freuen sich, dass Ihr Gegenüber seine Waffen wieder entsichert? Welche „festen" Meinungen haben Sie in Ihrem Leben bereits aufgegeben? Haben Sie diese lediglich durch eine „bessere" feste Meinung ersetzt?

Merkmal Ein *Mal* zum *Merken*. Der Begriff gleicht dem *Denkmal*, das errichtet wurde, um zum Nachdenken anzuregen.

merkwürdig	Von *würdig zu merken*. Ursprünglich ohne negativen Beigeschmack.
Mitgefühl	Das Wort verweist darauf, dass es sinnvoll ist, sich *mit Gefühl* mit anderen Menschen zu verbinden, statt sich *mit* ihrem *Leid* im *Mitleid* zu verwickeln, bei welchem wir mitleiden müssen. Wenn wir mit einem anderen Menschen *mitleiden,* ist ihm damit nicht geholfen. Dann leiden zwei Menschen statt nur einem. Zwei Menschen in einem Sumpf können sich nicht gegenseitig herausziehen.
Mitleid	Siehe unter ***Mitgefühl***.
mitteilen	Etwas *mit* anderen Menschen *teilen*. Durch Teilung erfolgt Wachstum, wie bei der Zellteilung. *Mitteilen* heißt auch *mit den Teilen* statt gegen die Teile zu sein, das heißt, die Persönlichkeitsteile der anderen Menschen anzunehmen.
Möglichkeit	Von *mögen*. Möglichkeit schafft Raum, so wie Mögen und Liebe ausdehnend und Raum gebend sind. Wer keine Möglichkeit sieht, verhält sich unter Umständen *unmöglich*. IMPULSE/SCHLÜSSELFRAGEN IM COACHING: Wo in Ihrem Leben ist Möglichkeit geschrumpft und Resignation entstanden? Wie hieß diese Möglichkeit? Wie können Sie ihr wieder Aufmerksamkeit schenken?

Moment	Moment heißt *bewegende Kraft*. Der Moment ist eine bedeutende Energiequelle, weil mit dieser Kraft etwas bewegt werden kann. Im Moment ist die Synchronizität von Ort (Hier) und Zeit (Jetzt) gegeben. Im Moment kommt Wesentliches auf den Punkt. So ist die Pointe eines Witzes ein Momenterlebnis besonderer Art, weil unterschiedliche Ebenen zusammengeführt werden, auch wenn diese logisch gar nicht zusammenpassen.
	Es gibt *den Moment* und *das Moment*. Das Moment ist das *Drehmoment*. Es verdeutlicht die Kraft der Wendung im Moment. In der Kommunikation gibt es *Momente der Wahrheit*. Das sind jene Momente, in welchen eine ganz tiefe Berührung stattfindet. Im Moment tauchen wir in die Tiefe und steigen gleichzeitig in die Höhe. So entsteht im Moment Raum für Möglichkeit. Siehe auch **Präsenz, Gegenwart, Dasein** und **Augenblick**.
Mühe	Siehe unter **Anstrengung**.
mühselig	Nur mit Mühe wird die Seele selig.
Muse	Das Gegenteil der *Muse* ist das *Muss*.
mustergültig	Das *Muster* ist *gültig*. Notmuster erzeugen selbst Not, auch ohne dass eine reale Not zugrunde liegt. Der Hintergrund bestimmt den Vordergrund. Bereits über Gedanken entstehen Muster, desgleichen über Sprache (Sprachmuster) sowie über das Verhalten (Verhaltens- und Handlungsmuster). Muster sind Prägungen. Ähnlich einer Münze, die über eine Negativform geprägt oder aus einem ganzen Stück herausgestanzt wird, entstehen auch in uns Prägungen und (Gedächtnis)Spuren. Ätzende Gedanken hinterlassen Ätzspuren und sind ätzend.

IMPULSE: Im Coaching werden Denk-, Sprach- und Verhaltensmuster entdeckt und zur Sprache gebracht. Erst durch das Aussprechen können untaugliche Muster ausgemustert und durch Glücksmuster ersetzt werden.

Mutter *Mutter* ist verwandt mit *Materie*. *Mutter* trägt die Kraft der Materialisierung in sich. Sie steht naturgegeben für das Hervorbringen und Gebären. *Eva* war die erste Mutter in der christlichen Religionsgeschichte. Ihr Name bedeutet *Lebenschenkende*. Andere Worte sind *Mama, Mutti* oder das englische *Mum* als Kosename für Mutter. *Mother* ist zusammengesetzt aus dem Buchstaben *M* und *other(s)*, die anderen. Interessant ist, dass der Buchstabe *M* für *Mutter* in sehr vielen Sprachen vorkommt. Wir verwenden den Buchstaben *M,* wenn uns etwas gut tut oder mundet. Das doppelte M taucht im Begriff *jammern* auf, quasi im Ruf nach der Mama, wenn uns etwas gar nicht zu schmecken scheint. Der Begriff Jammern ist nach dem Duden wahrscheinlich lautmalender Herkunft und hat sich aus einem Schmerzensruf entwickelt. Auch im Französischen taucht das *M* in *mère* für *Mutter* auf. Tonal gleich und in der Schreibweise ähnlich ist *la mer* (= *Meer*). Mit dem Meer assoziieren wir Tiefe, Fließen und Bewegung, Kommen und Gehen sowie Unendlichkeit. Mutter steht für Geborgenheit, Schutz und Liebe. Im Handwerk ist die Mutter das Gegenstück zur Schraube. Hier wird die sexuelle Symbolik von Vagina und Penis deutlich. Siehe auch **Eva** und **Matrix**.

Nachrichten Von *nach* und *richten*. Da vorwiegend Negatives berichtet wird, besteht die Gefahr, sich *nach den Nachrichten zu richten*. Also Vorsicht mit *Nachrichten!* Schade, dass es keinen Sender gibt, der ausschließlich positive Nachrichten verbreitet. Das englische *News* (= *Neues)* für *Nachrichten* ist da unverfänglicher. Auch wenn meistens nichts wirklich Neues berichtet wird.

IMPULSE: Wir leben in einer Zeit des Aufbruchs, in welcher viele Menschen viel Neues zu berichten haben. Diese Menschen treffen wir aber nur, wenn wir selbst aufbrechen, statt im täglichen Bann der Nachrichten über Zusammenbrüche und drohende Katastrophen zu stehen.

Nacken Halsstarrigkeit begünstigt *Nackenschmerzen*. Dasselbe gilt generell für starrsinniges Verhalten wie Beharrlichkeit. Bei Nackenproblemen sitzt uns etwas im Nacken. Siehe auch **Hals**.

negativ Von lateinisch *negare* (= *verneinen*). Der Gegensatz ist *positiv*, was unter anderem *bejahen* bedeutet. Wenn wir Schwäche neu verstehen wollen, können wir mit einem Beispiel aus der Fotografie arbeiten: Im Labor ist ein Negativ ein noch nicht entwickeltes Bild. Übertragen auf die Persönlichkeit, heißt das, dass negative Persönlichkeitsteile noch nicht entwickelt sind und noch beleuchtet werden müssen. Vielleicht fehlt es uns in bestimmten Bereichen an Liebe, denn Liebe ist Licht, und Licht ist die Basis für Wachstum. Fehlende Liebe lässt erkalten und führt, könnte man es in Wärmegraden messen, auf dem Thermometer in den Minusbereich, in die Negativgrade. Tiefgefroren, aber haltbar: Wir müssen es lediglich auftauen.

Meist wollen wir das Negative, zum Beispiel eine Krankheit, weghaben. Stellen wir uns vor, ein Fotograf würde seine Negative wegwerfen, nur weil sie dunkel sind. Was bliebe ihm noch? Ein anderes Beispiel für die positive Interpretation von Negativität findet sich in der Bildhauerei. Der Bildhauer macht zuerst ein Negativ, um anschließend hieraus eine positive Form zu erhalten. Das heißt nicht, dass wir nur über das Negative zum Positiven kommen können, sondern dass auch über Negatives der Weg in das Positive möglich ist. Wenn wir krank sind, schätzen wir unsere vorherige Gesundheit. Stärker und direkter ist natürlich, die momentane Gesundheit sofort wertzuschätzen. Es genügt nicht, glücklich zu sein. Wichtig ist, sich des Glückes voll bewusst zu sein und es zu schätzen. Wie viele Menschen sind erfolgreich, ohne ihren Erfolg bewusst zu genießen? „Zwei Ziele gibt es im Leben: erstens, das zu bekommen, was man wünscht, und danach, es zu genießen. Nur den klügsten Menschen gelingt Letzteres" (Logan P. Smith). Siehe auch *positiv* und *Matrix*.

notwendig   Etwas, das die *Not wendet*. „Not macht erfinderisch", weiß der Volksmund. Not ist ein extremer Pol, an dem eine Wende vollzogen werden muss.

IMPULSE: Wie oft benutzen Sie das Wort notwendig, obwohl gar keine Not besteht? Ist das notwendig?

objektiv   Objektive lassen sich austauschen. Objektiv bleibt also relativ. Siehe auch *wahrnehmen* und *Interpretation.*

IMPULSE: Wechseln Sie von Zeit zu Zeit Ihre Objektive, damit Sie den Spaß an der Relativität nicht verlieren!

Ohnmacht	Von *ohne Macht*. Das Gefühl der Ohnmacht entsteht, wenn Menschen glauben keine Macht über andere und letztlich auch keine Macht über sich selbst zu haben.
Ontogenese	Analog zur *Phylogenese* (= *Entwicklung der Menschheit*) steht die *Ontogenese* für die Entwicklung des einzelnen Menschen. Beide Begriffe können mit *genesen* assoziiert werden. Die Ontogenese in der Persönlichkeit erscheint tatsächlich wie eine lange Genesungsgeschichte. Eine Geschichte des langsamen Aufwachens und Hellewerdens.
Optimist	In *Optimist* sind *Optik* und *optisch* enthalten, beides steht für *Licht* und *Sehen*. Einem Pessimisten fehlt die richtige Brille. Der Optimist steht im Licht und hat eine positive Sicht auf die Welt und die Dinge. *Positiv* heißt wörtlich *gesetzt, gegeben*. Der Optimist sieht die Möglichkeiten im Gegebenen, im Gegensatz zum *Pessimisten*, der schwarzmalerisch in die Welt blickt, weil er im Dunkeln steht und überall sieht, was nicht geht. Ein Optimist bringt optimale Leistungen.
Organisation	Von *Organ*. Auch im menschlichen Körper gibt es eine innere *Organ-isation*. Körperliche Funktionen laufen nach einer klaren Ordnung ab. Die äußere Organisation ist im Idealfall ein Spiegelbild innerer Ordnung: An oberster Stelle steht das Herz. Die Lunge symbolisiert die Verbindung von innen und außen, also den Kontakt. Alle Organe und die geistigen Prinzipien, für die sie stehen, sind aufeinander abgestimmt.

Originalität	Von lateinisch *origo* (= Ursprung, Quelle). *Original* steht für *Echtheit* und *Urschrift*, in Abgrenzung zum Abgeschriebenen und zur Kopie. Originalität ist ein wirtschaftliches Qualitätsmerkmal. Das Ursprüngliche ist eine natürliche Energiequelle. An dieser Quelle sprudelt der Mensch wie frischer Sekt, statt wie abgestandenes Mineralwasser vor sich hin zu tümpeln.
Outfit	*Außen fit* zu erscheinen ist in unserer Gesellschaft wichtig. Und was ist im Innen?
Panne	Der Begriff *Panne* kommt aus dem Französischen und ist ein Fachwort aus der Segelsprache. „Mettre les voiles en panne" heißt laut Duden „die Segel so stellen, dass sie keinen Fahrtwind bekommen". Panne bezeichnet also einen Zustand des Innehaltens, um sich anschließend neu auszurichten. Umgangssprachlich steht *Panne* für ein Missgeschick, das uns stoppt. Dies gibt Zeit, sich wieder einzusammeln und neu auszurichten, ähnlich wie im Stopp der Krankheit. Panne ist ein Terminus, der im Coaching häufig verwendet wird.
	IMPULSE/SCHLÜSSELFRAGEN IM COACHING: Erinnern Sie sich an Pannen, die Sie auf Ihrem Weg gestoppt haben? Vielleicht wären Sie ohne diese Panne in die falsche Richtung gelaufen oder einem bestimmten Menschen nicht begegnet, der für Ihr Leben wichtig ist! Von welchen Pannen erzählen Sie besonders gerne?
Partner	Von *Part* (= Teil). Ein *Partner* ist ein *Teilhaber*. Von einem Teilhaber *haben* wir nur *Teile*, sind ihm nur teilweise ähnlich. Also nicht zu hohe Erwartungen in den Partner setzen! Alles kann er oder sie uns nicht geben.

IMPULSE/SCHLÜSSELFRAGEN IM COACHING: Welche Parts an Ihrem Partner lieben Sie ganz besonders und bei welchen Parts sind Sie kein Teilhaber? Welche Parts befremden Sie? Wie könnten Sie sich mit diesen Teilen anfreunden? Wo bleibt Ihr Humor? Was haben Sie selbst mit der Ablehnung bestimmter Teile Ihres Partners zu tun?

Patient — Von lateinisch *patiens* (= *dulden*). Das englische *patient* bedeutet sowohl g*eduldig* als auch *Patient*. Sich in Geduld zu üben gilt als oberstes Prinzip der Heilung.

patriarchalische Sprache — Gott war ursprünglich sächlich. Erst das Christentum führte einen männlichen Gott und einen männlichen *Er-löser* ein. In vielen Begriffen taucht die Vorsilbe *Er-* auf: *Er-kenntnis* scheint reine Männersache zu sein. Auch einen *Er-trag* gibt es für Frauen nicht. Das oft verwendete *man* kommt sicher nicht von einer Frau. Der Begriff *Mit-Glied* trieb schon viele Frauen auf die Barrikaden. Komisch wird es, wenn wir beim Frauenfußball von Damen*mann*schaften sprechen. Ganz ausgeschlossen sind nach Sam Keen[31] die Frauen aus der Geschichte, englisch *history* von *his* und *story*. *Herstory* gibt es nicht.

Pech haben — Pech klebt. Pech haben bedeutet, mit seiner Kulisse zu verkleben. Wer mit seiner Kulisse verhaftet ist, ist gefangen. Pechvögel können nicht fliegen. Ein Unglück kommt selten allein: Das ist dann die Pechsträhne. Siehe auch **Kulisse** und **erpicht sein**.

---

[31] Sam Keen: Feuer im Bauch, Lübbe 1993, S. 17.

peinlich	Von *Pein*. Das mittelhochdeutsche *pine* (= *Strafe*) bedeutete auch *Qual* und *Schmerz*, die der Strafe folgen. *Peinlichkeiten* können wir als Erinnerungen an Schmerzen begreifen. Oft sind sie eng verbunden mit dem Gefühl, schuldig zu sein, denn einer Bestrafung geht ein Schuldspruch voraus. In der Peinlichkeit schämen und verbergen wir uns, zum Beispiel, indem wir die Hand vor das Gesicht halten, um dieses nicht zu verlieren. Siehe auch **penibel**. IMPULSE/SCHLÜSSELFRAGEN IM COACHING: Gibt es Peinlichkeiten, die Sie schon ein Leben lang verstecken? Wo haben Sie diese hingepackt? Können Sie die Stelle in Ihrem Körper spüren?
penibel	Penibel bedeutet *kleinlich*, *sorgfältig* und *empfindlich*. Das französische *penible* heißt *mühsam, beschwerlich, schmerzlich* und ist eine Ableitung von dem französischen *peine*, was *Strafe* bedeutet. Laut Duden geht es auf das lateinische *poena* (= *Sühne, Strafe, Schmerz*) zurück. Es findet sich im deutschen *Pein* und *peinlich* wieder. Hier können wir leicht den psychologischen Mechanismus der Eigenschaft *penibel* erkennen: *Penible* Menschen strafen sich und andere mit ihrer Pingeligkeit und ihrem mühseligen Verhalten. Penibles Verhalten ist ein Reflex auf alte Schmerzen. Siehe auch **peinlich**.
Perfektionismus	Siehe unter **vollkommen**.
Person	Vom lateinischen *persona* (= *Maske*). Gemeint ist die Maske des Schauspielers und die Charakterrolle, die durch diese Maske dargestellt wird.

Pessimist Mensch mit negativer Grundhaltung. Wenn der *Pessimist* ein *Schwarz-Maler* ist, so muss der Optimist ein *Hell-Seher* sein. Ein Pessimist fühlt sich wahrscheinlich erst zu Grabe getragen endlich aufgehoben. Siehe auch **Optimist**.

IMPULSE/SCHLÜSSELFRAGEN IM COACHING: Vergessen Sie nicht Ihre verdeckten pessimistischen Einstellungen! Halten Sie immer einen Regenschirm bereit? Blicken Sie öfter auf Ihr Bahnticket, um sicher zu gehen, dass Sie zur rechten Zeit umsteigen oder verlassen Sie sich auf Ihr Erinnerungsvermögen? Welche Versicherungen haben Sie abgeschlossen, weil Sie dem Leben doch nicht wirklich trauen?

Pflicht Von *pflegen*. Unter diesem Aspekt verliert es den negativen Beigeschmack von *etwas tun müssen*. In dem Wort *Pflicht* ist auch *Licht* enthalten, was uns einen Hinweis gibt, mehr lichte Momente und Leichtigkeit in unsere *Verpflichtungen* zu bringen.

IMPULSE/SCHLÜSSELFRAGEN IM COACHING: Belasten Sie Verpflichtungen oder verpflichten Sie sich gerne? Verpflichten Sie sich ganz oder halten Sie sich meist eine Hintertür offen?

Phänomen Vom griechischen *phainein (= sichtbar machen, erscheinen)*. Martin Heidegger weist in seiner Phänomenologie besonders darauf hin, dass sich Sein und Erscheinen unterscheiden. Edgar Allen Poe fasst das Phänomen wie folgt zusammen: „All that we see or seem is but a dream within a dream." – „Alles, was wir sehen oder zu sehen scheinen ist nur ein Traum in einem Traum." Sokrates bezeichnet Dinge als *Schatten* (= Erscheinungen) des Seins, die wiederum einen Schatten werfen. Schon er verwies auf das Problem, dass Menschen sich mit den Dingen und deren Schatten identifizieren. Diese Thematik der Identifikation ist die Grundlage im Coaching.

Philosoph   Von griechisch *philos* (= liebend, Freund) und *sophia* (= *Weisheit*). Ein Philosoph ist ein Mensch, der die Weisheit liebt.

Phylogenese   Siehe unter **Ontogenese**.

Piece   Begriff aus der Drogenszene, von englisch *piece* (= *Stück*). Ein Piece ist der Grundstoff des Kiffens. Kiffen ist eine Möglichkeit, das Leben zu *stückeln*. Ein anderes Wort für *piece* ist *shit*. Im Grunde genommen müssten die Menschen, die *shit* zu sich nehmen, wissen, dass es „*Scheiße*" ist.

Plan   Etwas *plan*, also *eben* machen. Auch die zeitliche Dimension klingt an, etwas wird sofort angepackt, sofort getan: Wir sollen es *so-eben* machen. Mit dem *Plan* werden die Unebenheiten des Lebens geebnet, sodass eine stabile Plattform als Basis für sicheres Handeln entsteht. Ein Plan gibt Schutz, so wie ein Planwagen als überdecktes Gefährt vor Wettereinbrüchen schützt. Siehe auch **Geworfensein**.

IMPULSE/SCHLÜSSELFRAGEN IM COACHING: Wie fühlen Sie sich, wenn Sie an schriftliche Pläne denken? Eher eingeengt oder eher sicher? Haben Sie kurz-, mittel- und langfristige Pläne für Ihren Beruf und für Ihr Privatleben? Oder haben Sie keine Zukunft?

Platz   Wer glaubt, keinen *Platz* oder zu wenig *Platz* zu haben, droht leicht zu *platzen*. Oder umgedreht: Wer platzt, dem fehlen Raum und Möglichkeit.

polar   Pole sind Endpunkte von Achsen und wo es *Achsen* gibt, kann sich etwas drehen. Im interkulturellen Training gelten zum Beispiel bei deutschen und chinesischen Managern als polare Verhaltensweisen „individuell ausgerichtet" für die Europäer und „kollektiv ausgerichtet" für die Asiaten. Das chinesische Management wirft den deutschen Führungskräften oft Arroganz vor, und umgekehrt interpretiert das deutsche Management das Verhalten chinesischer Führungskräfte leicht als unterwürfig. Polar bedeutet, dass beide Seiten gleich weit vom Mittelpunkt entfernt sind. Auf einer gedachten Werteskala gibt es kein besser oder schlechter. Erst wenn beide Gruppen die Kraft des Gegenpols erkennen und in ihre Persönlichkeit integrieren, kommt der richtige Dreh in ihre Kooperation. Sie können dann Großes bewegen.

Ein Bilderbuchbeispiel für interkulturelle Polaritäten kam jüngst im Radio, als die Debatte um die sprachliche Entgleisung des italienischen Tourismusministers entbrannte. Dieser war über deutsche Urlauber hergezogen, indem er äußerte, sie würden wie Horden über italienische Strände herfallen. Der Moderator erzählte von einer alten Wahrheit zwischen beiden Nationen: „Die Deutschen lieben die Italiener, achten sie aber nicht. Die Italiener hingegen achten die Deutschen, aber sie lieben sie nicht."

positiv Vom lateinischen *positivus (= gesetzt, gegeben)*. *Positiv* ist, was uns konkret im Dasein zur Verfügung steht. Die Maxime lautet: mit dem arbeiten, was tatsächlich im Innen und Außen vorhanden ist. Positives Denken hat in diesem ursprünglichen Sinn nichts mit Fantasterei oder Sicht durch die rosarote Brille zu tun. Vielmehr geht es darum, dass wir unsere persönlichen Qualitäten erkennen und bewusst einsetzen, um unser Leben entsprechend unserer Persönlichkeit zu gestalten.

Verwandt mit *positiv* ist der Begriff *Position*. Besonders kräftig erscheint Leben, wenn wir uns klar positionieren. Leider positionieren sich viele Menschen ungern, da sie dann angreifbar sind. Mit einem Standpunkt sind wir geortet und bieten einen möglichen Angriffspunkt. Doch gleichzeitig wird uns in der Positionierung eine Kraft mitgeliefert, die uns gegen Angriffe immunisieren kann. Je klarer wir positioniert sind, desto weniger Angriffen sind wir ausgesetzt und desto größer ist unser Ansehen.

IMPULSE/SCHLÜSSELFRAGEN IM COACHING: Wo beziehen Sie eine klare Position? Wo sind Sie in Ihrer Familie und in Ihrem Beruf nicht positioniert? Gehört das zu Ihrem Muster, sich nicht zu positionieren? Was haben Sie davon, wenn Sie sich positionieren?

Präsenz *Präsenz* kann nur im *Präsens (= Gegenwart)* stattfinden. Wenn wir voll *präsent* sind, ist das für andere Menschen ein Geschenk, also ein *Präsent*. Ein anderer Begriff für Geschenk ist die *kleine Aufmerksamkeit*, die wir als Gastgeschenk mitbringen. Präsenz entsteht durch Aufmerksamkeit und Hingabe an den Moment. Sie bringt große Energiemengen zum Fließen. Ein Mensch, der präsent ist, kann gut *präsentieren* und *repräsentieren*. Präsenz ist im Moment gelebtes *Da-Sein* und Synchronizität von Hier und Jetzt, also von Ort und Zeit. Siehe auch **Dasein** und **Moment**.

IMPULSE/SCHLÜSSELFRAGEN IM COACHING: Von welchen scheinbar essenziellen Geschichten lassen Sie sich absorbieren und fallen aus Ihrer Präsenz? Wie lange halten Sie sich schon in dieser Geschichte auf? Haben Sie chronische Geschichten, beispielsweise einen Dauerärger mit einer bestimmten Person oder mit sich selbst in Form von chronischen Krankheitsgeschichten? Erkennen Sie den mentalen Hintergrund dieser körperlichen Beschwerden? Welche Momente von hoher Präsenz haben Sie erlebt? Schreiben Sie diese Momente auf. Sie sind als positive Erfolgsmuster in Ihrem Gedächtnis gespeichert. Sie können jederzeit darauf zurückgreifen und auf diesem Hintergrund erneut Präsenz herstellen.

preisen Wir *preisen*, was wir *wertschätzen* und anerkennen. Wer preisen kann, hat mit Sicherheit kein Problem Rechnungen zu schreiben, also seinen *Preis* offen kundzutun.

Problem Von griechisch *problema (= Vorgelegtes)*. Unkomplettes aus der Vergangenheit wird uns wieder *vorgelegt*, um es weiter bearbeiten zu können. So oft, bis es vollendet ist. *Probleme* wiederholen sich nicht zu unserem Ärgernis. Auch im Fußball haben diejenigen, die es verstehen, gute Vorlagen zu verwerten, bessere Siegeschancen. Bei *wiederkehrenden* Problemen wird das, was wir unter den Teppich gefegt haben, wieder *hervorgekehrt*. Probleme haben somit einen Reinigungseffekt.

IMPULSE/SCHLÜSSELFRAGEN IM COACHING: Welche negativen Geschichten wiederholen sich in Ihrem Leben immer wieder? Welches Thema legen Sie sich damit zur erneuten Bearbeitung wieder selbst vor? Was können Sie lösen? Sollte Ihnen kein wiederkehrendes eigenes Problem einfallen, dann nehmen Sie ein Problem, das Sie bei anderen stört und suchen Sie dann in sich nach der Störung. Spätestens jetzt haben Sie das Problem!

Profit *Pro-fit*. Wer ist schon dagegen, fit zu sein? Profit leitet sich von lateinisch *proficere (= weiterkommen, voranmachen)* ab. Leider nutzen viele Menschen ihren Profit nicht zum Weiterkommen, sondern zum Anhäufeln.

Projekt	Jedes Projekt beginnt mit der inneren Vorstellung. Bei der *Projektion* wird diese wie bei einer Filmvorführung nach außen auf eine Leinwand projiziert. *Projekt* und *Projektion* stehen für einen Weg von innen nach außen und vom Geistigen zum Materiellen. Es gibt geplante und bewusste Projekte oder wir fallen in ungeplantes und unbewusstes Projizieren im psychologischen Sinn.
Prozess	Von lateinisch *procedere (= voranschreiten)*. Oft wird, wenn es in uns stockt, hoffnungsvoll prozessiert, damit ein Richter es richtet und wieder zum Laufen bringt.
pünktlich	Pünktlich sein bedeutet auf dem Punkt sein. Das heißt, nicht zu früh kommen, etwa weil wir Angst haben, etwas zu verpassen. Und auch nicht zu spät kommen, um damit eventuell Aufmerksamkeit zu erheischen. Im Englischen heißt Verabredung *appointment*. Auch hier finden wir wieder den Punkt *(= point)*. Eine Verabredung in England versteht sich also inklusive Pünktlichkeit. IMPULSE/SCHLÜSSELFRAGEN IM COACHING: Sind Sie notorisch unpünktlich? Was darf bei Ihnen nicht auf den Punkt kommen? Was haben Sie von Ihrer Unpünktlichkeit? Welches Gefühl lösen Sie in Menschen aus, die auf Sie warten müssen? Was haben Sie mit diesem Gefühl zu tun? Machen Sie einen Punkt!
randalieren	Menschen am *Rande* der Gesellschaft neigen zum *Randalieren*. Im Randalieren wird Krach gemacht. Wer sich nicht gehört fühlt, macht sich eventuell durch Randalieren bemerkbar.
Ratschläge	Vorsicht: *Rat-Schläge* können auch Schläge sein, besonders auf dem Hintergrund von Besserwisserei.

IMPULSE: Wenn Sie auf das Verteilen von Ratschlägen nicht sofort und ganz verzichten wollen oder können, dann entwöhnen Sie sich langsam mit kurzen Tipps, die Sie anderen geben – von englisch *to tip* = *anstoßen, leicht berühren*. Im Deutschen sagen wir auch antippen, also jemandem, der nicht weitergehen will, einen kleinen Schubs geben. Der berühmte „Wink mit dem Zaunpfahl" zählt nicht als Tipp, sondern als Vorschlags-Werkzeug, mit welchem Sie andere nach vorne schlagen. Egal ob die dahin wollen oder nicht! Wenn Sie Tipps geben wollen, dann im Sinne des Dudens „als Hinweis auf gute Gewinnaussichten". Mit diesem Tipp macht sich so mancher gerne auf den Trip.

Recherche	Siehe unter **Reporter**.
rechtfertigen	*Recht* wird *im Nachhinein gefertigt*. Aus Angst, Unrecht zu haben, passen wir das Recht der eigenen Wirklichkeitsvorstellung an. Wir setzen uns ins Recht, ins rechte Licht. Oft treibt auch ein schlechtes Gewissen zur Rechtfertigung. Ähnlich verhält es sich unter Umständen mit dem *Begründen*. Insbesondere Menschen, denen Halt fehlt, neigen dazu, nach außen *be-gründen* zu müssen. Sie sind sozusagen auf der Suche nach einem *Grund*. Siehe auch **Rechthaberei**.
Rechthaberei	*Recht* kommt von *richten, aufrichten, lenken, führen*. Das lateinische *rectus* bedeutet auch *geradlinig* und *richtig*. Wer *Recht hat*, ist oben, und wer Recht hat, führt. Wer ist schon gerne unten, zeigt sich gerne geknickt und gebeugt oder freut sich im Unrecht zu sein? So ist das fast schon reflexartige Verhalten des Menschen, Recht haben zu wollen, durchaus verständlich. Hintergrundkulisse der Rechthaberei sind oft das Gefühl, ungerecht behandelt worden oder nicht erkannt zu sein, oder die Angst, einen Fehler zu machen.

IMPULSE/SCHLÜSSELFRAGEN IM COACHING: Ertragen Sie andere Rechthaber oder müssen Sie diese entthronen, weil Ihr Platz besetzt ist?

reflektieren *Spiegeln.* Inkomplette Persönlichkeitsteile ziehen Inkomplettes im Außen an. Ebenso spiegelt sich Komplettes im Innen in dem Kompletten im Außen wider. „Gleich und Gleich gesellt sich gern", sagt der Volksmund. Unsere Probleme spiegeln sich in anderen Menschen wider. Meistens ist uns das nicht bewusst. Wir erkennen nicht, dass wir die tatsächliche Quelle unserer Probleme sind, und bekämpfen sie stattdessen in anderen Menschen. Wenn wir nachts mit dem Auto fahren, reflektieren Verkehrsschilder das Licht unserer Scheinwerfer. Wenn wir ein Schild nicht mögen, weil es zum Beispiel Stopp bedeutet, ist es mit Sicherheit nicht sinnvoll, das Verkehrsschild zu verändern, es herauszureißen oder einfach umzufahren. An der nächsten Kreuzung wartet das nächste Stoppschild. Ähnlich verhält es sich, wenn wir wegen einer Macke, die wir in unserem Partner erkennen, den Partner wechseln. Reflektieren hat zwei Richtungen: das eben beschriebene *Spiegeln* im Außen und das *Sich-(zurück-)Besinnen* im Innen. Erst beide Richtungen ergeben ein Ganzes.

Reflektieren ist ein Handwerkszeug der Selbsterkenntnis und Heilung. In der Charakterbildung arbeiten Anthroposophen bewusst mit dem Prinzip der Ähnlichkeit. Sie setzen beispielsweise Schüler mit ähnlichem Charakter im Unterricht zusammen. So kann der Phlegmatiker aus seinem eigenen Phlegma, das ihm gespiegelt wird, erwachen. Gerade der andere, der ihm fürchterlich auf den Geist geht, ermöglicht ihm, sein Phlegma abzuschütteln und in Aktion zu gehen. Er ist „vom anderen" *geheilt*. Auf der Basis der Ähnlichkeit funktioniert auch die Homöopathie. Andere Menschen sind quasi kostenlose Globuli, die uns von der Naturapotheke zur Verfügung gestellt werden. Die Negativität anderer Menschen löst unsere eigene Negativität aus und löst heraus, was verklebt ist. So heilen wir uns gegenseitig. Siehe auch *Ereignis* und *I like you*.

Reform *Re-Form* heißt *wieder* in eine *Form* bringen.

reich Von *reichen, hinlänglich sein, sich erstrecken*. Geistig und materiell reich ist ein Mensch, der hinlänglich ist, statt sich unzulänglich zu fühlen. Es ist ein Mensch, der auch hinlangt und seine Fühler weit ausstrecken kann. Reich sein hat so gesehen etwas verbindend Ganzheitliches. Zum mentalen Reichtum gehört das Gefühl, dass es *reicht*.

reif Von *Ring*, so wie der Reif um ein Fass rund ist. Ein *reifer Mensch* ist ein Mensch, der ein rundes, zufriedenes Leben führt. Wenn wir reif sind, geht es rund. Unreife Menschen ecken leicht an. Oder denken Sie an *erntereife* Früchte: Ein reifer Mensch erntet die Früchte seiner Arbeit und genießt sie.

Re-Invention *Re-Invention* ist ein Begriff aus dem amerikanischen Coaching. *Invention* bedeutet *Erfinden, Bestand* und auch *Inventur*. Bei *Re-Invention* geht es um eine Inventur, eine Bestandsaufnahme der Persönlichkeit, denn ein *Bestand* hat auch *Bestand* und ermöglicht es uns, zu *bestehen*. Ziel der *Re-Invention* ist, sich *wieder zu erfinden* oder wie es oft ausgedrückt wird, sich *neu zu erfinden* auf dem Fundament der vorhanden persönlichen Qualitäten.

IMPULSE/SCHLÜSSELFRAGEN IM COACHING: Machen Sie ein Brainstorming zu Ihren Stärken und erinnern Sie sich, in welchen Situationen Sie diese bereits eingesetzt und gelebt haben. Welche Erfahrung haben Sie mit Ihren Stärken gemacht? Im Coaching erstellen Sie einen Stärke-Schwäche-Spiegel, sodass Sie Ihre Licht und Schattenseiten erkennen. Sie lernen, sich ins rechte Licht zu rücken, authentisch zu sein und nicht zu viele Schatten zu werfen – auch nicht auf andere!

Reisen Von *aufstehen, sich erheben*. Diese Herkunft spiegelt sich im englischen *rise (= aufstehen, sich erheben, steigen)* wider. Für Reisen sagen wir auch *sich aufmachen*. Das heißt, wir öffnen uns für Neues. Wir brechen auf. In diesem Sinne ist Reisen etwas sehr Persönliches und Individuelles. Pauschalreisen sind hier nicht vorgesehen.

Religion Vom lateinischen *religare (= zurückbinden)*. Religion bedeutet im übertragenen Sinn: Rückbindung an die eigenen Wurzeln und ein größeres Ganzes.

IMPULSE: Menschen, die Ihre religiösen Wurzeln gefunden haben, fühlen sich gefestigt und sind friedvoll. Religiöse Dogmatiker hingegen haben Angst um den Halt ihrer Wurzeln. Sie können die richtigen Wurzeln oder die richtige Tiefe ihrer Wurzeln noch nicht entdeckt haben. Menschen, die kämpferisch um sich schlagen, sind noch nicht zurückgebunden im ursprünglichen Sinn von *religare*.

reparieren Vom englischen *repair (= reparieren, ausbessern, wieder gut machen)*. Das *pair* von *repair* heißt *Paar*. To *re-pair*, reparieren, bedeutet, das Geteilte und Getrennte wieder zu einem Paar zusammenzufügen. Was nützt ein einzelner Schuh, wenn man zwei Füße hat?

Reporter	Vom französischen *reporter (= wieder tragen, zusammentragen)*, ähnlich dem Begriff *Recherche* aus französisch *rechercher (= wieder suchen)*. Wer recherchiert, sucht nach dem, was bereits vorhanden ist.
Resignation	Von lateinisch *resignare (= wieder mit einem Zeichen versehen, entsiegeln)*. Resignation bedeutet *Verzicht, Entsagung*. In der Resignation ist es möglich, zur Ursprünglichkeit zurückzukehren, insofern wir neue Zeichen erkennen und setzen. Damit brechen und *entsiegeln* wir das lähmende Schweigen, das oft mit der Resignation einhergeht.
	IMPULSE/SCHLÜSSELFRAGEN IM COACHING: Resignationen tauchen immer wieder auf, so wie ungelöste Probleme sich ständig wiederholen. Welche äußeren Reize, Geschehnisse und Vorfälle lösen Resignation in Ihnen aus? Beschreiben Sie die Gefühle, die damit verbunden sind! Wie alt sind diese Gefühle? Spätestens bei der Beantwortung dieser Frage erkennen Sie, dass das Gefühl der Resignation älter ist als das äußere Ereignis und dass es keinen Sinn hat, das Außen zu verändern und das eigene negative Gefühl bestehen zu lassen.
resolut	Vom lateinischen *resolvere (= wieder lösen)*. Resolute Menschen sind lösungsorientiert in ihrem Verhalten.
Resonanz	Vom lateinischen *resonare (= wieder ertönen, widerhallen)*. In der *Resonanz* wird Vorhandenes wieder zum Klingen gebracht. Siehe auch **reflektieren**.
	IMPULSE/SCHLÜSSELFRAGEN IM COACHING: Was möchten Sie gerne zum Klingen bringen – in sich und in anderen? Welche Ihrer schönen Seiten haben Sie schon lange nicht mehr bespielt und ertönen lassen?

Ressource	*Ressource* steht für *Rohstoff* und *Energie*. Von französisch *source (= Quelle)* und lateinisch *re (= zurück)*, *Ressource* heißt also ursprünglich *zurück zur Quelle*. Die größte Ressource befindet sich im Menschen selbst. Hier gibt es keine Ressourcenknappheit. Im Selbst sprudelt die Quelle und es fließt reichlich Energie. Siehe auch **Originalität**.
richtig	Von *Richtung, gerichtet sein*. Richtig ist es auf jeden Fall, wenn wir unsere persönliche *Richtung* gefunden haben.
Rolle	Im Leben nehmen wir unterschiedliche *Rollen* ein. Einige wählen wir selbst, andere werden uns zugeschrieben. Mit passenden Rollen *rollt* das Leben. Wir können unser Leben selbst ins Rollen bringen, sodass es rund läuft. Wir können uns auch vom Leben überrollen lassen und jammern, dass uns jemand gerollt und rund gemacht hat. Beides ist Teil eines Reifungsprozesses, in welchem es darum geht, als Persönlichkeit rund zu werden. Rund wie ein Reifen mit gutem Profil. Siehe auch **reif**. IMPULSE/SCHLÜSSELFRAGEN IM COACHING: In welche Rollen möchten Sie nicht gedrängt werden? Warum verlassen Sie diese Rollen nicht? Welche Rollen spielen Sie gerne? Wann gehen Sie gerne auf die Rolle?
rund machen	Wer zu kantig ist, wird von anderen leicht *rund gemacht*, damit er nicht mehr aneckt.
Sanktion	*Sanktion = Heilung*. Sanktionen sind *Maßnahmen gegen Staaten und Personen*. Mit der Begriffswahl *Sanktion* werden solche Maßnahmen automatisch zum *heiligen* Mittel bestimmt. *Sanktion* ist ein Beispiel für Manipulation über Sprache.

-sal	Die Endsilbe *-sal*, etwa in Mühsal, ist mit dem Wort *selig* verwandt. Mühsal bedeutet, dass die Seele sich abmüht.
-sam	Die Endsilbe *-sam* kommt von *sammeln*. Am *Sams*tag wird die Woche *eingesammelt* und der Schmutz auf dem Bürgersteig zusammengefegt.
Sarkasmus	Von griechisch *sarkazein* (= zerfleischen). Der Mensch ist geneigt, im Maße der eigenen Zerrissenheit andere Menschen zu zerfleischen. Siehe auch **spotten** und **Zynismus**.
sauer sein	Wer zu lange und zu oft *sauer ist* und zudem *sauer isst,* wird irgendwann übersäuern und sauer riechen.
Schicksal	Siehe unter **Jüngstes Gericht**, **Karma** und **Los**.
Schlappe	*Eine Schlappe erleiden* heißt *eine Niederlage erleiden*. Sprachlich kommt Schlappe von *schlapp*, im Gegensatz zu gespannt sein. Wer schlapp ist, hängt durch, und wer oft eine Schlappe erleidet, bekommt einen *Durchhänger* und wird als *Weichei* und *Schlappschwanz* betitelt. Auf der körperlichen Ebene kann sich das leicht in Impotenz ausdrücken. Nach der Arbeit *schlappt* der *Waschlappen* (der Ehemann) mit *Hausschlappen* durch die Wohnung und *schleppt* sich bis zum Fernsehsessel. Meist ist er zu schlapp, sich sein Bier selbst aus dem Kühlschrank zu holen.
schlecht	Von *schlicht*. Ursprünglich bedeutete *schlecht* schlicht, ohne moralischen Unterton. Siehe auch **Geschlechtsverkehr**.

schlecht gelaunt	Englisch *bad tempered*. Dies findet sich in den deutschen Worten *Temperament* und *Temperatur*. Der Schlechtgelaunte ist falsch temperiert, sei es zu hoch, sodass er fast explodiert, oder zu niedrig, sodass er nicht auf Betriebstemperatur kommt und vor sich hinmuffelt.
schlichten	Von *schlicht*. Im Schlichtgespräch finden wir zum *Schlichtsein* zurück. Der Schlichtungsprozess nutzt das Prinzip der Einfachheit. Wertschätzung führt in schlichtes gegenseitiges Anerkennen. Siehe auch **Komplex**.
schlimm	Vom mittelhochdeutschen *slim* (= *schief*). „Es wird schon schief gehen!" So schlimm kann es also gar nicht werden. *Schlimm* erfuhr einen Bedeutungswandel ins Negative. Schlimm klingt ähnlich wie *Schlamm*. Schlamm ist eine (Ur)Masse, die wir formen können. Ist das schlimm?
	IMPULSE: In der Bibel steht: „Wer sucht, der findet!" Wer Schlimmes findet, hat bestimmt nicht nach Möglichkeiten gesucht. Wenn Sie aus der „schlimmen" Urmasse nichts formen, haben Sie die Möglichkeiten des Schlamms vermasselt. Das ist ein Schlammassel.
Schlips	Von niederländisch *Slips* und mittelniederdeutsch *Slippe* (= *Zipfel*). Der *Schlips* symbolisiert also tatsächlich den männlichen *Zipfel*. Es geht um die Wurst. Wie schnell fühlt sich ein Mann auf den Schlips getreten? Das niederländische *Slips* erinnert an den *Slip* der Frau. Das englische *to slip* heißt *gleiten* und *schlüpfen*.
schmierig, schleimig	Menschliches Verhaltensphänomen: Menschen, die schmierig oder schleimig sind, fühlen sich getrennt von anderen Menschen und begrenzen ihre Möglichkeiten. Schleim und Schmiere verbindet.

schnippisch	Siehe unter *Spitzen verteilen*.
Schöpfung	Von *Schopf*. Als Schopf bezeichnen wir das Haupthaar eines Menschen. Das *Wesentliche* wird am Schopf gepackt. *Schöpfung* betrifft das Wesentliche. Laut Duden bedeutet Schöpfen *Flüssigkeit entnehmen*, so wie wir es von einem *Schöpflöffel* kennen. Das, was wir *schöpfen*, ist bereits da und muss nicht neu erfunden werden. Die Schöpfung ist schon geschöpft! Wir können aus der bestehenden Fülle der Möglichkeiten schöpfen und die geschöpfte Urmasse formen. *Er-schöpft* bedeutet, dass der Mensch neue Energie schöpfen kann, wenn er sich ausruht. Siehe auch **Leben**.
	IMPULSE: Schöpfung bedeutet, dass Sie sich mit Wesentlichem beschäftigen. Verlieren Sie sich nicht in unwesentlichen Dingen und treiben Sie nicht Ihr Unwesen!
Schwermut	Von *schwer* und *Mut*. Der Schwermütige kommt schwer zu seinem Mut.
schwierig	Das englische *difficult* setzt sich aus *Differenz* und *Kult*, vom lateinischen *cultus* (= *Pflege, Bildung, Verehrung*), zusammen. *Schwierig* wird es, wenn die Unterschiedlichkeiten nicht anerkannt werden.
Schwindel	*Schwindel(n)* ist ein Krankheitssymptom und ein Verhalten. Dies kann erklären, wie wir über unser Verhalten Krankheit, in diesem Fall den Schwindel, erzeugen. Vermutlich beginnt der Prozess mit dem Kreiseln von Gedanken. In diesem Hamsterrad wird es uns irgendwann *schwindlig*. Unbewusst gibt sich der *Schwindler* Trugbildern hin. Das sind Fantasien und Interpretationen, die der *Schwindler* selbst erzeugt hat. Im *Schwindel* schwindet die Aufmerksam-

	keit auf das Wesentliche und *es schwindet* die Wachheit. Ein Schwindler ist unbewusst statt aufgeweckt.
Sehnsucht	Von *sehnen* und *suchen*. Die *Sehnen* sind mit dem Begriff *Seil* verwandt. Sehnen verbinden wie starke Fäden die Körperteile miteinander und halten den Körper zusammen. In der *Sehnsucht* suchen wir den roten Lebensfaden, der alles verbindet. Die Sehnsucht speist sich aus dem Bedürfnis nach Zusammengehörigkeit.
	IMPULSE/SCHLÜSSELFRAGEN IM COACHING: Welche Sehnsüchte haben Sie begraben? Wie können Sie die Verbindung wieder aufnehmen? Die erste Silbe von *Seh*nen wird in der Aussprache lang gezogen. Seien Sie geduldig! Sie müssen sich eine Zeit lang *seh*nen, bevor Ihre Wünsche in Erfüllung gehen. Geben Sie nicht auf, sondern glauben Sie: „Die Verbindung wird gehalten."
Selbstbestimmung	Siehe unter *echt*.
selbstherrlich	Es ist eine Selbstüberschätzung, *selbst* der *Herr* zu sein. Wie herrlich!
selbstlos	*Selbst-los* ist ein Mensch, dessen *Selbst lose* und frei ist. Selbstaufgabe mit Selbstverlust hat nichts mit Selbstlosigkeit zu tun. Das Gegenteil von *selbstlos* ist fremdbestimmt.
	IMPULSE: Menschen, die sich und Ihr Selbst aufgeben, müssen von der Energie anderer leben. Deshalb wird den Hilflosen durch Selbstlose nur scheinbar geholfen. Aber der Arbeitsplatz im Sozialbereich wird gesichert.

selbst-ständig	Ein *selbstständiger* Mensch ist *ständig in seinem Selbst*. Sein Selbst hat einen guten *Stand*. Ein selbstständiger Mensch ist ein *selbstbestimmter* Mensch: Sein Selbst ist stimmig und er hat seinen eigenen Ton gefunden. Eine negative Interpretation von *selbstständig* ist der Spruch, *ständig alles selbst machen zu müssen*. Im Selbst geht alles wie von selbst.
	IMPULSE: Als Selbstständiger zu arbeiten ist ein Dauertraining in der Entwicklung der Eigeninitiative.
Selbstsucht	Der *Selbstsüchtige sucht* zwanghaft und erfolglos *nach sich selbst*. Viel Glück!
Selbstverständnis	Von *sich selbst verstehen*. Selbstverständlichkeit entsteht automatisch, wenn wir uns selbst verstehen.
	IMPULSE: Im Projektcoaching entwickeln Kunden ein inneres und ein äußeres Selbstverständnis. Formulieren Sie im inneren Selbstverständnis Ihr Motiv für ein bestimmtes Projekt im Kontext mit Ihren Stärken, sodass Sie sich in Ihrem Tun selbst verstehen. Hieraus formulieren Sie das äußere Selbstverständnis, beispielsweise in Form eines Exposés oder eines Flyers, mit welchem Sie an die Öffentlichkeit treten.
Seminar	Vom lateinischen *seminarium* (= *Pflanzschule, Baumschule*), abgeleitet von *semen* (= *Samen*). Der Sinn eines Seminars besteht darin, Neues zu pflanzen und neu auszusäen. Seminare heißen heute oft *Workshop*, von *work* (= *Arbeit*) und *to shop* (= *einkaufen*). In einem Workshop handelt sich der Teilnehmer auf jeden Fall Arbeit ein.
sicher	Von bei *sich* sein. *Un-sicher* ist, wer nicht bei sich ist.

IMPULSE/SCHLÜSSELFRAGEN IM COACHING: Beobachten Sie sich in Situationen, in welchen Sie sich unsicher fühlen. Welche äußerlichen Gegebenheiten verunsichern Sie? Was geschieht im Innen? Wo gehen Sie in Gedanken hin, wenn Sie unsicher, also nicht bei sich sind?

sich täuschen Wie können wir sauer auf andere sein, wenn wir *uns täuschen*? Dasselbe gilt, wenn wir *uns* ärgern. Siehe unter **Enttäuschung** und **erwarten**.

Sinn Lebenssinn entsteht, wenn wir unsere *Sinne* nutzen. Mit den Sinnen kommen wir wieder zur *Besinnung*.

IMPULSE/SCHLÜSSELFRAGEN IM COACHING: Besinnen Sie sich auf das, was für Sie wirklich wichtig ist! Mit welchen nur scheinbar notwendigen Gedanken lenken Sie sich bis zur Besinnungslosigkeit von Wesentlichem ab?

soeben Siehe unter *jetzt*.

sofort Von *fort, vorwärts*. *So-fort*, *so geht es fort*. Im sofortigen Tun ist Vorwärtskommen möglich. Ein anderes Wort für *sofort* ist *gerade*. Bayern sagen gerne: „Kannst du mir grad mal helfen?" Im *Geradetun* kann nichts *schief gehen*. Im Französischen heißt sofort *tout de suite,* wörtlich: *ganz in der Folge*. Im sofortigen Tun bleiben wir folglich in der Folge, in der richtigen Sequenz auf unserem Weg.

IMPULSE/SCHLÜSSELFRAGEN IM COACHING: Was schieben Sie immer wieder vor sich her, statt es sofort zu tun? Das, was Sie vor sich herschieben, versperrt Ihnen womöglich die Sicht!

sorgfältig Vorsicht: *Sorgfältigkeit* kann zu *Sorgenfalten* führen.

Spaß	Von lateinisch *expandere (= auseinander spannen, ausbreiten)*. Auch verwandt mit dem italienischen *spasso (= Zerstreuung)*. Mit großer Spannweite fühlen wir uns verbunden und freuen uns. Wer (sich) ausspannen kann, lässt die Angst los, dass ihm etwas entgeht. In der Zerstreuung, im Spaß quillt unsere Energie über und wir streuen diese Liebe. Allerdings wird Zerstreuung oft im Sinn von Ablenkung gebraucht und pervertiert in der Spaßgesellschaft. Ursprünglicher Spaß ist ohne Nebenwirkungen und negatives Nachspiel. Siehe auch **Humor**.
Spitzen verteilen	*Spitzen verteilen* ist ein Energiespiel in der Kommunikation. Zwei Bilder tun sich auf:
	Erstes Bild: Der Spitzenverteiler schießt Spitzen wie Pfeile auf seine Kommunikationspartner. Wenn seine scharfen Worte treffen, so saugt er seinem Gegenüber Energie ab. Der andere fühlt sich abgeschossen, verletzt und ausgesaugt. Der Spitzenverteiler behält das Sagen und hält den anderen in der Lähmung;
	Zweites Bild: Der Spitzenverteiler fühlt sich im Moment selbst nicht spitze und verteilt deswegen seine Spitzen. Er täuscht vor, dass er spitze und an der Spitze ist.
	Spitze Bemerkungen können auch geschnippt werden, so wie wir mit den Fingern Papierschnitzel schnippen. Das nennen wir *schnippisches* Verhalten.
spotten	Verwandt mit *speien* und *speuzen*. Beim Spotten wird das eigene Unreine und Unverarbeitete nach außen projiziert und auf andere Menschen gespuckt. Beißender Spott weist darauf hin, dass abgesonderte Sekrete so säuerlich sein können, dass sie ätzend wirken. Psychologischer Hintergrund von Spott ist ein

	Gefühl des Verletztseins. Im Spott werden andere verletzt und als minderwertig abgestempelt, ähnlich wie bei Ironie, Sarkasmus und Zynismus. Im Gegensatz hierzu steht der reine Humor, der auf *fließen* zurückgeht und Menschen verbindet. Siehe auch **Humor**, **Ironie**, **Sarkasmus**, **Witz** und **Zynismus**.
spüren	Verwandt mit *Spur* und *spuren (= in der Spur bleiben, gehorchen)*. Wer horcht, spürt, weil er aufmerksam ist. Der intuitive Mensch hat ein Gespür für die richtige Spur und braucht nicht die Sporen in Form von Schicksalsschlägen.
Standpunkt	Ohne *Standpunkt* sind wir nicht auf dem *Punkt*. Wir verzetteln uns in Nebensächlichkeiten und kommen aus dem Gleichgewicht.
Stärke	Verwandt mit *starr*, allerdings nicht im negativen Sinn von Starre und Starrsinn, sondern von *fest*. Unsere Stärken verleihen uns Festigkeit. *Stärke* ist reine Energie. Pflanzenstärke liefert Nahrungsenergie.
	IMPULSE/SCHLÜSSELFRAGEN IM COACHING: Welche Stärken und Kräfte liegen Ihrem Erfolg zugrunde? Machen Sie ein zehnminütiges Brainstorming zu Ihren Stärken und schreiben Sie alle Einfälle möglichst untereinander auf. Nun wählen Sie Ihre drei wichtigsten Stärken und ordnen alle anderen Begriffe diesen dreien unter.
Status	Verwandt mit *Statik*. Statussymbole sollen Halt geben. So sollen wir uns bestimmte *Marken* bei Konsumartikeln *merken*, französisch *marquer (= kennzeichnen, merken)*.

sterben	In *sterben* steckt *erben*. Nicht nur materielles, sondern auch geistiges Gut geht auf die Erben über. Was eine Generation erreicht, bleibt den Nachfahren erhalten. Mit dem Sterben gehen wir nicht verloren. Nach dem *Verscheiden* sind wir einfach nur *verschieden*. Das Kreuz ist das Zeichen für Tod und für positiv (mathematisches Symbol für „plus"). So schlecht kann der Tod also nicht sein.
Steuer	Bei der S*teuer* wird es meistens *teuer*. Das eigentliche Ziel der Steuern ist es, mit diesen Einnahmen das richtige Ziel anzusteuern.
Stimme	Unsere *Stimme* zeigt unsere innere Befindlichkeit und wir erkennen, inwieweit Innen und Außen *stimmig* sind. Auch *Bestimmung* hat mit *Stimmung* und *Stimme* zu tun. Wenn wir unsere Bestimmung gefunden haben, treten wir *bestimmt* auf.
Stolz	Von *Stelze*. Stelze kommt von *Stütze* und *Krücke*. Stolz bedeutet ursprünglich *steif, aufgerichtet*. Im Stolz fehlt die Dynamik. Insbesondere im dumpfen Nationalstolz wird er zur Krücke und zu einer Behelfskonstruktion für instabile Persönlichkeiten. „Nur leere Ähren tragen den Kopf oben." Stolz führt zu *Hochmut*. Ein Mensch, der zu *hoch* in seinem *Mut* steigt, vernachlässigt seine demütige Seite.
stoned	Begriff aus der Drogenszene für *zugekifft sein*. Von englisch *stone* (= Stein). Wer *stoned* ist, verhärtet, obwohl er im Grunde Leichtigkeit sucht.
strafen	Verwandt mit *straffen*. Zu Lockeres wird wieder gestrafft und in einen klaren Rahmen gespannt. Siehe unter ***Jüngstes Gericht***.

Stress	Das englische *to stress* heißt *betonen*. Stress entsteht durch einseitige Betonung oder durch Überbetonung insbesondere der negativen Aspekte. Stress lässt sich einfach beschreiben als „etwas tun und gleichzeitig an etwas anderes denken". Wir betonen etwas anderes, als das, was wir gerade tun, und sind nicht bei der Sache. Gestresste Menschen sind nicht präsent, wirken zerrissen und verlieren Energie.
Sucht	Ursprünglich von *siechen*, später auch von *suchen*. Süchtige sind auf der Suche und gehen leicht verloren.
Sünde	Sünde heißt *tiefer Einschnitt*. Rein etymologisch betrachtet, besteht kein Zusammenhang zwischen Sünde und Schuld. Der Fall aus dem Paradies ist nicht die Folge einer Sünde, sondern lediglich ein Einschnitt. Da Adam und Eva scheinbar nicht freiwillig gehen wollten, mussten sie hinausgeworfen werden. Wie oft wollen wir an Lebenssituationen festhalten und weigern uns, die grüne Wiese zu verlassen! Stillstand ist nur beim Militär vorgesehen.
synchron	*Syn* heißt *gemeinsam* und *chron* kommt von *Chronik (= Geschichte)*. Synchron bezieht sich auf eine gemeinsame Geschichte. In der Synchronizität kommen zwei unterschiedliche Bewegungen in einen Ablauf. So entsteht der Synergieeffekt. „Das Ganze ist mehr als die Summe seiner Teile", wusste schon Aristoteles. Synchronizität im Team bedeutet, dass alle Mitglieder in einem Projekt so verbunden sind, dass sie gemeinsam an einem Strang ziehen statt jeder an seinem Strick.
Synergie	Siehe unter ***synchron***.
taktlos	Siehe unter ***intakt*** und unter ***Kontakt***.

tatsächlich	*Tat-sächlich* heißt, dass durch die Tat *Tat-Sachen* geschaffen werden. Tun ist die Ursache und *Tat-Sachen* sind die Wirkung.
taub	Taubheitsgefühle, zum Beispiel als Lähmung, treten bei Krankheiten auf. *Taub* steht auch für *Gehörlosigkeit*. *Gehör* und *Zugehörigkeit* haben einen gemeinsamen Kontext.
	IMPULSE/SCHLÜSSELFRAGEN IM COACHING: Wo fühlen Sie sich nicht zugehörig? Was wollen Sie nicht hören und nicht spüren? Wo fühlen Sie sich wie taub oder gelähmt?
Teilnehmer	Ein *Teilnehmer*, beispielsweise eines Seminars, *nimmt* immer nur *Teile* und nicht alles mit nach Hause. Sonst hieße er Ganznehmer. Diese Tatsache ist wichtig für alle Lehrer und Trainer: Der Anspruch, alles von allen zu erwarten, ist überzogen. Jeder Teilnehmer nimmt die Teile, die er gerade braucht. Für Lehrende gibt es keinen Grund, beleidigt zu sein, wenn Teile übrig bleiben.
Ton	*Ton* hat drei unterschiedliche Bedeutungsebenen: als Erde, als Klang und als Farbton. Mit Ton wird getöpfert, gesungen und gemalt. Als gestaltbarer Grundstoff deckt *Ton* die drei Hauptsinne ab: fühlen, hören und sehen.
Transformation	Die lateinische Vorsilbe *trans-* bedeutet *hinüber*. *Transformation* heißt, etwas von einer Form hinüber in eine andere Form bringen. Es gibt unzählige Möglichkeiten, neue Formationen zu bilden. Transformation ist ein zentraler Begriff im Coaching. Grundsätzlich unterstützt der Coach den Klienten, Ideen und Ideale zu entwickeln und diese in Realitäten zu transformieren. Hindernisse und Widerstände, die in

diesem Prozess auftauchen, wie Schwächen und negative Einstellungen, werden zu Stärken und positiven Bildern transformiert. Im Coaching-Verständnis sind Schwächen nicht gelebte Stärken und Negativität ist nicht gelebte positive Energie.

Traum Im *T-Raum* ist *Raum*, also Möglichkeit, Neues zu entdecken. Die Traumarbeit ist ein wichtiges Werkzeug für Therapeuten, Psychologen und Coachs.

IMPULSE: Beginnen Sie ein Traumbuch zu führen und schreiben Sie gleich nach dem Aufwachen unzensiert alles auf, was Ihnen aus der Traumwelt noch im Gedächtnis ist. Sie können Ihre Traumcodes mit der freien Assoziation entschlüsseln, wenn Sie Ihre intuitiven Kräfte entwickelt haben und darin geübt sind. Doktern Sie möglichst nicht alleine herum und holen Sie sich besonders bei kniffligen und schmerzlichen Themen professionelle Unterstützung!

Trotz *Trotz* gehört in das Trotzalter. Im T*rotz* läuft der *Rotz*. Trotz verwandelt sich in *Protz,* der gehört in das zweite Trotzalter, die Pubertät. Insbesondere männliche Jugendliche, die vor Kraft s*trotzen*, sind zuweilen getrieben zu protzen. Den Trotz finden wir auch in *trotzdem*. Trotzdem-Sätze spiegeln Widerstände.

Trübsinn Im *Trübsinn* sind die *Sinne getrübt*. Wir selbst sind *be-trübt*.

Überheblichkeit In der *Überheblichkeit* erheben sich Menschen über andere. Vorsicht: Ständiges Überheben führt zu Kreuzschmerzen!

üblich *Üblich* klingt übel, kommt aber von *üben*.

um zu	Handeln *um zu* ... Handeln wird durch *um zu* auf einen Zweck fixiert. Tun erfolgt nicht mehr um seiner selbst willen. Ein Maler, der malt, *um* Geld *zu* verdienen, kann seine künstlerische Freiheit verlieren. Wenn wir selbstverständlich das tun, was wir lieben und was unseren eigenen Gaben entspricht, bleibt die Freiheit erhalten. Dazu gehört auch, damit seinen Lebensunterhalt verdienen zu können.
unabhängig	Von *unabgehängt*. Ein *unabhängiger* Mensch ist direkt mit dem Ganzen verbunden. Ein (Drogen)*Abhängiger* ist vom Ganzen abgehängt. Siehe auch ***abhängig***.
unangenehm	Von *unangenommen*. Siehe unter ***angenehm***.
unfassbar	*Unfassbar* ist, was wir nicht mehr (ein)fassen können, weil es aus unserem (Vorstellungs)Rahmen fällt. Unfassbar ist auch, was wir nicht anfassen können. *Unbegreifliches* packen wir nicht.
ungehalten	Kinder, die sich von ihren Eltern nicht gehalten fühlen, wirken leicht *ungehalten* und zügellos in ihrer Art. Haltlose Kinder, die auf die schiefe Bahn gekommen sind, bezeichnet der Volksmund als schwere Jungs. Der Haltlosigkeit folgt Schwere. Bei Mädchen, die vom Weg abgekommen sind, spricht man dagegen von „leichten" oder „gefallenen Mädchen". Leicht zu haben, aus der Sicht so mancher Männer. Ein leichtes Leben haben diese Mädchen mit Sicherheit nicht.
Unheil	Siehe unter ***heilig***.
unheimlich	Siehe unter ***Geheimwissenschaft***.

unmöglich	Ein Mensch, der keine Möglichkeit für sich sieht, verhält sich unter Umständen *unmöglich*. Das tun auch Menschen, die sich nicht gemocht fühlen. Denn *möglich* kommt von *mögen*. Wenn wir etwas mögen, dann machen wir es gerne möglich.
unter-scheiden	Von *scheiden*. Im Unterscheiden müssen wir Abschied von Altem nehmen. Der Abschiedsschmerz macht das Unterscheiden so schwer. Siehe auch **entscheiden**.
unwesentlich	Siehe unter **wesentlich**.
unzu-verlässig	Hinter unzuverlässigem Verhalten steckt oft ein Gefühl der *Verlassenheit*. Manchmal lassen unzuverlässige Menschen andere gerne auf sich warten. Sie reinszenieren ihre Verlassenheit. Leicht fühlt sich der Wartende im Stich gelassen und verlassen.
	IMPULSE/SCHLÜSSELFRAGEN IM COACHING: Nicht selten leben wir Gefühle für andere Menschen aus. Nicht nur Verlassenheitsgefühle, auch Traurigkeit und Wut übernehmen wir unter Umständen. Unter welchen Umständen? Menschen, die es sich nicht erlauben, ihre Aggression zu zeigen, lassen zuweilen andere wütend werden. Wen lassen Sie für sich arbeiten?
Urlaub	Von *erlauben*. In der höfischen Sprache bat man um *Erlaubnis, wegtreten zu dürfen*. Urlaub ist eine Zeit, in der wir uns bestimmte Dinge erlauben, zum Beispiel ausschlafen. Urlaub oder Ferien heißt im Englischen *holidays*, was vermutlich von *holy days* (= heilige bzw. heile Tage) herrührt. Die Franzosen sagen zu Ferien *les vacances*, verwandt mit dem Begriff *vakant* (= frei, leer, unbesetzt).

Ursprung	*Ur-Sprung,* bezogen auf die Menschwerdung, erinnert an einen *Entwicklungssprung.* Das englische *spring* bedeutet *springen, Sprung, Quelle* und *Frühling.* Kinder springen ausgelassen. Springen und Lebensfreude sind ursprüngliche Energiequellen. Das ist der Frühling des einzelnen Menschen und der Menschheit. Frühling ist der Beginn des Wachstums: Samenkörner springen auf, Knospen platzen und Bäume schlagen aus. Wie Ebbe und Flut ist der Frühling ein wiederkehrendes Phänomen auf Mikro- und Makroebene. Problematisch wird es, wenn der Mensch den Frühling nicht hereinlässt, weil er sich auf Dauerwinter und Gefühlskälte eingestellt hat.
	Im (Ur)*Sprung* erfolgt eine Teilung. Teilung jedoch ist grundsätzlich positiv, denn sie ist Wachstum, wie wir es bei der Zellteilung, aber auch bei der Mit*teilung* sehen. Im Ursprung liegt Anfang und Ende. Im Ursprung beginnt die Zeit. *Zeit* bedeutet wiederum *Geteiltes.* Die polare Spannung der Teilung enthält die ganze Kraft menschlicher Möglichkeiten, aber auch menschlicher Unmöglichkeiten, wenn wir in der Teilung ein Trauma sehen. Die Zeit zerteilt den Moment in Vergangenheit und Zukunft. Das Ende des Hier-und-Jetzt-Seins ist vorprogrammiert. Wir fallen aus dem Paradies. Die kleinste Einheit der Zeit ist die Sekunde. Auf die Sekunde genau war es aus mit der Einheit. Das englische *second* für Sekunde heißt zugleich *zweiter Teil,* was wiederum auf das Resultat einer Teilung hinweist. Zeit ist der Zeit-Rahmen, in welchem der Mensch Zeit geschenkt bekommt, um den Zusammenhang zwischen *Ur-Sache* (= Ur-Sprung*)* und *Wirkung* (= Wirklichkeit) zu begreifen.
urteilen	Siehe unter **Beurteilung** und unter **Zweifel**.

ver-	Die Vorsilbe *ver-* bedeutet unter anderem *das Hinausführen über, voraus, fort*. So nimmt im *Ver*wesen ein Wesen eine andere Form an.
Verantwortung	In der *Verantwortung* ist die *Antwort* bereits enthalten. Wenn wir Verantwortung übernehmen, beantworten sich sinnlose Warum- und Lebensfragen von selbst.
veräußern	Ein anderer Begriff für *verkaufen*. Ein Verkäufer, der nicht gelernt hat, sich zu äußern, wird nur schwer etwas veräußern. Wenn wir unsere Arbeitskraft veräußern, bringen wir einen Teil unseres Wesens nach außen, verkaufen aber nicht unser inneres Selbst.
verdienen	Im *Verdienen* ist das *Dienen* enthalten. Der *Verdienst* vergütet einen *guten Dienst*.
Verfügung	Von *fügen*, auch *fugen* und *Fuge*. In dem Maße, wie ein Mensch sich verantwortungsvoll zur *Verfügung* stellt, trägt er dazu bei, Lücken zu schließen. Was noch nicht ganz verbunden ist, wird zusammengefügt oder fügt sich. Das ist *Fügung*. IMPULSE/SCHLÜSSELFRAGEN IM COACHING: Insbesondere Aktionisten stehen Fügungen oft im Wege. Es ist ihnen fremd, dass etwas ohne ihr Zutun von ganz alleine geschieht. Wo behindern Sie Fügungen und Wunder?
vergessen	Das englische *to forget* bedeutet *for getting it* (= *um es zu bekommen(*. Wir *vergessen*, um das Vergessene zum rechten Zeitpunkt wiederzubekommen und wiederzukäuen, wenn es uns verdaulich erscheint. Irgendwann stößt uns das, was wir *ver-gessen* haben, wieder auf. Auch hier können wir sehen: Nichts geht verloren, selbst wenn wir es für immer und ewig vergessen möchten.

Vergleich	Wir vergleichen uns oft mit anderen vor dem Hintergrund, dass wir uns selbst nicht gut genug sind und haben wollen, was andere haben, oder sein wollen, was andere sind. So *verlassen* wir uns im Vergleichen selbst, wir gehen von uns weg, um uns anschließend verlassen zu fühlen.
	Die Vorsilbe *ver-* bedeutet hier *vorbei, weg*. Im *Vergleichen* entsteht *Ungleichheit,* wobei *gleich* eine räumliche und eine zeitliche Dimension hat. Wir fallen aus unserer *Mitte* und aus dem Hier und Jetzt. Am falschen Ort, nämlich bei anderen Menschen, suchen wir nach *Mitteln,* um unsere *Mitte* wieder zu finden. Doch unsere Mitte kann nur in uns selbst sein.
	IMPULSE/SCHLÜSSELFRAGEN IM COACHING: Mit welchen Menschen vergleichen Sie sich? Auf was und wen sind Sie neidisch? Wie unzufrieden sind Sie mit sich selbst? Denn auch mit sich selbst können Sie sich vergleichen und sogar gegen sich selbst verlieren.
Vergnügen	*Ver-genügen*, von *zufrieden stellen, hinreichen*. Wer *sich selbst genügt*, fühlt, dass er *genug* hat, um *genügsam* und *vergnügt* zu sein.
Verhängnis	Je mehr sich ein Mensch verschließt oder sich mit negativen Geschichten *verhängt*, desto größer ist die Gefahr, in *Verhängnissen* hängen zu bleiben. Verhängnis führt zu Verdunkelung, dem Gegenteil von Erleuchtung.
Verkaufen	Siehe unter **veräußern**.
verlassen	*Sich auf jemanden verlassen*. Wer klagt, er hätte sich auf einen anderen verlassen und wäre verlassen worden, muss sich nicht wundern: Er hat sich schließlich selbst verlassen.

Verlegenheit	Von *verlegen*. Wir verlegen Dinge und finden sie scheinbar nicht wieder. In der *Verlegenheit* taucht das, was wir aus Peinlichkeit verlegt und weggedrängt haben, plötzlich wieder auf. Die unterschiedlichsten äußeren Reize können verdrängte Peinlichkeiten wieder auslösen. Eventuell zeigt ein hochroter Kopf, dass ein verlegtes Persönlichkeitsteil aus der Tiefe wieder aufgetaucht ist. Verlegte Persönlichkeitsteile sind Energie, die in der Verlegenheit in den Kopf schießt und uns für Momente erleuchtet sein lässt. Wenn wir diese Energie nicht annehmen, verlegen wir die Peinlichkeit erneut. Mit dem Annehmen der Verlegenheit befreien wir ein gefangenes Persönlichkeitsteil.
verletzt	Das *-letzt* von *verletzt* deutet darauf hin, dass sich ein Mensch aus der Geborgenheit einer Gemeinschaft an deren Rand begeben hat. Unter Umständen fühlt er sich als *das Letzte* und läuft so Gefahr, *verletzt* zu werden. Das passt zu der Redensart: „Den Letzten beißen die Hunde." Auch das Schaf, das die schützende Herde verlässt, wird als Erstes gerissen. Wollen wir eine Verletzung heilen, können wir uns mit dem Ganzen verbinden, indem wir wieder mit vertrauten Menschen Kontakt aufnehmen. Auch bei einer körperlichen Verletzung kommt es darauf an, den richtigen Verband anzulegen, also richtig verbunden zu werden, sonst brauchen wir uns über bleibende Wunden nicht zu wundern. Ziehen wir uns nach einem Gefühl, verletzt worden zu sein, zurück, schließen wir unter Umständen einen Teufelskreis: Indem wir uns absondern, produzieren und provozieren wir erneutes Verletztwerden.

verlieren	Gehört zur Wortgruppe *los*. Im Englischen heißt verlieren *to loose*. Denken wir auch an die eingedeutschten Begriffe *abgeloost* und *Loser* für *Verlierer*. Ein *Loser* ist demnach lose verbunden oder hat sich aus einem Verbund gelöst.
verloben	Der *Verlobung* geht ein *Lob* voraus, eine Wertschätzung für einen anderen Menschen. Nach der Verlobung folgt die nächsthöhere Stufe der Wertschätzung, die Hochzeit.
Verlust	*Ver-lust*. Ohne *Lust* kommt schnell *Verlust*.
Vermögen	Von *mögen*. Wer sich selbst und andere Menschen mag, wird auch im Materiellen irgendwann *vermögend* sein.
verrückt sein	Von *verrücken*. Es ist sinnvoll, verfestigte Ordnungen von Zeit zu Zeit durch *Verrücken* neu zu gestalten. Wenn zu Großes zu abrupt verrückt wird, landen Menschen in der Psychiatrie.
versagen	*Versagen* entsteht durch *Nicht-Sagen* und In-sich-Hineinfressen. Wenn wir eine Sprache für ein *Versagen* finden, beginnt das Versagen automatisch abzunehmen.
versäumt	Der *Saum* ist ein Rand. Stoffstücke werden eingesäumt. Wenn ein Vorhaben keinen zeitlichen Rahmen hat, so besteht die Gefahr, dass man es *versäumt*. Ohne Rahmen gerät ein Leben leicht außer Rand und Band.
verstehen	*Stehen* setzt Gleichgewicht voraus. Dann kann das *Ver-stehen* folgen, als geistige Form und innere Haltung.

	IMPULSE: Wenn Sie andere nicht verstehen, dann überprüfen Sie Ihr Gleichgewicht. Sie werden feststellen, dass Sie nicht in Ihrer Mitte sind.
Vertrag	Von *(sich) vertragen*. Der optimale Zeitpunkt, einen Vertrag abzuschließen, ist, wenn sich die Vertragspartner *vertragen*. Bei Streit oder Misstrauen wird Negatives trotz Vertrag weiter wirken. *Ver-tragen* heißt auch, dass etwas gemeinsam getragen wird.
vielleicht	Von *viel* und *leicht*. Das Wort *vielleicht* wird oft benutzt, wenn eine Entscheidung schwer fällt. Indem wir mit *vielleicht* antworten, könnten wir uns erinnern, dass im Grunde genommen *vieles leicht* ist.
vollendet	Siehe unter ***vollkommen***.
vollkommen	*Voll kommen*, also nicht nur ein wenig oder gar leer kommen, sondern voll. Ziel des Lebens ist *Vollkommenheit*. Das impliziert, dass wir erst noch kommen müssen. Wir sind also weg und noch nicht aufgeweckt, sondern in Geschichten träumend und manchmal auch von Albträumen geplagt. Ein *Nichtkommen* gipfelt im *Ver-kommen*. Andere Begriffe für *vollkommen* sind *vollendet*, *vollständig* und *perfekt*. *Vollenden* heißt *voll enden* und nicht mangelhaft enden. *Vollständig* bedeutet *voll im Stande* sein. *Perfekt* kommt vom lateinischen *perficere* und heißt *fertig machen*, *zustande bringen*. So geht es im Perfektionismus nicht um das Fertigsein, sondern um das Fertigmachen. Vollkommenheit ist ein Ziel. Perfektionistische Menschen verwechseln leicht Ziel und Weg und lassen sich von der Unzufriedenheit über ihr Unperfektsein treiben.
vollständig	Siehe unter ***vollkommen***.

Vorgesetzter	Wo sind Freiheit und Kreativität, wenn wir einen *Vorgesetzten vor* die Nase *gesetzt* bekommen? Den eigenen Riecher können wir nicht mehr einsetzen und die freie Sicht ist uns genommen.
Vorhaben	Vor dem Haben ist das *Vor-haben.* Erst das Sein (der Geist) und dann das Haben (die Materie).
Vorsorge	Vorsicht bei der *Vorsorge,* denn wer A sagt, muss auch B sagen. Der Vorsorge folgt logischerweise die (Haupt)*Sorge.* Damit haben wir noch längst nicht *ausgesorgt.* Es kommt noch die *Nachsorge,* welche im Grunde genommen schon wieder eine Vorsorge ist. So schließt sich der Sorgenkreislauf!
Vorstellung	Jede *Vorstellung* ist eine *Bestellung.* Wenn der Bauer sein Feld bestellt, so leitet ihn die *Vorstellung* einer bestimmten Ernte. Genauso bestellt der Mensch mit seiner Vorstellung bewusst oder unbewusst seine Wirklichkeit. Das, was wir in unserem Hinterstübchen als Vorstellung ausbrüten, hat große Chancen, irgendwann als Ei vor uns zu liegen, ob wir das Ei mögen oder nicht. Der wissenschaftlich belegte Placeboeffekt entsteht allein über die Kraft der Vorstellung.
	Ein anderes Wort für Vorstellung ist *Imagination*, von lateinisch *imago (= Bild).* Ein *Image* ist das Bild, das sich ein Mensch von sich selbst macht und welches er nach außen trägt. Imagination ist die bildhafte Vorstellungskraft, über die ein Mensch verfügt. Über Imagination entstehen Möglichkeiten. Durch Wort und Tat werden innere Bilder zur äußeren Wirklichkeit. Der Mensch lebt nicht auf einem Wunschplaneten, sondern auf einem Vorstellungsplaneten. Vorstellungskraft ist Schöpfungskraft.

Vorwurf	*Vor-wurf, vor-werfen.* Menschen neigen dazu, die eigene unerträgliche Schwere in einen *Vorwurf* zu packen und damit andere Menschen *abzuwerfen*. Mit *Vor-Würfen* werden Menschen zu Fall gebracht. IMPULSE/SCHLÜSSELFRAGEN IM COACHING: Wie gehen Sie mit Vorwürfen Ihrer Kinder um? Lassen Sie sich niederschmettern? Bekommen Sie ein schlechtes Gewissen? Bekennen Sie sich schweigend schuldig, weil jeder Widerstand zwecklos ist und die Situation verschärfen würde? Oder bleiben Sie gelassen und freuen sich, wie großzügig die Natur in Ihren Kindern Hormone ausschüttet?
wachsen	Siehe unter **erwachsen**.
wagen	Von *Waage* und *wägen (= bewegen, schwingen)*. Laut Duden bedeutet *wagen* eigentlich „etwas auf die Waage legen, ohne zu wissen, wie sie ausschlägt" und übertragen „etwas riskieren, dessen Ausgang ungewiss ist". Ein spannendes bewegtes Leben ist ein Leben mit vielen *Wagnissen*. Das Gefühl der *Ausgewogenheit* ist nicht statisch und muss durch *Wagen* immer wieder von Neuem hergestellt werden. IMPULSE/SCHLÜSSELFRAGEN IM COACHING: Wiegen Sie sich in Sicherheit hin und her – wie ein Raubtier in einem Käfig? Welche Wagnisse gehen Sie ein? Verlassen Sie das Haus ohne Regenschirm, obwohl die Regenwahrscheinlichkeit schon bei 30 Prozent liegt? Sprechen Sie Menschen an, die Sie sympathisch finden, obwohl sie vom anderen Geschlecht sind? Alles außerhalb Ihrer Gewohnheit ist ein Wagnis. Siehe auch **außergewöhnlich**.

wählen	Von wollen. Beim *Wählen* im Sinn von *entscheiden* ist der Wille ausschlaggebend. Siehe auch **entscheiden**.
Wahnsinn	Im *Wahnsinn* ist der *Ahnsinn*, also ein Sinn, der von den Ahnen überliefert wird. Probleme, die über Generationen aufgestaut und weitergeschoben werden, können zum Beispiel im Wahnsinn eines Menschen zum Ausbruch kommen.
wahrnehmen	*Das Wahre nehmen*. Unsere *Wahrnehmung* ist relativ. Was wir *wahrnehmen*, ist nicht allgemein gültig, sondern nur für den Wahrnehmenden wahr. Wahrnehmung ist von der persönlichen Stimmungslage abhängig. Ist ein Mensch schlecht gelaunt, so wird er Negatives besonders gut wahrnehmen. Unsere Wahrnehmung ist zudem von kollektiven Interpretationsmustern abhängig. Siehe auch **angenehm**.
weg	Nichts geht im Kosmos verloren. Was *weg* ist, befindet sich anderswo auf dem *Weg*. Das englische Wort für *weg sein* ist *to be a-way*, wörtlich zu Deutsch *auf einem Weg sein*.
Wehen	*Wehe* kommt ursprünglich nicht von Weh und Schmerz, sondern von *wehen*, so wie der Wind *weht*. Wenn Kinder Schmerzen haben, sprechen wir dennoch von Wehwehchen, die von den Eltern gerne erfolgreich weggeblasen werden. *Wehen* ist mit *weinen* verwandt. Selbst der Wind heult zuweilen, ohne dass er Schmerzen hat. Weinen erfolgt in wellenförmigen Schüben, so wie die Geburtswehen. Eine Geburt wird nicht in jeder Kultur schmerzhaft erlebt. Es gibt Aussagen von Frauen, die Wehen als große Kraftwellen erlebt haben. In dem Maße, wie sie sich den Wellen überlassen konnten, ist auch der Schmerz weniger geworden.

Werwolf	*Wer-Wolf*: Wer ist der Wolf? Laut Duden ist das *Wer* von *Werwolf* verwandt mit lateinisch *vir (= Mann)*. Der Mann ist also der Wolf und manche Männer heißen gar so.
wesentlich	Von *Wesen*. Ein Mensch, der sein *Wesen* versteht, wird leicht *Wesentliches* von *Unwesentlichem* unterscheiden können und kaum sein *Unwesen* treiben. Jeder Mensch ist *wesentlich*, da er ein eigenes *Wesen* mit einzigartigen *Wesenszügen* hat.
wichtig	Im Französischen und Englischen *important*, das im deutschen *importieren* auftaucht. *Im-* bedeutet *hinein* und *portieren* heißt *tragen*: Man denke an das *Apportieren* eines Hundes. Im übertragenen Sinn könnte *wichtig* somit bedeuten, dass wir etwas *in uns hineintragen,* aufnehmen und empfangen – und nicht, dass wir mit unserer *Wichtigkeit* im Außen protzen. In diesem Sinne ist Protzen *exportieren*. In *important* ist der *port (= Hafen)* enthalten. Auch ein Hafen steht für aufnehmen. *Wichtig* bedeutet nicht nur groß sein. Auch der kleine *Wicht* und *Wichtel* haben eine spezielle Kraft. IMPULSE/SCHLÜSSELFRAGEN IM COACHING: Wie wichtig und ernst genommen fühlen Sie sich?
Widerstand	tymologisch gehören *wider* und *wieder* direkt zusammen, obwohl sie scheinbar Gegensätzliches bedeuten, nämlich *wider (= gegen, weiter auseinander)* und *wieder (= abermals)*. Therapeuten, Coachs und Elektriker arbeiten gerne mit dem *Widerstand,* weil dieser viel Energie speichert, die es *wieder in Fluss zu bringen* gilt. Hinter einem *Widerstand* staut sich Energie. Denken wir an einen Staudamm, hinter dem sich ein Energiereservoir, ein Stausee, befindet.

Nach allmählichem Auflösen des *Widerstand*s sind wir *wieder im Stand*, diese Energie für uns zu nutzen.

IMPULSE/SCHLÜSSELFRAGEN IM COACHING: Beobachten Sie sich mit Ihren Widerständen und beginnen Sie sich auf die Energie hinter der Mauer zu freuen! Bereits durch diese Einstellung tanken Sie Energie aus Ihrem Reservoir.

wiederholen

Wieder-holen. Verdrängtes *wiederholen* wir in Reinszenierungen: Wir reisen in unsere Vergangenheit, um Unvollständiges *wieder* in die Gegenwart zu *holen.* Wieder heißt im Englischen *again*. Das *gain* in *again* bedeutet *gewinnen*. Im lästigen Wiederholungsspiel *gewinnen* wir allmähliche Vervollkommnung. Das Prinzip der Wiederholung birgt eine große Heilungskraft.

IMPULSE/SCHLÜSSELFRAGEN IM COACHING: Welche Ihrer Wiederholungen nerven Sie am meisten? Welchen Teil Ihrer Persönlichkeit können Sie mit der Wiederholung zu sich zurück holen. Wie heißt das Thema?

Wie geht es?

Wir nutzen diese Begrüßungsformel häufig, aber was bedeutet sie eigentlich? Wüssten wir immer, *wie es* in unserem Leben gerade *vorangeht,* müssten wir nicht fragen, wie es geht. Und wer oder was ist *es?* Gibt es eine Macht, oder Kraft außerhalb von uns, deren Gehen wir offenbar beschleunigen oder behindern können?

Wirklichkeit

Von *wirken. Wirk*lichkeit ist die *Wirkung* als Folge einer Ursache. Wünschen wir eine andere *Wirklichkeit,* so müssen wir *ursächlich* denken und handeln. Ursache und Wirkung verhalten sich wie Saat und Ernte. Eine verdorbene Ernte lässt sich nicht verändern, nur die Auswahl und Pflege des Saatgutes.

IMPULSE/SCHLÜSSELFRAGEN IM COACHING: Wo in Ihrem Leben versuchen Sie Wirklichkeit zu verändern? Wie könnten Sie eine „Nullstellung" machen, also Ursache sein für etwas Neues? Wie heißt das Neue? Können Sie sich auf das Neue freuen? Wenn nein, dann ist es etwas Altes!

Witz   Von *Wissen* im Sinn von *Klugheit* und *Schlauheit*. *Gewitzt* zu sein ist ein Zeichen von Intelligenz. Siehe auch **Humor**.

Wohlstand   *Wohl im Stand sein*. Völlerei im Wohlstand führt ins Unwohlsein.

Wunder   Wunder heißt im Englischen *miracle*, eingedeutscht auch als *Mirakel* bekannt. „Die erste Silbe ist ‚mir' und sie bedeutet auf Russisch Friede ... Die zweite Silbe ‚acle' ist eine Nachsilbe ... und sie bedeutet ... rufen. Wenn wir nun die beiden Worte zusammen fügen, würden sie ‚Frieden rufen' bedeuten ... Insofern rufen wir Frieden in unser Bewusstsein, wenn wir das Wort Mirakel aussprechen."[32] Die Wunder beginnen mit dem Heilen der seelischen Wunden, denn *heil sein* bedeutet *ganz sein*. Wunder können sich nur einstellen, wenn wir ihnen nicht im Wege stehen und im Fluss sind, statt wartend am Ufer zu sitzen. Wer nicht an Wunder glaubt, muss sich nicht wundern.

Würde   Laut Duden „... Achtung und gebietender Wert, der einem Menschen innewohnt". Klein geschrieben ist *würde* eine Möglichkeitsform. Ein *würdevolles* Leben muss für alle Menschen möglich sein! Gäbe es sonst *würde* als Möglichkeitsform?

Zeit   *Geteiltes*. Siehe auch **Ursprung** und **Ziel**.

---

[32] Aus www.members.tripod.com von James Twyman.

zickig	*Zickiges* Verhalten. Der Begriff *zickig*, besonders bekannt bei pubertierenden Mädchen, kommt laut Duden wahrscheinlich von dem Begriff *Zicke (= junge Ziege)*, aufgrund der unberechenbaren Zick-Zack-Sprünge. Liebe Eltern, wundern Sie sich also nicht, wenn Ihre pubertierenden Kinder meckern!
Ziel	*Ziel* bedeutet wie Zeit *Geteiltes* und *Abgemessenes*. Das spiegelt sich in der Redewendung „mit Maß und Ziel" wider. Mit klaren Zielen können wir unsere Energie fokussieren. Projektmanager teilen *(Geteiltes)* die Strecke bis zum definierten Ziel in Erfolgsabschnitte *(Abgemessenes)* ein. Jeder Abschnitt wird terminiert, denn ohne Terminierung gibt es keine Verpflichtung und Überprüfbarkeit des Erfolges. Plan und Termin erhöhen die Wahrscheinlichkeit, den *Terminal* (Zielbahnhof) zu erreichen. Siehe auch ***Ursprung***.
	IMPULSE/SCHLÜSSELFRAGEN IM COACHING: Wie stellen Sie sich Ihre Zukunft vor? Welche Ziele haben Sie? Wie klar und konkret sind diese Ziele? Oder welche Treffer wollen Sie ohne Ziele landen?
Zerstreuung	Siehe unter ***Spaß***.
zeugen	Wir haben als Geschenk der Schöpfung das *Zeug* erhalten, Kinder zu *zeugen*. Kinder sind nicht unser Eigentum. Wir sind lediglich die *Zeugen*, die *Augenzeugen*, die das Geschehene bezeugen können.
zögern	Von *ziehen, sich hin und her gezogen fühlen*. Zögern ist ein Zustand der Unentschlossenheit. Siehe auch ***entscheiden***.

Zufall	*Zufall* bedeutet laut Duden *zuteil werden*. Im Zufall wird dem Menschen etwas zuteil und zugeteilt. Wörtlich bezeichnet Zufall das, was dem Menschen einfach *zufällt*. Zufall ist im Grunde genommen ein paradiesischer Zustand, was sich in der Redensart „Ihm fällt alles nur so zu" widerspiegelt. Übersetzen wir diesen Satz ins Englische, heißt er „Everything comes quite naturally to him", was wörtlich heißt: „Alle Dinge kommen ganz natürlich zu ihm." Ohne großes Zutun fällt dem Menschen etwas zu, denn „den Seinen gibt's der Herr im Schlaf" steht schon in der Bibel geschrieben. Nicht mehr paradiesisch ist der Zufall, wenn uns eine Dachziegel *zufällig* auf den Kopf fällt. Für zufällig verwenden wir auch das Wort *beliebig*. Hier verbinden wir unbewusst *zufällig* mit dem, was wir *belieben* zu tun. Zufall heißt englisch *chance*. Im Zufall liegt also eine *Chance*. Ist Zufall letztlich der natürliche Normalzustand? Siehe auch **beliebig** und **Wunder**.
Zugehörigkeit	Von *hören*. Bemerkenswert ist der Kontext von Sich-nicht-gehört-Fühlen und Ohrenschmerzen. Kinder, die sich *nicht zugehörig* fühlen, legen unter Umständen ein *ungehöriges* oder *unerhörtes* Benehmen an den Tag. Dem kann eine *gehörige* Abreibung folgen. Auch im Begriff *Angehöriger* ist das Wort *hören* enthalten. Siehe auch **randalieren** und **verletzt**.
zugrunde gehen	*Zugrunde gehen* verwenden wir synonym für eingehen und sterben. Im Sterbeprozess lösen sich die Schichten der persönlichen *Ge-Schichten* auf. Wenn jemand *zugrunde geht*, heißt das wörtlich, dass er *zum Grunde geht*. Er fällt also nicht ins Uferlose, sondern geht so weit zurück, bis er wieder Boden unter den Füßen spürt. Jetzt ist er auf seinem eigenen *Wesensgrund* angekommen. Das ist *gründliche* Ar-

beit. Im G*rund* ist es wieder *rund*. Im G*runde* genommen ist alles in Ordnung.

Zuneigung   In der *Zuneigung verneigen* wir uns in Wertschätzung vor einem anderen Menschen. Inder verneigen sich in ihrer rituellen Begrüßung vor der Göttlichkeit ihres Gastes. In der *Abneigung* wenden wir uns geringschätzend ab.

zurückhaltend   Ein *zurückhaltender* Mensch *hält* Energie *zurück*. In einem positiven Verständnis bewahrt er diese Energie für den richtigen Zeitpunkt.

Zweifel   Von *zwei*. Im Zweifel wird ein Ganzes in zwei Teile gespalten. Zwischen diesen pendeln wir zweifelnd und unentschieden hin und her. Diese Spaltung gleicht einer Schere, deren Schenkel immer weiter auseinander gehen. Im unkontrollierten Zweifel automatisiert sich dieses Pendeln. Das Hin und Her beschleunigt sich und endet im Gefühl der totalen Zerrissenheit, in der *Verzweiflung*.

Der *Zweifel* ist nicht mit *kritischer Betrachtung* gleichzusetzen. *Kritisch* kommt von griechisch *krinein* und heißt *scheiden, trennen, urteilen*. In der kritischen Betrachtung trennen und unterscheiden wir bewusst. Wir analysieren einen Sachverhalt, indem wir die Teile eines Ganzen betrachten und anschließend wieder zusammenfügen. Während in der kritischen Betrachtung der Verstand ein Werkzeug zur Beobachtung und Unterscheidung ist, vermischt er sich im Zweifel automatisch mit Gefühlen der Angst.

Zynismus Vom griechischen *kyon*, was *Hund* bedeutet. *Kyniker* ist der Name einer griechische Philosophenschule. Deren Anhänger waren laut Duden „... in ihrer Haltung in gewissem Sinne ‚hündisch' ..., und zwar einerseits in ihrer Bedürfnislosigkeit und gewollten Armut, andererseits hinsichtlich ihrer bissigen und schamlosen Art, mit der sie über geltende Vorstellungen und Lebensformen herfielen." Siehe auch *spotten*.

Erneuerung

Mit wachsender Leidenschaft woget der Wald,
mit schrecklichem Grollen bebet die Welt.
Unaufhaltsam das Neue wird alt.
Das Brausen gefangener Winde verweht,
das Leiden der Wesen kommet und geht.
Es heißt, dass die Welt nun aufs Neue besteht.
Wie die Natur mit gewaltigen Schritten uns lehrt,
der eine den anderen voll Feuer begehrt.
Und alles auf einmal zum Guten sich kehrt.
Doch wo ist der Ausgleich, wenn Gutes nur ist?
Es teilt die Welt ein gewaltiger Riss.
Wo der Gegner sich mit Kraft und Überlegenheit misst.
Das ewige Spiel der grenzenlosen Zeit
ist der Lust und den Launen der Menschen geweiht.

Viviane Suchomel

Epilog

von Armin Müller

Sprache macht Zeit fassbar: Sie kann aus Vergangenheit schöpfen und kann Neuschöpfungen schaffen. Der Mensch gestaltet mit Sprache seine Welt und kann bisher Ungedachtes formulieren. Sprache bildet auch einen Zugang zur eigenen inneren Welt, da sie die eigenen Kräfte freilegen kann. Sie verdient Achtung, B*eachtung*. Sie braucht den be*hut*samen Umgang, will *takt*voll und sensibel be*hand*elt werden. Sprache im Alltag erfährt in diesem Buch eine distanzierte Betrachtung und wird damit zu einem Land, das zur Entdeckungsreise einlädt. Die Psychoanalytiker glauben, dass der sprechende Mensch tiefer Liegendes freigibt und offen legt. Sie gehen davon aus, dass die inneren Konflikte im Kampf zwischen Trieben und Normen über die Sprache zum Ausdruck kommen.

Der vorliegende Ansatz sucht anders nach dem Wesen der eigenen Person. Das ist das Herausragende an diesem Buch. Er gibt jedem, der interessiert ist, ein Analyse-Instrumentarium an die Hand: die eigene Sprache. Kommunikation mit anderen Menschen wird aufmerksamer wahrgenommen und die eigene Sprache bewusster eingesetzt. Eigen- wie Fremdbeobachtung reichern menschliche Begegnungen an und machen sie intensiver und wertvoller.

Hat Sie das Buch auf*merk*sam gemacht? Hat es Sie nach*denk*lich gestimmt? Hat es Sie *acht*sam im Umgang mit der eigenen Sprache, in der Ver-wendung von Be*griffen* werden lassen? Nimmt Ihre Aufmerksamkeit eine neue Wendung? Haben Sie das Denken und Sprechen in Alternativen und verschiedenen Perspektiven aufgenommen? Gesehen, dass Sprache immer auch eine Wahl zulässt? Wie bei vielem in der Welt stehen wir vor einer Wahl: Sage ich dieses oder sage ich jenes, tue ich dieses oder etwas ganz anderes? Wenn wir eine echte Wahl haben, dann ent-scheiden wir uns. Sollten wir nicht froh sein, dass wir zwischen Alternativen wählen dürfen? Nutzen wir die Freiheit uns zu binden und dezidiert fest-zu-legen.

Sprache erschließt sich über persönliche Be-deutungen, überwindet auch Miss*deutungen*, wird be*deut*sam durch Hin*weise*, die in die Eigensprache *übernommen* werden. Manchmal *übernehmen* wir uns dabei auch. Das vorliegende Buch ist ein aufregender Weg zur Eroberung der eigenen Sprache, eine Aufforderung zum *lust*vollen Umgang mit Sprache. Es lädt Sie ein auf eine Entdeckungsreise in das Land des Denkens, der Sprachbilder und Vorstellungen. Sprache will in erster Linie Kommunikationsmedium sein, dem Aus*tausch* von Bedeutungen dienen und für Auseinandersetzungen sinnvoll gebraucht werden. Bei diesen Sitzungen dürfen die Beteiligten nicht den Kontakt verlieren, sich nicht zu weit auseinander setzen. Gespräche dienen der Klärung, stärken das Selbstbewusstsein. Austausch kann gesehen werden als Ausgleich, damit die Gesprächsteilnehmer ausgeglichen werden, sich nicht unaus-stehlich finden oder nieder-geschlagen davongehen.

Sind bei Ihnen feste und vertraute Muster infrage gestellt worden, der Blick für aus*getretene* Wege links oder rechts frei geworden? Versuchen Sie nun ein*gefahrene* Gleise zu überwinden und ab*gefahrene* Reifen zu wechseln. Schöpfen wir also Sprache ohne uns zu erschöpfen, kreieren wir klare Gedanken und teilen sie kreativ mit anderen Menschen. Dieses gilt insbesondere in Bildungsprozessen. Beim Lehren und Lernen kommt der Sprache eine besondere Bedeutung zu.

Du sagst, was du bist. Du bist, was du sagst!

Armin Müller

(Professor Dr. Armin Müller ist geschäftsführender Leiter des Lehrstuhls für Sonderpädagogik an der Universität Koblenz-Landau, Campus Landau. Unter Mitwirkung von Joachim Schaffer-Suchomel plant er ein Forschungsprojekt zur Untersuchung der Lehrersprache.)

Stichwortverzeichnis

A
abarbeiten 48, 211
aber, ja 69 f.
Aberglaube 211
abhängig 23, 47, 111, 114, 186, 212, 337
abkanzeln 96, 98, 244
Absicht 136, 212 f., 268
Achtung 102, 213, 340, 347
Adam 35,106 f.,143 f., 213, 227, 255, 290, 293, 324
Affaire 214
Affirmation 198, 214
Aggression 45, 224, 328
ahnen / Ahnen 214 f., 337
Aids 215
allein sein 215
Alltag 65, 112, 155, 215, 238, 347
an jemandem hängen 218
Analogie 209, 289
Anerkennung 55, 74, 111, 185, 213, 216, 234, 260, 292
anfangen 158, 203, 216
Angeber 216
angegriffen aussehen 128, 217, 287
Angelegenheit 214, 221 f.
Angenehm 79, 83, 217
Angst 20, 24, 44, 49, 54 f., 86 ff., 123, 125, 150, 154 f., 173 ff., 186, 195, 213, 217, 227, 232, 240, 251, 270, 274 f., 308 f., 312, 321, 343
Anlage 160, 193, 232
Anliegen 89, 218
Anmut 218
Annehmlichkeit 79, 217
Ansehen 101 f., 185, 218 f., 306
Anspruch 38, 216, 219, 325
Anstrengung 166, 219
Anwendung 220
Apokalypse 178 ff., 220, 264
Appointment 43 f., 308
Arbeitnehmer 46, 67
Ärger 192, 220, 243, 274, 279
Argwohn 220
Arroganz 82, 100, 122, 305

Assoziation, assoziativ-etymologisch 209 f., 221, 326,
auf den Grund gehen 29, 39
auf den Leim gehen 32, 288
Auf die Eier gehen 125, 274
Auf die Spur kommen 53, 160,
auf jemanden stehen 222
Auf-der-Stelle-Treten 287
Aufgabe, aufgeben 51, 82, 147, 168 ff.,193, 221, 230, 255, 268
aufgerichtet sein 101, 213, 222, 323
aufhören 175, 222
Aufmerksamkeit 45, 59, 124, 130, 136, 153 f., 171, 193, 213, 218, 222, 226, 259, 278, 294, 306, 308, 347
aufrecht, aufrichtig 101, 222,
aufschlussreich 19, 48, 223
Aufschneider 127, 216, 223
Auftrag 95, 121, 168 ff., 221, 223
Augenblick 190, 223, 280, 289
aus der Fassung bringen 228, 256
auseinander setzen 48, 224, 348
Ausnahme 177, 224, 232
ausrasten 192, 224
Ausschlag 167, 224
außergewöhnlich 225, 239
authentisch 183 f., 194, 312
Autor 28, 45, 183, 197
away 152

B
Ballast 38, 96, 199
bändigen 48 f.
Bankrott 225
Bedeutung 42, 44, 64, 74, 167, 209, 226, 230, 235, 257, 259, 262 f., 268, 271, 278, 283, 290, 348
bedingungslose Liebe 226
Bedürfnis 226, 280, 318
befehlen 100, 227
befestigen 120, 214, 258
Befriedigung 226 f., 253
Begeisterung 123, 130, 156, 163 ff., 201, 227 f.
begreifen, Begriff 60, 228, 271, 283, 302

begründen 101, 309
behäbig 228
behandeln 124, 131, 160, 228
Behinderter 67, 229
Beifall 229, 263
Beischlaf 133, 230, 282
Beispiel 19 ff., 37, 40, 50 ff., 67, 77, 101, 114, 118, 121, 127, 133, 147, 204, 209, 211 ff.
beitragen 230
beleidigt 82, 230, 261, 325
beliebig 67, 230, 270, 342
bereit sein 202, 236
Beruf 21 f., 68, 72, 81, 99, 150, 163, 230, 233, 304, 306
Beschwerde 100 ff., 231, 244
besitzen 73, 81, 99, 158, 197, 231, 239, 279, 293
Besorgung 232
bestellen 124, 232 f.
Bestimmung 169, 233, 280, 323
Beurteilung 233, 239
bewegen 38, 127, 177, 185, 189, 195, 199, 233, 244, 260 f., 276, 305, 336
Beziehung 81, 105, 154, 169, 234, 285
Bildung 25, 234, 317
bisschen 34, 176, 187, 234
bodenlose Frechheit 235
böse 67 f., 154, 235, 268
Brauch 231, 235
brechen 196, 236, 312 f.
breit sein 236
Brust, brüsten 122, 237, 258

C

Chaos 228, 237, 290
chronisch 237
Coach 17, 24, 37, 50, 121, 161, 238, 248, 254, 259, 272, 325

D

daheim 238, 264
daneben benehmen 238
Dasein 22, 56 f., 72, 79 ff., 107, 136 f., 147 ff., 201, 223, 231, 238
deklarieren 239
Demut 239, 274
destruktiv 239, 285

Deutung 11, 226, 239, 278
Diabolo 107
Double-bind-Worte 240
Drogen 33, 117 ff., 212, 258, 274, 282, 304, 323, 327, 349
durch den Wind sein 240
durcheinander 66, 240
Durchfall, durchfallen 125, 240
durchwachsen 241

E

echt 101, 106, 111, 183 f., 187, 241
Ecstasy 119 f., 241
Ego 192 f., 221, 236, 250, 261, 264
Eifersucht 11 f., 242
Eigeninitiative 242, 251, 292, 319
eigentlich 71, 235
eigentümlich 231
einfach 42, 242, 268
Einfall 242
eingebildet 243
Einsatz 38, 243
Einstellung 81, 92 f., 175, 182, 198 f., 204, 243, 265, 339
Einzigartigkeit 158 ff.
Emotion 244
empfinden 68, 137, 244, 249, 290
empören 96, 98, 244, 289
Engagement 48, 119, 245
entdecken 25, 57, 68, 144, 157, 173, 177, 202, 211, 245, 248 f., 326
Enthüllung 177 ff., 220
Enthusiasmus 228, 245
entscheiden 38, 46 f., 60, 85, 94, 117, 137, 193, 202, 245 f., 337
entschließen 246
Enttäuschung, enttäuschen 19, 41 ff., 166, 220, 247, 252 f.
Entwicklung, entwickeln 5, 34, 92, 138, 145, 181, 210, 271, 290, 299, 319
Entzündung 123 ff.
Erbgut 139 f., 248, 265
Ereignis, ereignen 249, 313
Erfahrung 17, 61, 65, 121, 249, 312, 349
erfinden 154, 194, 226, 244, 249, 270, 311
Erfolg, erfolgen 55, 60, 150, 167, 170, 178, 190, 194, 197, 202 ff., 249 f., 298, 322

Ergebnis, ergeben sein 64, 114, 174, 178, 190, 214, 235, 249 f.
erinnern 22 f., 32, 51 f., 58 f., 67, 85, 87, 100 f., 111, 141, 146, 156, 163, 175, 242, 246, 250, 271, 288, 300, 312, 344
Erkenntnis 106, 133, 163, 230, 282
erklären 89, 251, 317
erlösen 251
erpicht sein 26, 251
erschöpft 252, 257
Ertrag, ertragen 95, 190, 252
erwachsen 184, 252
erwarten 27, 38, 73, 252 f., 325
erwischen 253
Erziehung 83 f., 111, 253, 255
es 254
Eskapade 254
Essay 254
Essenz 112, 121, 237, 254 f., 277
etwas hinter sich haben 48, 84, 219
Eva 106, 144, 255, 293, 296, 324
Existenz 175, 255

F
Fähigkeit 159
fallen 54, 177, 197, 229, 242, 256
falsch 256
Fantasie 142, 210, 256
fassungslos 256
Faulheit 95, 257
Fegefeuer 257, 275
Fehler 22, 44 f., 100, 105 f., 149, 157, 203, 257, 282, 309
fertig machen - fertig sein 257, 334
Fest 205, 235, 257
Firma, Firmament 48, 214
fixen 114, 119 f., 258
Flow 167, 254
fluchen 258
Formulierung 73, 89, 148, 223, 258, 272
Fragen 25, 54, 82, 191, 259
fragwürdig 260
Frau 42, 56 f., 226, 230, 237, 242, 255, 260 f., 267, 292 f., 297, 316
frei 37, 47 f., 83, 141, 174, 178, 210, 218, 226, 246, 260, 277, 293, 318, 328
fremdbestimmt 318
Frühling 164, 329

Fügen 140, 150, 284, 330, 340
Führung 184, 261
furchtbar 240, 261
Fürsorge 261

G
Gabe 77, 168, 262
ganzheitlich 262
gebären 106, 121, 296
Gebet 149, 262
Geborgenheit 22, 140, 148, 234, 237, 260, 262 f., 293, 296, 332
Gedanken 22, 32, 34, 37, 44, 73 ff., 124, 144, 149, 155, 159, 171, 187, 213, 223, 227, 238, 240, 242 f., 258, 262 f., 273, 281, 283, 295, 317, 320
Geduld 128, 231, 301
Gefallen 94, 263
Gegenwart 21 f., 82, 109, 112, 156, 167, 189 f., 201, 205, 263, 306, 339
Geheime Offenbarung 178, 264
Geheimwissenschaft 264
gehorsam 249,2 64
Geiz 126, 272
geknickt sein 20, 41, 136, 247, 309
Geldbeutel 92, 213, 264
Geltung 264
gemein 119, 265
Generation 265, 323
Genesis 266
genießen 44, 101, 156, 188, 193, 217 ff., 224, 266, 298
gerade 266, 280
Gericht 101, 231, 266 f., 280 f.
Geschichte 40, 58, 91, 144, 156, 237, 244, 256, 262, 266 f., 291, 299, 301, 306, 324
Geschlechtsverkehr 267
Gesetz 121, 249, 268, 275 f., 281
Gespür 24 f., 53, 264, 322
gestalten 25, 76, 81, 124, 136, 194, 227, 268, 305, 333
gewissenhaft 48, 269
Gewohnheit 82 ff., 113, 225, 336
Geworfensein 94, 107, 269
Glauben, Glaubensmuster 75, 214, 270
Glück 41, 93, 109, 114, 151, 168, 177, 198, 211, 270 f., 291,319

Gott 21, 30, 35, 40, 61ff, 96, 106, 118, 128 f., 137 f., 144, 148, 151 f., 165, 179, 213, 227 f., 234, 253, 262, 267, 271, 273, 280, 290, 301
grausam 61, 87, 271
großzügig 271 f., 336
grübeln 272
Gutachten 272

H

Hals 11, 34, 272
Haltung 20, 44 f., 82, 90, 103, 135 f., 172 f., 222, 239, 272, 286, 289, 333, 344
handeln 85, 124, 202, 228, 280, 327, 339
haushalten 37, 273
Haut / Hautausschlag 17, 121, 123 ff., 224
Heide 273
heilig 273
heimlich 151, 264, 273
helfen 132, 136, 230, 320
Heroin 43, 114, 119, 273
herrlich 260, 318
high sein 274
Hintergrundkulisse 32, 42 f., 53 ff., 70 f., 77, 93, 101, 106, 150, 173, 204, 211, 219, 232, 309
Hochmut 239, 274, 323
Hochzeit 274, 333
Hoden 125, 274
Hoffen / Hoffnung 22, 88, 252, 274
Hölle 197, 235, 275
hören 39, 57, 108, 159, 219 f., 222, 233, 251, 264, 325, 342
Humor 26, 275, 301, 322

I

I like you 110, 275
Illusion 48, 91, 107 ff., 211, 274
Image 276, 335
immer 276
Impuls 219, 276
Individualist 23, 276
Inflation 142, 276
Information 112, 139, 276
Inhalt 42, 81, 100, 136, 182, 194 277
intakt 131, 277, 285
integer sein 277
Intelligenz 108, 189, 277, 340

Interesse 13, 59, 80, 179, 277
Interpretation 32, 66, 226, 230, 233, 239, 278 f., 298, 319
Intrige 279
Intuition 49 ff., 279
Inventur 160, 194 ff., 311
Investition 143, 151 f.
Ironie 102, 275, 279, 322

J

jetzt 280
Joint 115, 118, 280
Jüngstes Gericht 280 f.
k. o. 282

K

Karma 281
keusch 282
kiffen 119, 304
klagen 128, 231
Klamotten 282
klappen 282
Klatsch 229, 282
koksen 120, 282
Kollektiv 276, 283
Kompensation / kompensieren 54, 60, 102, 121, 216, 257 f., 283 f.
Komplex 49, 284
Komposition 23, 170, 283 f.
Konfusion 284
konkret 89, 204, 284, 305, 341
Konkurrenz 285
Konkurs 45, 52, 285
konstruktiv 285
Kontakt 54, 130, 251, 285, 299, 332, 348
Kontext 20, 47, 154, 215, 235, 286, 289, 319, 325, 342
konzentrieren 61, 286
koordinieren 286
Krankheit 87, 125 ff., 183, 217, 229, 237, 285 ff., 298, 300, 317
Kreatur, Kreation 199, 287
Krebs 126, 132, 287
Kreuzschmerzen 287, 326
Krieg 43, 106, 143, 263, 273, 288
Krise 52, 288
kritisch 77, 288, 343

Kulisse 28 ff., 51, 65 f., 72, 77, 91, 118, 120, 141, 148, 174, 177, 233, 288, 301
kümmern 184, 288
Kunde 19, 24, 36, 167, 259, 289
kurieren 286

L

Last, Laster 96 ff., 121 f., 135, 223, 252, 298
lästern 26, 96, 98, 104, 223, 287, 289 f.
Leben 22 ff., 61, 66, 78 ff., 104 ff., 119, 139, 148, 151, 157 ff., 202 ff. 290
Leiden / leidenschaftlich / leiten 40, 52, 67, 135, 148, 186, 230, 261, 278, 290
Licht 25, 66, 92 f., 109, 118, 136, 141, 154, 169, 178, 261, 276, 290, 297, 299, 303, 309 ff.
Liebe 42, 55, 57, 86 ff., 111, 114 ff., 151, 161 ff., 190, 213 f., 226 f., 234, 243, 248, 260 f., 290, 294 ff., 321, 341
Los 35, 93 f., 251, 290 f.
Loser 333
loslassen 35 ff., 94, 177, 187 f., 229, 236, 245, 256, 263, 290 f.
Lösung 35, 69, 114 ff., 232, 251, 253
luxuriös 292

M

Macht 75, 82 f., 168, 179, 198, 292, 299, 339
Magen 115, 118, 292
magersüchtig 115 f., 292
Make-up 17 ff., 144, 186 ff., 292
Manager 51, 79 f., 292
Mangel 100 ff., 136, 148, 157, 163, 229, 262, 264, 266, 270
Maske 39, 142 ff., 184 f., 255, 302
Maßnahme 292
Matrix 292
Meditation 166, 201, 215
Meinung 65 ff., 289 f., 293
Merkmal 29, 100, 115, 293
merkwürdig 294
mit dem Rücken an der Wand 27, 29, 34, 36, 51
mit etwas abgeschlossen haben 19, 24, 70, 115, 303
Mitgefühl, Mitleid 294
Mitteilung 74, 329

Mittel 11, 130, 133, 314
Mobbing 99
Möchtegern 71
Möglichkeit 49, 68, 70, 82 ff., 135, 139 ff., 157, 192, 274, 288, 294 f., 304, 326, 328
Moment 78, 165 ff., 202, 242, 272, 280, 295, 306, 321, 329
Motivation 168
Mühe / mühsam / mühselig 61, 190, 219, 295, 302
Muse 61, 295
mustergültig 295
Mut 46, 54, 73, 155, 186, 197, 218, 225 ff., 239, 270, 274, 317, 323
Mutter 46 f., 69, 90, 220, 234, 237, 255, 265, 292 f., 296

N

Nachrichten 297
Nacken 297
Nase 47, 79, 122, 335
negativ 52, 92, 230, 256 f., 278, 293, 297 f.
nicht riechen können 79, 217
niedergeschlagen 54, 100, 217, 287
Nomen / nominiert / renommiert 27 ff.
Notwendig 255, 259, 267, 298

O

objektiv 298
Ohnmacht 81, 100, 299
Omen 27 ff.
Ontogenese 299
Opfer 33, 55, 82, 93, 104, 180, 264 f.
Optimismus 185 f.
Organisation 299
Original / Originalität 60, 118, 132, 164, 175, 183 f., 241, 256, 300
Outfit 300

P

Panne 38, 43 f., 300
Paradies 94, 107, 144, 148 f., 240, 256, 324, 329
Partner 72, 96, 99, 105, 110 f., 115, 125, 159, 163, 234, 249, 253, 300 f., 310
passiv 252, 293
Patient 44, 119, 128, 131, 228, 301
patriarchalische Sprache 301
Pech haben 90 ff., 251 f., 301

peinlich 12, 255, 302
Perfektionismus 106, 302, 334
Person 17, 131, 142, 221, 224, 229, 247, 257, 302, 306
Persönlichkeitsentwicklung 209
Pessimist 303
Pflicht 303
Phänomen 32, 102, 126, 141 f., 149, 176, 210, 240, 265, 303, 329
Phylogenese 299, 304
Pickel 224
Piece 119, 304
Pionier
Plan / planen 85, 152, 191, 304, 341
platzen 304, 329
Polarität 293, 305
positiv 34, 52, 92, 185, 232, 257, 270, 293, 297, 299, 305 f., 323, 329
Potenzial 84 f., 138 ff., 171, 177, 198
Präsens / präsent / Präsenz 161, 189, 263, 279, 306 f., 324
preisen 307
Problem 21 f., 35, 48, 55, 69, 90, 119, 138, 145, 153 f., 202, 292, 303, 307
Profit 307
Projekt 115, 151, 217, 234, 239, 308, 319, 324
Prozess 23, 29, 59, 173, 192 ff., 251, 270, 308, 317, 326
pünktlich / auf dem Punkt sein 308

Q
Qualität 45, 68, 74, 159, 183, 265
Quelle 151, 162 ff., 246, 300, 310, 314, 329

R
randalieren 49, 308
Ratschlag 308 f.
rauchen 116 f., 280
Recherche 212, 309, 313
Recht / rechtfertigen /Rechthaberei 89, 101, 171, 228, 269, 309
reflektieren 100, 134, 202, 244, 249, 310
Reform 311
reich 57, 119, 162, 218, 231, 311
reif 137 f., 179, 311
Reinszenierung 32, 339
Reinvention 192 ff., 311

reisen 40, 120, 203, 290, 312, 339
Religion 211, 312
reparieren 132, 312
Reporter 309, 313
Resignation 145, 259, 294, 313
Resonanz 281, 313
Ressource 162, 165, 170, 172, 314
richtig, Richtung 92, 123 ff., 166, 202, 222, 266, 268, 274, 287, 300, 314
Rolle 59, 65, 72, 146, 255, 314
Rücken 27 ff., 51, 112, 122 ff., 287
Rücksicht 134
rund machen 257, 314
runtermachen 47, 55, 96 ff., 188, 193

S
Sanktion 314
Sarkasmus 82, 102, 275, 279 f., 315, 322
sauer sein 41, 247, 315, 320
Schicksal 35, 74, 85, 94, 194, 281, 290 f., 315
Schlange 209
Schlappe / Schlappschwanz 55, 315
schlecht 315
schleimen 49
schlichten 316
schlimm 316
Schlips 316
schmächtig 123
schnippisch 317
Schöpfung 53 ff., 109, 133, 189, 227, 317, 341
schwerfällig 228
Schwermut 317
schwierig 317
Schwindel 116 f., 317
Sehnsucht 123, 130, 154 ff., 202, 318
Selbstbestimmung 87, 188, 318
selbstherrlich 318
selbstlos 291, 318
selbstständig 319
Selbstsucht 319
Selbstverständnis 136, 251, 319
Seminar 80, 319
Sexualität 214, 267, 282
Shit 119, 304
sich beschweren 18 f., 96 f., 104, 128, 231
sich kümmern 184, 288

sich täuschen 108, 241, 256, 320
sich übergeben 236
sicher 70, 102, 109, 120, 150, 159, 196, 252, 301 ff., 319
Sinn / Sinne 21 ff., 121, 133 f., 143, 158, 161, 168, 184 ff., 201, 210 f., 222, 230 f., 236 f., 249 ff., 282, 284, 305, 308, 312, 319 ff., 337 ff.
soeben 96, 280, 320
sofort 80, 92, 99, 146, 155, 167, 219, 221, 238, 243, 248, 253, 266, 293, 298, 304, 309 320
sorgfältig 302, 320
sozial 82, 210
Spaß 144 f., 178, 194, 202, 211, 298, 321, 341
Spitzen verteilen 321
Spott 102 f., 275, 279, 321 f.
Spontan 40, 72, 164 f., 188
spüren 90, 146, 156, 176, 189, 219, 228, 295, 302, 322
Stärke 171, 175, 229, 256, 293, 312, 318, 322
Status 322
sterben 130, 153, 199, 323, 342
Steuer 323
Stimme / Stimmung 27, 141, 159, 198, 233, 323
Stolz 235, 237, 323
stoned 118 f., 323
Story 144, 301
Strafe, strafen 47, 128, 281, 302
streng 219
Stress 124, 250, 324
Sucht 12, 114 ff., 242, 260, 324
Sünde 106, 324
synchron 324
Synergie 324

T
taktlos 277, 324
tapfer 235
tatsächlich 325
taub 325
Teilnehmer 56, 239, 319, 325
Testament 149
Tod 64, 121, 153, 289, 323
Ton 18, 169, 319, 325

Trägheit / tragisch / Tragödie 95 ff., 252, 257
Transformation 198, 229, 259, 325
Transparenz 180 ff.
Traum 151, 303, 326
Trip 115, 120, 309
trotzdem 70, 326
Trübsinn 154, 326

U
über jemanden reden 47
Überheblichkeit 287, 326
um zu 327
unabhängig 83, 105, 136, 188, 248, 266, 327
unangenehm 51, 79 ff., 134, 217 327
unerhört 74, 342
unerträglich 95, 135, 215
unfassbar 22, 56, 256, 327
ungehalten 120, 327
ungehörig 74, 342
Unheil 273, 327
unheimlich 83, 327
unmöglich 31, 84 f., 95, 211, 248, 294, 328
Unternehmer 47, 160
unterscheiden 25, 59 f., 147, 196, 277, 283, 303, 328, 343
unterwürfig 305
unverschämt 106, 186, 235
unwesentlich 328
unzuverlässig 328
Urlaub 328
Ursache 18, 51, 82, 151, 204, 220, 224, 249, 325, 339 f.
Ursprung, Ursprünglichkeit 50, 86, 288, 300, 313, 329
urteilen 64, 329, 343

V
Verantwortung 96, 120, 154, 184, 242, 281, 330
veräußern 330
Verdammnis 92
Vereinigung 91, 221, 230
Verfügung 104, 140, 155, 170, 201, 238, 280, 283, 291, 305, 311, 330
Vergangenheit 21 f., 32, 51, 83, 112, 149, 181, 188, 214, 246, 287, 307, 329, 339
vergessen 12, 50, 142, 145, 151, 154, 157, 162, 211, 232, 249, 252, 303, 330

Vergleich 56, 66, 83, 161, 260, 331
Vergnügen 144, 331
Verhängnis 88, 331
verkaufen 34, 330
verlassen 50, 108, 147, 161, 192, 225, 270, 303, 314, 324, 331, 336
Verlegenheit 332
verletzt 22, 24, 102, 105, 279, 321 f., 332, 342
verlieren, Verlierer 52, 75, 152, 196, 219, 286, 298, 302, 317, 324, 327, 331, 333, 348
verloben 333
Verlust 124, 153, 333
Vermögen 75, 333
verrückt sein 333
versagen, Versager 54 f., 186, 333
versäumt 19, 333
verstehen 39, 130, 173, 230, 233, 278, 283, 297, 307, 319, 333 f., 349
Vertrag 245, 334
verwegen 233
vielleicht 334
Vision 75, 121, 163, 168 ff., 201 f.
vollendet 149, 307, 334
vollkommen / Vollkommenheit 56, 132, 149, 334
vollständig 154, 273, 334
Vorgesetzter 335
Vorhaben 239, 333, 335
Vorschlag 309
Vorsorge 132, 335
Vorstellung / Vorstellungskraft 35 f., 51, 77, 133, 150, 157, 175, 210, 227, 233 f., 249, 270, 284, 293, 308, 335
Vorwurf 96, 134, 244, 247, 282, 336

W

wachsen, Wachstum 86 ff., 107, 138 ff., 171, 190, 252, 254, 259, 275 f., 287, 294, 297, 329
wagen 137, 157, 178, 195, 209, 225, 336
wählen 41, 56 f., 61, 72, 76, 119, 150, 174, 189, 193, 204, 239, 265, 277, 279, 314, 322, 337, 348
Wahnsinn 337

Wahrnehmen / Wahrnehmung 31 f., 51, 57 ff., 91, 136, 168, 239, 264, 278 f., 287, 298, 337
Waschlappen 55, 315
Weg / weg 12, 25, 39, 42, 44 f., 54, 81, 90, 114, 123, 126, 134, 138, 145, 150, 152 ff., 175, 189, 195, 199 ff., 233, 238, 272, 298, 300, 308, 320, 327, 334, 337, 348
Wehe 106, 337
Wertschätzung 55, 77, 183, 190, 213, 233, 239, 264, 316, 333, 343
Werwolf 338
Wesen / Wesenskern / wesentlich 201, 215, 253 f., 262, 338
wichtig 338
Widerstand 336, 338
Wie geht es? 241, 254, 339
Wiederholen / wiederkehren 22, 112, 244, 307, 313, 339
Wirklichkeit, Wirkung 34, 51, 53 ff., 193, 249, 329, 335, 339 f.
Witz 157, 166, 275, 340
Wohlstand 57, 340
Workshop 319
Wunder 111, 178, 190, 330, 340
Würde / würde 169, 260, 340

Z

Zähne 124 ff., 278
Zeit 37, 59, 70, 75, 83, 87 f., 111 ff., 124, 130, 137, 141, 149, 157, 160, 166 f., 170, 180, 213, 279, 281, 300, 328
zeugen 183, 232, 341
zickig 341
Ziel 17, 85, 118, 134, 149, 152, 195, 199 ff., 238, 281, 290, 311, 323, 334, 340 f.
Zögern 177, 1 98, 341
Zufall 230, 242, 342
Zugehörig / Zugehörigkeit 74, 118, 325, 342
zugrunde gehen 342
Zukunft 28, 33, 46, 75, 112, 122, 149, 156, 201 f., 214, 255, 284, 304, 329, 341
zulassen 12, 124 f., 177, 286, 290
Zuneigung 68, 132, 343
zurückhaltend 343
Zweifel / Zweifler 69 ff., 343
Zynismus 102 f., 275, 280, 322, 344

Adressen und Informationen

Seminare und Einzelcoachings

BRAINFRESH
Joachim Schaffer-Suchomel
Domäne Metzlar
36205 Sontra

Tel.: 0 56 53-91 75 58
Mail: info@brainfresh.net
Internet: www.brainfresh.net

Namensdeutung

Namensdeutungen nach den assoziativ-etymologischen Wortbildern des Vor- und Familiennamens unter www.namensdeutungen.net

DVD-Angebote

Die Macht der Bilder hinter den Worten
DVD-Live-Mitschnitt eines Vortrags von Joachim Schaffer-Suchomel beim ForumKontrovers, Stuttgart, Oktober 2005. 120 Minuten, Preis 22,00 € inklusive Versand. Bestellanschrift: Webforum 21, Millöckerstr. 5, 70195 Stuttgart, E-Mail: info@webforum21.de

Sprache als Schlüssel für Gesundheit, Persönlichkeit und Glück
Live-Vortrag von Joachim Schaffer-Suchomel, erhältlich unter: info@brainfresh.net

Über die Autoren

Joachim Schaffer-Suchomel, 1951 geboren, hat sich nach seinem Studium der Pädagogik und Psychologie in den Breichen Kommunikation und Konfliktlösung fortgebildet. Im Anschluss arbeitete er mit drogengefährdeten Jugendlichen in der Heimarbeit und dozierte an verschiedenen Universitäten.

Es begeistert ihn von jeher, Menschen wachsen zu sehen und sich gleichzeitig als Teil dieses Wachstums zu verstehen. Deshalb gründete er 1995 gemeinsam mit seiner Frau Michaela das Coaching-Institut Brainfresh.

Seine philosophische und bisweilen spielerische Auseinandersetzung mit Sprache in Zusammenhang mit Konzepten der Persönlichkeitsentfaltung und seine langjährigen Coaching-Erfahrung bilden das geistige Fundament von „Du bist, was du sagst".

Joachim Schaffer-Suchomel lebt mit seiner Frau und drei Töchtern im Werra-Meißner-Kreis auf einem Gutshof, der auch als Seminarhaus dient.

Klaus Krebs, Jahrgang 1964, begann seinen Berufsweg als Kfz-Mechaniker. Nach seinem Studium der Agrarwissenschaften arbeitete er fünf Jahre mit indianischen Kleinbauern in Panama und baute als Projektmanager landwirtschaftliche Beratungsdienste auf. Seit 2000 ist er engagierter Trainer und Prozessbegleiter in der Personal- und Unternehmerentwicklung.

Als Koautor hat er maßgeblich an der Struktur dieses Buches mitgewirkt. Seine Ideen bereicherten Inhalt und textliche Gestalt.

Klaus Krebs lebt in Koblenz, ist verheiratet und hat zwei Kinder.